住房城乡建设部土建类学科专业"十三五"规划教材
高等学校房地产开发与管理专业系列教材

房地产估价与资产定价

REAL ESTATE VALUATION AND ASSET PRICING

孙 峤　刘洪玉　主 编

中国建筑工业出版社

图书在版编目（CIP）数据

房地产估价与资产定价＝REAL ESTATE VALUATION AND ASSET PRICING／孙峤，刘洪玉主编．—北京：中国建筑工业出版社，2021.2
住房城乡建设部土建类学科专业"十三五"规划教材
高等学校房地产开发与管理专业系列教材
ISBN 978-7-112-25800-0

Ⅰ.①房… Ⅱ.①孙… ②刘… Ⅲ.①房地产价格－估价－高等学校－教材 Ⅳ.①F293.35

中国版本图书馆CIP数据核字（2020）第267639号

本书是面向房地产开发与管理专业、工程管理专业、工程造价专业等本科生和研究生开设的房地产估价类课程使用的教材。在传统房地产估价理论和方法的基础上，本书从价格形成基础和资产定价的角度入手，对教材体系进行了延展，增加了基于城市经济学和房地产经济学的房地产价格形成机制分析，以及基于资产定价理论和技术的商业房地产和各类房地产衍生证券的基本定价方法。全书系统总结了房地产价格在空间市场和资产市场上的形成过程，以及主流房地产估价理论和估价方法。

本书既可作为高等学校房地产开发与管理及相关专业的教材，也可作为土木工程、建设管理、房地产等行业和部门从业者了解房地产估价和房地产资产定价相关情况的学习参考资料。

为更好地支持相应课程的教学，我们向采用本书作为教材的教师提供教学课件，有需要者可与出版社联系，邮箱：jckj@cabp.com.cn，电话：（010）58337285，建工书院http://edu.cabplink.com。

责任编辑：张　晶　牟琳琳
责任校对：焦　乐

住房城乡建设部土建类学科专业"十三五"规划教材
高等学校房地产开发与管理专业系列教材
房地产估价与资产定价
REAL ESTATE VALUATION AND ASSET PRICING
孙　峤　刘洪玉　主　编
*
中国建筑工业出版社出版、发行（北京海淀三里河路9号）
各地新华书店、建筑书店经销
北京建筑工业印刷厂制版
天津安泰印刷有限公司印刷
*
开本：787毫米×1092毫米　1/16　印张：14¼　字数：302千字
2021年10月第一版　　2021年10月第一次印刷
定价：**42.00**元（赠教师课件）
ISBN 978-7-112-25800-0
（37035）

版权所有　翻印必究
如有印装质量问题，可寄本社图书出版中心退换
（邮政编码 100037）

教材编审委员会名单

主　任：刘洪玉　咸大庆

副主任：柴　强　高延伟　李启明　武永祥

委　员：（按拼音排序）

　　　　陈德豪　冯长春　韩　朝　兰　峰
　　　　廖俊平　刘亚臣　吕　萍　王建廷
　　　　王立国　王幼松　王　跃　杨　赞
　　　　姚玲珍　张　宏　张　晶　张永岳

序　言

随着国家改革开放，尤其是住房制度和土地使用制度改革的逐步深化，房地产业从无到有，在改善城镇居民住房条件、改变城市面貌、促进经济增长和社会发展等方面做出了重要贡献，同时也迅速成为对国民经济稳定和社会可持续发展有着举足轻重影响的重要产业。相对而言，房地产专业本科教育的发展经历颇多曲折：先是从1993年开始，国内高校为适应社会需要相继开设房地产经营管理专业；然后在1998年其被并入工程管理专业，成为该专业的一个专业方向；2012年其又被教育部单独列入本科专业目录。经过近六年的努力，房地产开发与管理本科专业建设取得了初步成效，编制出版了《高等学校房地产开发与管理本科指导性专业规范》（以下简称《专业规范》）等基础性专业建设指导文件。但从2018年开始，越来越多的高校开始按学科大类招生，给建设中的房地产开发与管理专业提出了新的挑战。

应对新的挑战，一是看这个专业的毕业生是不是有广泛持久的社会需求，这个答案是肯定的。土地和房屋空间的开发建设具有长期性和周期性，预计未来二十年，城镇地区仍然有稳定的新建需求，包括重建和改建在内的房屋和社区更新需求呈不断增加趋势；随着房地产业形态的变革和创新，房地产业活动将从以开发建设为主向房屋空间运行管理、资产管理、金融投资方向拓展；房地产企业服务将从主要服务于居民家庭居住向服务于与居民家庭美好生活相关的社区和城市综合服务方向拓展，成为城市综合服务提供商；房地产领域应用大数据、互联网、人工智能等新技术推动家居、建筑、社区、城市的智慧化发展等。

确认了广泛持久的社会需求，应对挑战的另一个维度就是要做好这个专业的基础设施建设，包括教材建设、师资队伍建设、学术研究能力与学术交流环境建设、产业界协作与协同等，有了优良的基础设施和清晰的职业生涯发展路径就会吸引越来越多的优秀学生参与。很显然，教材建设是可以跨越学校、需要学校间协同的最重要的基础设施建设。

为了支持房地产专业的建设和发展，住房城乡建设部在2016年12月20日公布的《高等教育土建类学科专业"十三五"规划教材选题》中，将17本教材纳入房地产开发与管理专业项下的选题，且其中的《房地产开发与管理专业导论》《房地产投资分析》《房地产金融》《房地产市场分析》《房地产经济学》《房地产合同管理》《房地产项目策划与营销》《城市土地利用与管理》《房地产估价》《房地产开发项目管理》《房地产法律制度》《物业与资产管理》等12本教材被专家审定为房地产开发与管理专业核心课程。也就是说，高质量的建设好这12门课程，并将其与各高校的教育理念、办学特色、专业优势结合，就可以实现厚基础、宽口径、通专融合的房地产本科专业培养目标。纳入选题的另外5本教材包括《房地产开发与经营》《房地产估价与资产定价》《房地产投资分析》《房地产产品设计与研发原理》和《房地产项目策划》。这5本教材所对应的课程虽然没有进入专业核心课程，但各高校也可以将其作为备选，或结合自身情况选用。

为保证教材编写质量，出版社邀请相关领域的专家对每本教材进行审稿，严格贯彻了《专业规范》的有关要求。教材融入房地产行业多年的理论与实践发展成果，内容充实、系统性强、应用性广，对房地产本科专业的建设发展和人才培养将起到有力的推动作用。

本套教材已入选住房城乡建设部土建类学科专业"十三五"规划教材，在编写过程中得到了住房城乡建设部人事司及参编人员所在学校和单位的大力支持与帮助，在此一并表示感谢。望广大读者和单位在使用过程中提出宝贵意见和建议，促使我们不断提高该套系列教材的重印再版质量。

刘洪玉

2019年2月12日于清华大学

前　言

伴随着城市化进程和房地产市场的迅速发展，房地产业已经成为中国国民经济的重要产业，房地产市场与宏观经济的联系越加紧密。房地产价格问题始终是房地产市场的核心问题。掌握房地产价格的形成机理和变化规律，对于深入理解房地产市场的运行机制有重要的意义。

为了能够从多个角度学习和研究房地产价格，本书从以下几个角度进行了较全面的介绍：一是城市经济学和房地产经济学中利用市场均衡的分析方法从较为宏观的角度研究房地产价格的形成和变化；二是房地产估价学科利用一些估价技术和手段，具体地估计和揭示某一宗房地产在某一特定时点的市场价格；三是资产定价的理论和技术在商业房地产和各类房地产衍生证券中的定价应用。之所以将传统的房地产估价课程做这样的延伸，是希望不仅教给读者房地产估价的技术，而且让读者更为系统地了解房地产价格形成背后的经济学原理，同时也接触一些房地产资产在资本市场上的定价过程。尤其是在当前，能够产生持续现金流的商业房地产已经成为众多机构投资者所青睐的投资工具，以房地产为基础的各类衍生证券也已经在许多国家的资本市场中占有重要的地位。

本书的主要构思是基于麻省理工学院终身教授郑思齐教授在清华大学讲授的本科生课程"房地产估价与资产定价方法"形成。其讲义版分别在清华大学本科生课程"房地产估价与资产定价方法"以及大连大学"房地产估价"的教学实践中得到了应用，并获得了学生们很好的评价，基本实现了其编制的目的——从房地产价格的形成机理和变化规律着手，理解房地产估价的基本技术和手段，并将其应用到房地产资产定价的前沿研究中。

大连大学孙峤副教授负责全书内容的编写，清华大学刘洪玉教授参与了第10章和第12章部分内容的编写，并对全书其他内容提出了修改意见和建议。本书在编写过程中参考了许多著作、文献、资料，除书中列明的外恕不一一列举。书稿在编写过程中得到了麻省理工学院郑思齐教授、清华大学吴璟副教授的悉心指导和帮助，特此致谢。同时感谢大连大学工程管理专业赵丽敏、李梦婷、贺振祥等同学对文字、算例和图表的校核和排版工作。

限于编者的学识和水平，以及短暂的编写时间，讲义内容中肯定有许多疏漏、不妥当，甚至谬误之处，深盼各位读者给予批评指正，以便编者再版时进一步修改完善。

目 录

第 1 篇　房地产价值的基础理论

第 1 章　供求原理与价格决定机制 /002

1.1　市场 ·· 002
1.2　需求 ·· 004
1.3　供给 ·· 007
1.4　需求与供给 ································ 010
1.5　需求与消费者行为 ······················ 017
思考题 ··· 018

第 2 章　房地产与房地产业 /019

2.1　房地产的基本概念 ······················ 019
2.2　房地产业及其产业细分 ··············· 029
2.3　我国房地产业的发展历程 ··········· 030
思考题 ··· 035

第 3 章　房地产价格与房地产市场 /036

3.1　房地产价格的两个层面 ··············· 036
3.2　房地产市场的两个层面 ··············· 040
3.3　房地产价格的种类 ······················ 044
3.4　房地产价格的度量 ······················ 048
思考题 ··· 052

第 4 章　房地产价格的决定机制 /053

4.1　城市内部的房地产价格决定机制 ·········· 053
4.2　城市间的房地产价格决定机制 ············· 061
思考题 ··· 064

第 2 篇　房地产估价方法

第 5 章　房地产估价的概念、原则和程序 /066

5.1　房地产估价概念 066
5.2　房地产估价的基本原则 071
5.3　房地产估价程序与估价报告 073
思考题 074

第 6 章　市场法 /075

6.1　基本原理 075
6.2　操作程序 077
思考题 093

第 7 章　成本法 /094

7.1　基本原理 094
7.2　房地产价格构成 096
7.3　操作步骤 101
7.4　相关规定 108
思考题 110

第 8 章　收益法 /111

8.1　基本原理 111
8.2　净收益 113
8.3　报酬资本化法 116
8.4　直接资本化法 120
8.5　基础知识补充：净现值和内部收益率 125
思考题 126

第 9 章 其他估价方法 /127

- 9.1 假设开发法 ················ 127
- 9.2 长期趋势法 ················ 135
- 9.3 地价评估 ·················· 143
- 9.4 大宗评估法 ················ 157
- 思考题 ······················· 159

第 3 篇 房地产资产定价方法

第 10 章 房地产资本市场的基础知识 /162

- 10.1 金融市场 ················· 162
- 10.2 金融工具 ················· 164
- 10.3 房地产资本市场 ············ 166
- 10.4 房地产金融工具 ············ 169
- 思考题 ······················· 172

第 11 章 资产定价基本理论 /173

- 11.1 金融资产定价：现金流与风险 ··· 173
- 11.2 风险与收益率的关系：CAPM 模型 ··· 177
- 11.3 财务杠杆理论：权益和债务 ····· 180
- 11.4 有效市场理论 ·············· 182
- 思考题 ······················· 184

第 12 章 固定收益型房地产证券的定价 /185

- 12.1 住房抵押贷款及其定价 ········ 185
- 12.2 住房抵押贷款支持证券的定价思路 ··· 194
- 12.3 案例分析：美国次贷危机是如何酿成的 ··· 199
- 思考题 ······················· 201

第13章 权益型房地产证券的定价 /202

13.1 商业房地产的权益融资来源 …………………………… 202
13.2 REITs 简介 ……………………………………………… 203
13.3 REITs 的定价思路 ……………………………………… 210
思考题 ……………………………………………………………… 215

参考文献 /216

第 1 篇
房地产价值的基础理论

　　房地产估价是揭示房地产客观合理价值的过程。估价的主要目的是将房地产的价值表达出来，通常并不深入研究房地产价值的形成机制。但是，本书的目的并不仅限于讲授房地产估价的技术，而是希望通过对房地产价格相关经济理论的学习，从而使读者更全面地理解房地产价格问题。本篇从房地产经济学的角度介绍房地产和房地产价格的基础理论。

　　第1章从一般经济学的视角，介绍市场价格形成的相关理论，作为理论基础；第2章聚焦房地产业，介绍房地产与房地产业的基本概念和特征，特别是我国房地产业所特有的制度因素；第3章从房地产经济学的角度，介绍房地产市场和房地产价格的基本理论；第4章从城市内部和城市间两个角度，探讨房地产价格的决定机制。

第1章 供求原理与价格决定机制

每年入夏之季，随着温度的逐渐升高，空调市场的销售量和销售价格也随之不断提升。每年冬季，随着春节假期的到来，海南宜人的风景和气候成为众多北方游客度假的首选地点，亚龙湾地区酒店房间的价格呈直线上升。当中东战争爆发时，汽油价格上升，而二手汽车的价格下降。这些经济现象都表现出供给与需求的作用。

西方经济学认为，供给与需求的共同作用决定了每一种商品的销售量以及销售价格，是推动市场经济运行的源动力。在分析任一事件或政策对经济运行的影响时，西方经济学的研究思路通常是从分析供给与需求着手。

本章将参照主流西方经济学原理框架，通过介绍供给与需求的基本理论，讨论经济运行的基本机制以及在市场经济中供求原理是如何决定商品价格的。

1.1 市场

供给与需求是指人们在市场上相互交易时的行为。市场是提供和购买某种商品或服务的一群买方与卖方。作为买方（消费者）的群体决定了商品的需求，而作为卖方（供给方）的群体则决定了商品的供给。在菜市场买菜时，消费者通常会和小贩（供给方）讨价还价，而在交付水电费时，消费者则只能按账单付费，不具备议价能力。在不同类型的市场中，买卖双方的交易行为存在差异。因此在讨论买方与卖方的行为之前，首先要理解什么是"市场"，以及在经济活动中存在哪些不同的市场类型。

1.1.1 竞争市场

在超市的粮油区域陈列着各种品牌的面粉，每种面粉都明码标价，而包装、用途、保质期等都略有差异。消费者根据自己的需求选购品牌和数量，面粉的买方和卖方便形成了一个市场。在这个市场中，每个买方都知道一些商品的信息，如面粉的价格、用途、保质期等；而每个卖方也都知道自己的商品与其他品牌的异同。因为市场上存在众多用途相似的面粉，每种面粉的卖方对价格的控制都是有限的。通常情况下，卖方不会主动降价，而如果卖方提高价格，消费者就会选购其他品牌的类似面粉。同样，也没有一个消费者能影响到面粉的价格，因为每个人的购买数量都很少，不具备议价能力。因此，面粉的价格和销售量并不是由任何一个买方或卖方决定的，而是由所有买方和卖方在市场上相互交易所共同决定的。西方经济学将上述现象解释为竞争。

经济运行中大多数商品的市场和面粉市场一样，存在着高度竞争。竞争市场中有许多买方与卖方，以至于每个人对价格的影响都微乎其微。

1.1.2 市场类型

西方经济学将市场分为四种类型：完全竞争市场、垄断市场、寡头市场和垄断竞争市场。

（1）完全竞争市场

完全竞争市场具有以下四个基本特征：① 可供销售的商品是完全相同的；② 有足够多的买方和卖方，以至于没有一个买方或卖方的行为可以影响市场价格；③ 所有的资源具有完全的流动性；④ 信息是完全对称的。由于完全竞争市场上的买方与卖方必须接受市场决定的价格，所以他们也被称为价格接受者。

完全竞争市场是西方经济学中的一种理想状态，但在现实经济运行中，也有一些市场基本符合完全竞争市场的假设。例如，在小麦市场中，作为卖方出售小麦的农民和作为买方使用小麦和小麦产品的消费者均不计其数，由于没有任何一个买方或卖方的行为可以影响小麦价格，所以每个买方和卖方都把价格作为既定的。

（2）垄断市场

许多商品与服务市场并不是完全竞争市场。如前文举例，消费者在交付电费时，只能按账单付费，不具备议价的能力。在这个市场中只有一个卖方——国家电网，消费者只能从国家电网购买电力服务，电费的价格由国家电网决定。

这种只有一个卖方，并由其决定商品或服务价格的市场，被称为垄断市场。电力市场就是一个典型的垄断市场，除此之外，还有自来水、高铁、北方地区的冬季供暖等。

（3）寡头市场

消费者在给汽车加油时，通常不具备议价能力，油价由卖方决定，并只能在少数公司（卖方）之间进行选择，如中石油或中石化。在这个市场中，提供石油的公司数量虽然多于一个，但相对于消费者数量而言，仍然较少。从理性经济人的角度出发，为数不多的卖方会形成利益集团，并通过达成较高的价格共识而避免激烈竞争。

这种只有少数卖方，且卖方通过达成价格共识而不主动进行竞争的，被称为寡头市场。石油市场就是典型的寡头市场，除此之外还有航空、移动数据等。

（4）垄断竞争市场

在住房市场中，提供住房服务的开发商众多，每个消费者都可以选择不同开发商的住房商品。一方面开发商之间会因为争夺消费者而产生竞争，另一方面每一开发商又因提供的住房服务不完全相同、存在差异化，而具备决定自己产品价格的能力。

这种因提供差异化产品，而使得每个卖方都有决定自己产品价格能力的市场，被称为垄断竞争市场。住房市场就是典型的垄断竞争市场。除此之外，智能手机中提供翻译功能的各种APP之间也属于垄断竞争。每种APP都在相互争夺使用者,但是每种APP都因提供的翻译服务不同而收费不同。

尽管现实经济活动中存在多种多样的市场类型,但在多数市场中都存在着不同程度的竞争。故西方经济学的研究通常从完全竞争市场入手,其得到的结论通常也适用于其他更复杂的市场。

1.2 需求

作为买方(消费者)的群体决定了商品的需求,需求量是买方愿意而且能够支付的商品数量。本节从完全竞争市场中的买方行为入手,考察哪些因素影响商品需求。

1.2.1 需求的影响因素

仔细观察经济活动会发现,商品的价格、需求的数量、消费者的收入、可替代商品的价格变动、个人偏好以及对未来的预期等都会影响消费者个体的需求。

(1)价格

每当新闻公布私家车成品油单价即将上涨的消息时,当地加油站就会出现私家车主彻夜排队的现象。当面粉的单价下降,多数消费者会多买一些面粉作为日常生活的储备;而当面粉的单价上涨,消费者则会少买一些。由此可见,商品的需求量随着价格的下降而增加,随着价格的上升而减少,即需求量与其价格呈负相关。西方经济学将其称之为需求规律,即在其他条件不变时,一种商品价格上涨其需求量减少,反之亦然。在经济运行中,绝大多数商品遵循需求规律。

(2)收入

那消费者的收入变化会对需求有什么影响呢?通常,收入减少意味着可供消费的总支出减少,消费者将被迫减少需求;反之亦然。当收入减少时,一种商品的需求相应减少,这种商品就被称为正常品,如奢侈品、有机蔬菜、果汁等。绝大多数商品都属于正常品,但并不是所有商品都是正常品。例如收入较高时,为了增加舒适度人们通常会乘出租车出行;而收入减少后,可供消费的总支出减少了,人们出行时通常会选择较为便宜的公共交通。人们对公共交通的需求随着收入的减少而增加了。这种当收入减少需求反而增加的商品就被称为低档品。

(3)相关商品价格

很多商品都有相似的效用,比如牛奶和豆浆,二者都是流质食物,且营养价值相近。当牛奶的价格下降时,根据需求规律,牛奶的需求量将增加。又因为牛奶和豆浆具有相似的效用,当牛奶的需求量增加时,人们就会降低对豆浆的需求量。当一种商品价格下降会造成另一种商品的需求减少时,这两种商品就被称为替代品。其他成对的替代品包括米饭和面条、签字笔和钢笔等。经济运行中还存在另外一种现象,如当家用打印机的价格下降时,在打印机需求量增加的同时，打印纸的需求量也随之增加。这是因为在打印文件时，同时需要打印机和打印纸。当一种商品价格下降增加了另一种商品的需求量时，这两种商品称为互补品。其他成对的互补品包括汽车和汽油、乒乓球拍和乒乓球等。

（4）偏好

每逢我国传统节日中秋节到来之际，各种口味的月饼就会大量上市，人们对月饼的需求也会大幅增加。这是因为，在中秋节人们有吃月饼的习俗，即偏好。西方经济学将偏好解释为消费者个体的喜好和意愿，与商品本身无关，具有因人而异、随时间推移而变化等特点。

（5）预期

在我国北方每年11月份，消费者会集中大量购买秋菜，如白菜、萝卜、大葱等商品。这是因为，我国北方冬季气温低不适合农作物的生长，蔬菜产量较低，根据需求规律，蔬菜价格将会上涨，消费者通常会提前购买一些秋菜作为储备。西方经济学将这种基于对未来的判断而影响当前需求的行为解释为预期影响。不同消费者对同一事件的预期不同，对相同预期的反应也不尽相同。在北方的秋菜需求群体中，多以中、老年人为主体，年轻人通常更倾向于"随用随买"。

市场需求是所有人对某种商品或服务需求的总和，从消费者个体需求推导而出，市场需求量的影响因素也取决于影响单个消费者需求量的因素。因此，市场需求量不仅取决于商品的价格，买方的收入、偏好、相关商品价格、预期以及购买数量也将对其产生影响。除此之外，购买数量也将影响市场需求。一次性采购较大数量的同一种商品的行为被称为"批发"，与之相对应的便是"零售"。根据需求规律，购买量与其价格呈负相关，批发的购买量远大于零售的，故批发的价格通常较低，且低于零售的价格。时下比较流行的直播带货就很好地解释了购买量对市场需求的影响。

1.2.2 需求曲线

在众多影响需求变化的因素中，买方通常对商品价格的变动最为敏感。本节将具体分析，除价格以外所有变量都保持不变的情况下，商品的价格将如何影响其需求量。西方经济学中将这种假设定义为"其他条件相同"，即除了正在研究的变量之外，其他所有相关变量都保持不变。

根据需求规律，价格与需求量呈负相关，即随着价格的上涨，需求量下降。在西方经济学中，通常用纵轴表示商品的价格（P），用横轴表示其需求量（数量，Q），用图形表示的需求规律呈现为一条向右下方倾斜的曲线。该曲线被称为需求曲线。市场需求曲线表示一种商品的总需求量如何随着其价格的变动而变动，是消费者个体需求曲线的水平相加。

图1-1是面粉的需求曲线。该曲线表明，在假设消费者的收入、偏好、预期、相关商品价格和购买人数等均保持不变的情况下，消费者对面粉需求的变化——其他条件相同时，随着面粉价格的变动，其需求量发生变动的情况。面粉

的价格越低,其需求量越多。面粉价格发生变化时,面粉的需求量沿着需求曲线变动。

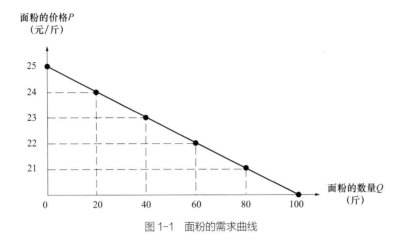

图 1-1 面粉的需求曲线

虽然西方经济学中有"其他条件相同"这个术语,但在实际经济运行中许多变量是同时变动的。因此,在运用供给与需求理论来分析事件或政策对市场的影响时,需要明确哪些因素是不变的,而哪些因素是变化的。

1.2.3 需求曲线的移动

假定某权威研究机构发布的一项新的研究结果表明:在低盐少糖的饮食理念下,增加面粉制品的摄入量有助于调理肠胃,提高人体的基础代谢率,从而有助于延年益寿。这一研究结果会对面粉市场有什么影响呢?这项研究结果将改变消费者的偏好,出于健康考虑,人们将增加对面粉的需求。在任何一种给定价格下,消费者对面粉的需求增加,表现为需求曲线整体向右移动,由D_1变动为D_2,如图1-2(a)所示。

假定因气候原因,某年水稻丰收整体产量翻倍,大米的价格大幅下降。这一事件会对面粉市场有什么影响呢?由于大米的价格大幅下降,根据需求规律,人们将增加对大米的需求。由于大米和面粉制品互为替代品,人们在增加对大米需求的同时,就会减少对面粉的需求。即在任何一种给定价格下,消费者对面粉的需求减少,此时需求曲线整体向左移动,由D_1变动为D_3,如图1-2(b)所示。

图1-2(c)表示,在任何一种给定价格下,增加需求量都会引起需求曲线整体向右移动;反之在任何一种给定价格下,减少需求量都会引起需求曲线整体向左移动。

表1-1列出了市场中影响需求量的主要因素,以及这些因素的变动对需求曲线的影响。西方经济学认为,需求曲线表示在其他所有影响需求的因素不变时,当一种商品或服务的价格发生变动时,该商品或服务的需求量会发生变动。当这些其他决定因素中的一种变动时,需求曲线整体移动。

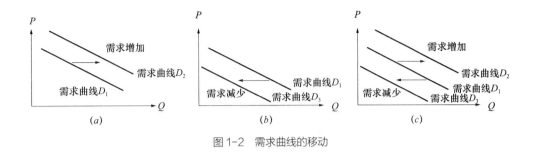

图 1-2 需求曲线的移动

需求的影响因素与需求曲线变化　　　　表 1-1

影响需求量的因素	引起需求曲线的变化
价格	沿需求曲线移动
收入	需求曲线整体移动
相关商品价格	需求曲线整体移动
偏好	需求曲线整体移动
预期	需求曲线整体移动
购买数量	需求曲线整体移动

1.3 供给

考察完买方行为对完全竞争市场的影响后，再来研究一下卖方行为是如何影响市场运行的。任何一种商品或服务的供给量是卖方愿意而且能够出售的数量。本节仍以面粉市场为研究对象，观察影响其供给量的主要因素。

1.3.1 供给的影响因素

与分析需求量的影响因素一样，首先从考察单个卖方的情况着手。

设想某私营业主（企业，卖方）拟在当地开办一家生产和销售面粉的工厂。哪些因素将影响该企业愿意生产并提供可销售的面粉数量呢？

（1）价格

面粉的价格是影响供给量的主要因素之一。当面粉价格较高时，生产并出售面粉是盈利的，供给量将增加。作为面粉的卖方，企业的生产能力也将随之增加，并持续投入更多的生产物资，如麦子、面粉加工机、劳动力等。相反，当面粉价格下降时，盈利能力降低，企业将选择减少面粉的产量。在一个更低的价格下，企业会选择完全停止生产和销售，面粉的供给量将减少为零。

由于供给量随着价格上涨而增加，随着价格下降而减少，因此某种商品的供给量与价格呈正相关。价格与供给量之间的这种关系被称为供给规律：在其他条件相同时，一种商品价格上涨，该商品的供给量增加。

（2）生产成本

为了生产面粉，企业有各种投入，如麦子、添加剂、面粉加工机以及参与生产的工人。当这些投入中的一种或几种价格上升时，将不利于面粉的生产，企业将降低面粉的产量。如果投入的价格（成本）继续大幅度上涨，将会导致企业关闭工厂并停止供应面粉。因此，一种商品的供给量与生产这种商品所用的成本呈负相关。

（3）技术水平

把各种投入变为面粉的技术也会影响面粉的供给量。例如，机械化水平的提高将降低面粉生产过程中对人工劳动力的需求，技术进步也将通过降低企业成本而增加面粉的供给量。

（4）预期

企业当前供应面粉的数量还取决于对未来的预期。例如，如果能够预测到未来面粉价格会大幅上涨，企业将在当前增加面粉的生产量，并进行囤积惜售，进而减少当前的市场供给。

与市场需求是买方需求的总和一样，市场供给也是卖方供给的总和。市场供给量取决于决定单个卖方供给量的影响因素，即商品的价格、生产成本、技术水平以及预期。此外，市场供给量还取决于供给方数量，即当有企业退出面粉经营时，市场供给量就要减少；反之亦然。

和需求曲线一样，水平加总单个供给曲线就会得出市场供给曲线。也就是说，为了获得任何一种价格下的总供给量，需要把单个供给曲线横轴上的供给量进行加总求和。市场供给曲线表示一种商品的总供给量如何随着价格的变动而变动。

1.3.2 供给曲线

在众多影响供给变化的因素中，卖方通常对商品价格的变动最为敏感。与需求曲线分析一致，本节将具体分析除价格以外在其他条件相同的情况下，商品的价格将如何影响其供给量。

根据供给规律，价格与供给量呈正相关，即随着价格的上涨，供给量增加。以纵轴表示商品的价格（P），以横轴表示其供给量（数量，Q），用图形表示的供给规律呈现为一条向右上方倾斜的曲线。该曲线被称为供给曲线。市场供给曲线表示一种商品的总供给量如何随着其价格的变动而变动，是供给方个体供给曲线的水平相加。

图1-3是面粉的供给曲线。该曲线表明，在假设供给方的生产成本、技术水平、预期价格和供给方数量等均保持不变的情况下，生产者对面粉供应的变化——其他条件相同时，随着面粉价格的变动，其供给量发生变动的情况。面粉的价格越高，其供给量越多。面粉价格发生变化时，面粉的供给量沿着供给曲线变动。

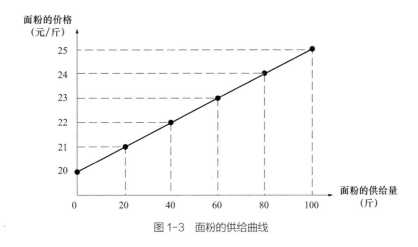

图 1-3　面粉的供给曲线

1.3.3　供给曲线的移动

假定由于技术更新，机械化生产面粉的生产率大幅提升，单位时间内面粉产量增加，这种变动如何影响面粉的供给呢？由于技术更新导致面粉产量的增加，即面粉的供应量增加，表现为供给曲线整体向下移动，由 S_1 变动为 S_2，如图1-4（a）所示。

假设因某年自然灾害，面粉的原材料之一麦子减产，其收购价格上涨，即生产成本增加，这种变动如何影响面粉的供给呢？由于麦子是生产面粉的一种投入（成本），麦子的收购价格上涨将使得销售面粉的利润减少。在任何一种既定价格水平下，卖方将减少面粉的生产，面粉的供给量减少，表现为供给曲线整体向上移动，由 S_1 变动为 S_3，如图1-4（b）所示。

图1-4（c）表示，在任何一种给定价格下增加供给量都会引起供给曲线整体向下移动；反之在任何一种给定价格下减少供给量都会引起供给曲线整体向上移动。

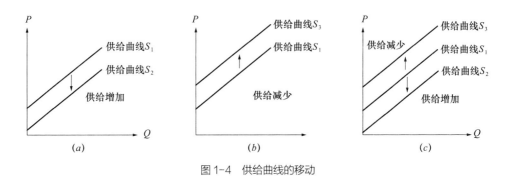

图 1-4　供给曲线的移动

表1-2列出了市场中影响供给量的主要因素，以及这些因素的变动对供给曲线的影响。西方经济学认为，供给曲线表示在其他所有影响供给的因素不变时，一种商品或服务的价格变动，该商品或服务的供给量会发生变动。当这些其他决定因素中的一种变动时，供给曲线整体移动。

供给的影响因素与供给曲线变化　　　　　　表1-2

影响供给量的因素	引起供给曲线的变化
价格	沿供给曲线的变动
生产成本	供给曲线整体移动
技术水平	供给曲线整体移动
预期	供给曲线整体移动
供给方数量	供给曲线整体移动

1.4　需求与供给

在分别分析了需求与供给之后，本节将综合考虑在二者共同作用下，市场上任一商品销售量与价格的变化。

1.4.1　均衡

图1-5表示市场需求曲线与供给曲线的结合，其中供给和需求曲线相交于一点，这一点被称为市场的均衡，两条曲线相交时的价格被称为均衡价格，而相交时的数量被称为均衡数量。如图1-5所示，面粉的均衡价格为22.5元/斤，均衡数量为50斤。

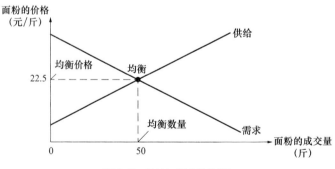

图1-5　供给与需求的均衡

均衡的意义是在经济体系中主要经济变量在相互作用下所达到的一种相对静止的状态。在均衡价格时，买方愿意而且能够购买的数量正好与卖方愿意而能够出售的数量相等。均衡价格有时也被称为市场出清价格，因为在这种价格下，市场上的每一个人都得到满足：买方买到了其想要购买的所有商品，而卖方卖出了其想要出售的所有商品。

从理性经济人的角度出发，买方与卖方的理性决策会促使市场自觉地向均衡状态变动。例如，首先假设市场价格高于均衡价格，如图1-6（a）所示。当每斤面粉的价格在24元时，卖方能够提供80斤的面粉（供给量），而买方在这个价格下仅能接受20斤的面粉（需求量），供给量大于需求量，此时将出现商品过剩，这种情况被称为超额供给。当卖方发现积压的尚未销售的面粉越来越多时，从理性经济人的角度出发，他们将主动降低价格，直至市场实现均衡为止。

反之，假设市场价格低于均衡价格，如图1-6（b）所示。在这种情况下，每斤面粉的价格是21元，买方能够接受80斤的面粉（需求量），而卖方在这个价格下仅能够提供20斤的面粉（供应量），需求量大于供应量，此时将出现商品短缺，这种情况被称为超额需求。当买方发现可供销售的面粉越来越少时，消费者会选择抢购或排队等候购买，此时从理性经济人的角度出发，卖方会在不增加供应量的同时提高商品的价格，直至市场又一次实现均衡为止。

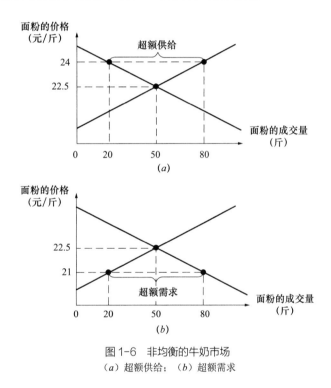

图1-6 非均衡的牛奶市场
（a）超额供给；（b）超额需求

当市场实现均衡，买卖双方均得到满足，市场中的价格将不再发生上涨或下降的变动。不同的市场实现均衡状态的速度是不同的。在自由竞争市场中，由于价格最终要变动到均衡水平，所以超额供给（过剩）与超额需求（短缺）均只是暂时现象。西方经济学将这种现象称为供求规律，即任何一种商品价格的调整都会使该商品的供给与需求达到均衡。

1.4.2 均衡分析

由前文分析可知，均衡价格和数量取决于供给和需求曲线的位置。当某些事件使这些曲线中的一种发生移动时，市场上的均衡就改变了。由于涉及原有均衡与新均衡状态的比较，关于这种变动的分析也被称为比较静态，即均衡分析。

采用均衡分析的思想进行某一事件对市场的影响分析时，在西方经济学中通常采用以下三个步骤：① 确定该事件的影响对象是供给曲线、需求曲线，还是二者均发生移动；② 确定曲线整体移动的方向；③ 利用供求图来分析这种移动将如何影响均衡价格和数量，进而确定新的均衡状态。

下文将以面粉市场的变化为例，来演示均衡分析的具体操作步骤。

（1）需求变动

秋季是夏冬交替的季节，中医认为是人体养生进补的黄金时期。假设某地的民俗认为在粮食丰收的秋季多吃面食将有助于调养身体，防止秋燥伤身。某年该地秋季气候反常，天气异常燥热，这种情况将如何影响该地区的面粉市场呢？采用均衡分析的思想，按照前文的三个步骤进行分析，具体如下：

第一步确定影响对象。因天气燥热改变了人们对面食的偏好，仅影响了需求曲线，即天气燥热改变了人们在任一既定价格下对面粉的需求量。供给曲线不变，因为天气燥热并不直接影响面粉的供给。

第二步确定曲线的整体移动方向。由于天气燥热增加了人们对面食的需求量，需求曲线向右移动。图1-7表示随着需求曲线从D_1移动到D_2，需求增加，即任意既定价格下，面粉的需求量均增加。

第三步确定新的均衡状况。如图1-7所示，新的均衡价格由22.5元上涨到24元，均衡数量由50斤增加到80斤。即因天气燥热增加了面粉的销售量，提高了面粉的价格。

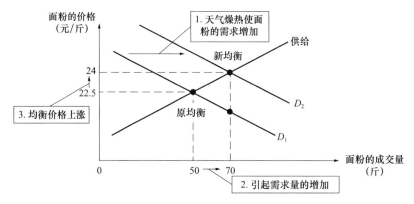

图1-7　需求变动对市场均衡的影响

如图1-7所示，当天气燥热使面粉价格上涨时，尽管供给曲线仍然保持不变，但企业供给的面粉数量增加了。在这种情况下，西方经济学解释为存在"供给量"增加但"供给"未变。这里"供给"指供给曲线的位置，而"供给量"则指供给者希望出售的数量。在这个案例中，供给没有改变的原因是天气燥热并没有改变在任一既定价格下企业增加供给的愿望。相反，天气燥热改变了在任一既定价格下消费者的购买愿望，从而使需求曲线移动，通过需求的增加引起均衡价格上涨，进而表现为当均衡价格上涨时供给量的增加，此时供给量的增加表现为沿着供给曲线的变动。

供给曲线移动称为"供给变动",而需求曲线移动称为"需求变动"。沿着既定供给曲线的移动称为"供给量的变动",而沿着既定需求曲线的移动称为"需求量的变动"。

(2) 供给变动

假设在另一个冬季,因燃气爆炸摧毁了当地几家主要的面粉加工厂,这个事件如何影响面粉市场呢?依旧采用三步均衡分析法进行解释,具体如下:

第一步确定影响对象。燃气爆炸摧毁了面粉加工厂,直接导致面粉供应数量的减少,影响供给曲线,如图1-8所示。燃气爆炸通过减少供给方数量而改变了在任一既定价格下企业生产并供应面粉的数量。而需求曲线没变,因为燃气爆炸并没有直接对消费者购买面粉的意愿和数量产生影响。

第二步确定曲线的整体移动方向。由于燃气爆炸减少了面粉的供应量,供给曲线向上移动。图1-8表示随着需求曲线从S_1移动到S_2,供给减少,即在任一既定价格下,面粉的供给量均减少。

第三步确定新的均衡状况。如图1-8所示,新的均衡价格由22.5元上涨到23元,均衡数量由50斤减少到30斤。即因燃气爆炸减少了面粉的供应量,进而提高了面粉的价格。

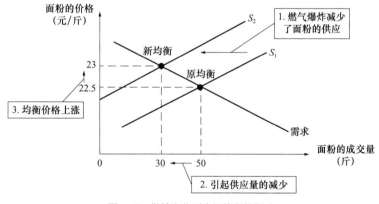

图1-8 供给变化对市场均衡的影响

(3) 供给和需求均变动

现在假设某个秋季天气燥热和燃气爆炸同时发生。为了分析两个事件的联合作用,仍需遵循三步均衡分析法,具体如下:

第一步确定影响对象。由前文分析可知,天气燥热影响了需求曲线,将改变消费者在任一既定价格下想要购买面粉的数量。同时,燃气爆炸影响了供给曲线,将改变企业在任一既定价格下想要供应面粉的数量。即同时影响需求曲线和供给曲线。

第二步确定曲线的整体移动方向。两条曲线移动的方向与前文分析中的移动方向相同:即因天气燥热需求曲线向右移动,因燃气爆炸供给曲线向上移动,如

图1-9所示。

第三步确定新的均衡状况。如图1-9所示,能够明确在新的均衡状态下,均衡价格必定上涨,但均衡数量的变化则取决于需求和供给移动的相对大小,即会产生三种可能的新均衡状态。在图1-9(a)中,需求有较大幅度的增加,而供给的减少相对较小,则均衡数量增加;在图1-9(b)中,供给有较大幅度的减少,而需求的增加相对较小,则均衡数量减少;在图1-9(c)中,需求的增加量等于供给的减少量,则均衡数量不变。

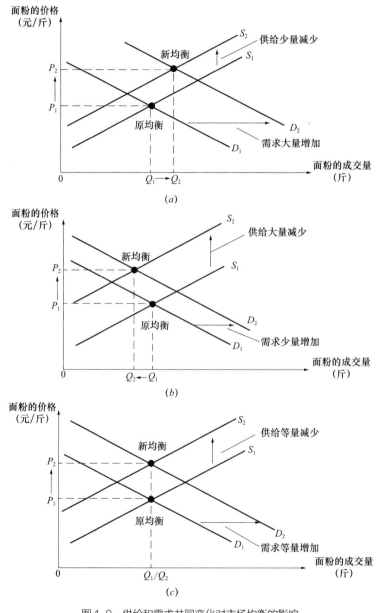

图1-9 供给和需求共同变化对市场均衡的影响
(a)价格上升,数量增加;(b)价格上升,数量减少;(c)价格上升,数量不变

1.4.3 资源配置

本章以面粉市场为例,分析了该市场的供给与需求,所得到的结论也适用于大多数一般商品市场。只要消费者进行某种商品的购买,就是对该商品的需求作出贡献。只要人们在劳务市场寻找工作,就是对劳动力服务市场的供给作出贡献。由于任何市场都存在供给与需求,因此供求模型在西方经济学研究中应用范围极其广泛。

由于资源存在稀缺性,在任何一种商品市场中,都存在有限的资源与相对广泛的需求之间的匹配问题。西方经济学利用供给与需求的力量来解决这一矛盾,即供给与需求共同决定了市场中不同商品与服务的价格,进而用价格指导资源配置。

以优质教育资源周边的住房(学区房)配置为例,由于这种住房数量有限,并不是每一个家庭都能享受到优质的教育资源。那么谁会获得这种资源呢?西方经济学给出的答案是愿意支付更高价格的人。每次学区划分政策变动时,学区房市场的价格就开始调整,直至达到均衡状况,即学区房的需求量与供给量平衡。因此,西方经济学认为,在市场经济中价格机制促使有限资源得到有效配置。

同样,价格也决定了谁生产什么商品以及生产多少。在一个完全竞争市场中,政府通常不会对其进行干预,而是通过市场机制来进行资源配置。西方经济学将其称之为"看不见的手"(Invisible Hand)。例如,前两节提到的面粉生产情况。当人们偏好面食时,面粉的需求上升,面粉的价格就会上涨,利润的增加会吸引新的企业进入面粉行业。随着进入市场的企业越来越多,供给持续增加并逐步降低价格,从而压缩利润,直到利润水平与其他行业接近,便不再有新的生产者进入,市场达到一种均衡状态,确保既有足够的企业从事面粉生产,又满足了消费者对面粉的需求。

在西方经济学中,通常采用帕累托标准(Pareto Criterion)判断资源配置是否达到最优。在市场经济中的某一状态下,在不使其他所有人的境遇变差的情况下,能够改变某一参与主体的境遇并使其变好,还存在提高资源配置效率的机会,则说明该状态没有达到帕累托最优(Pareto Optimality)。这种改变也被称作存在帕累托改进(Pareto improvement)的机会。如果任何改变都不可能使至少一个参与主体的状况变得更好,也不会使任何其他参与方的状况变坏,则实现了帕累托最优,此时就不再存在帕累托改进的机会。

1.4.4 案例分析:油价又上涨啦[①]

回顾2019年,国际油价的走势可谓"跌宕起伏"。国际贸易局势复杂多变和对美国经济可能陷入衰退的担忧,曾令国际油价在2018年12月24日跌至一年多低点。进入2019年,随着欧佩克与伙伴国推出新一轮减产行动,国际油价显著反

---

① 2019年国内油价最后一次调整料迎上涨,http://n.eastday.com/prews/1577413904012615.

弹。不过，由于进一步延长减产协议迟迟难以出炉，国际油价在2019年5月和6月出现显著下跌。此后，国际油价一直在熊市里震荡，虽然沙特阿拉伯（以下简称沙特）关键石油设施在9月中旬遭袭一度令油价短暂跳涨。但是，国际石油市场供需形势和沙特富余产能的缓冲令油价很快回落至此前的波动区间，直到年底迎来转机，出现明显回升。

在2019年最后一个计价周期内，虽然沙特与科威特同意开启中立油田致使市场出现利空，但美国原油库存下降，以及欧佩克减产国深化减产继续支撑石油市场气氛，国际油价震荡上涨。截至2019年12月24日，美国西得克萨斯轻质原油期货和英国布伦特原油期货主力合约收盘价分别为每桶61.11美元和67.20美元（图1-10），较2018年末分别上涨34.6%和24.9%。

图1-10 2019年布伦特和WTI原油期货价格

按照现行成品油价格形成机制，2019年最后一轮成品油调价周期内（12月16～27日），国际油价持续上涨，平均来看，伦敦布伦特、纽约WTI油价比上轮调价周期上涨4.72%。受此影响，国内汽油、柴油零售价格随之上调。国家发展改革委通知表示，根据近期国际市场油价变化情况，自2019年12月30日24时起，国内汽、柴油价格每吨分别提高235元和230元。本次调价政策落实以后，以油箱容量为50L的小型私家车为例，私家车主加满一箱油将比之前多花9元左右。

至此，2019年国内成品油价格经历了25次调价窗口，呈现"十六涨五跌四搁浅"格局（表1-3）。涨跌互抵后，汽油累计上调680元/t，柴油累计上调675元/t，折升价，92号汽油上调0.53元/L，0号柴油上调0.57元/L。

2019年历次成品油价格调整　　　　　　　　　　表1-3

序号	日期	汽油（元/t）	柴油（元/t）	序号	日期	汽油（元/t）	柴油（元/t）
1	1月14日	↑105	↑105	3	2月14日	↑50	↑50
2	1月28日	↑245	↑230	4	2月28日	↑270	↑260

续表

序号	日期	汽油（元/t）	柴油（元/t）	序号	日期	汽油（元/t）	柴油（元/t）
5	3月14日	油价搁浅		16	8月20日	↓210	↓205
6	3月28日	↑80	↑80	17	9月3日	↑115	↑105
7	4月12日	↑155	↑150	18	9月18日	↑125	↑125
8	4月26日	↑195	↑185	19	10月8日	油价搁浅	
9	5月13日	↓75	↓75	20	10月21日	↑270	↑260
10	5月27日	↑50	↑50	21	11月4日	↑105	↑105
11	6月11日	↓465	↓445	22	11月18日	↑70	↑65
12	6月25日	↓120	↓115	23	12月2日	↑55	↑50
13	7月9日	↑155	↑150	24	12月16日	油价搁浅	
14	7月23日	油价搁浅		25	12月30日	↑235	↑230
15	8月6日	↓80	↓70				

1.5 需求与消费者行为

前四节分析了需求曲线和供给曲线的基本特征，但是什么原因形成了这些特征呢？由1.2.2节可知，市场需求曲线是个人需求曲线的水平相加，因此需求曲线的基本特征应与个人需求曲线相关，而个人需求曲线又是消费者行为的表现。因此，西方经济学中通常从消费者行为分析入手，来归纳和解释需求曲线的变化。

[例1-1] 小蕾和小静是一对双胞胎姐妹，两个人都从事财务工作，姐姐小蕾就职于北京的一家外资公司，月薪1万元，而妹妹小静则在家乡的一家私人公司工作，月薪3000元。一天，小静兴奋地给小蕾打电话说，家乡的商场终于有新款唇膏了，她一下班就冲去商场买了回来，用过以后感觉非常好，大品牌的东西就是好，虽然有些贵（300元），不过也值得。而此时，小蕾刚刚更新完自己的朋友圈，写了一篇关于这款唇膏的使用心得。其中，小蕾这样写道"…今天整理房间，发现了半年前路过专柜时买的新款唇膏还没用，闲来无事打开试了试，颜色和味道都不喜欢，和最近的穿衣风格完全不搭调，看看价钱不过300元，改天拿去送给喜欢它的人吧，最近囤积的彩妆太多了…"

在这个例子中，姐妹两人使用同一款唇膏后的满意程度完全不一样。一个非常满意，另一个视之为鸡肋打算送人。西方经济学中将其定义为效用（Utility），即指商品满足人的欲望的能力，或者说，效用是指消费者在消费商品时所感受到的满足程度。进一步分析可知，一方面小静对这款唇膏心仪已久，一直盼望其在家乡上市；而小蕾对其并不十分喜爱，不过随意购买，而其购买后也不急于使用。另一方面两人的收入水平相差很大，小蕾觉得300元也不贵，自己不喜欢索性送人；而小静则认为大品牌的东西虽然贵，但也算是物有所值。

这个例子说明，影响效用水平的因素包括：消费者偏好、消费者收入水平和商品价格。通常将消费者收入水平和商品价格的限制，称为预算约束，用预算线来表示。预算线表示在消费者收入和商品价格既定的条件下，消费者的全部收入是所能购买到商品集的各种组合。而消费者在既定的预算约束下获得最大的满足，就称之为效用最大化。此时均衡价格表现为，消费者在一定预算约束下，为获得最大效用而愿意支付的最高价格。

思考题

1. 市场的类型有哪些，各自的特点是什么？
2. 需求的影响因素包括哪些？
3. 简述正常品、低档品、替代品、互补品的含义，并举例说明。
4. 供给的影响因素包括哪些？
5. 什么是均衡？均衡分析的主要步骤有哪些？

第 2 章 房地产与房地产业

什么是房地产？房地产有哪些特殊性？我国房地产业是如何发展的？本章将研究以下问题：① 界定房地产的概念；② 描述房地产业的构成；③ 介绍我国的住房制度改革和土地使用制度改革，以及我国房地产业的发展历程。

2.1 房地产的基本概念

[例2-1] 2007年8月4日，位于上海古北新区的御翠豪庭项目正式开盘销售。此消息一经公布，便引起市场各方关注。其原因一方面在于，项目开发商的品牌效应；更主要是，该项目长达十年的运作周期与高达10倍以上的利润率。早在2001年2月，开发商就以3.9亿元人民币的价格购得该宗地（50729m^2）的土地使用权，折算后的楼面地价约为2468元/m^2。而本次开盘价为3.0万~3.5万元/m^2，约为土地楼面价的12倍。御翠豪庭项目由15幢豪华高层、小高层公寓楼组成，项目总建筑面积约15.8万m^2，另有约3万m^2的商业配套设施及豪华会所。此次推出的60套房源主要为小高层建筑和高层建筑，并以四居为主，套面积基本在225~250m^2之间，另有几套复式房源面积达到300~450m^2。2008年6月，消费者李先生以5.2万元/m^2的价格，购买了一套某小高层内四层、四室两厅、面积为244m^2的住房，总房款为1268.8万元。李先生在签约之日向开发商支付了380.8万元的首付款，并同时与建设银行上海分行签订了888万元、20年期的个人住房抵押贷款合同[①]。

2.1.1 房地产的含义

1. 房地产的整体含义

房地产（Real Estate）是指土地及定着在土地上的建筑物和其他附属物的总称，它是实物、权益和区位的综合体。为了更好地理解上述房地产定义，一方面需要了解什么是土地、建筑物和其他附属物；另一方面还要了解实物、权益和区位的含义，以及房地产的各种存在形式。

2. 土地、建筑物和其他附属物

（1）土地（Land）

对于土地，基于不同的目的，各学科有许多不同的认识和定义。从房地产估价的角度来看，土地是一个空间，该空间不是平面的，而是三维立体的，具体而言土地是指地球的陆地表面及其上下一定范围内的空间。如图 2-1所示，一宗土地的范围分为以下三层：① 地球表面，简称地表；② 地球表面以上一定范围内

---

① 改编自 http://finance.sina.com/cn/china/dfjj/20070806/00323852846.shtml.

的空间，简称地上空间；③ 地球表面以下一定范围内的空间，简称地下空间。

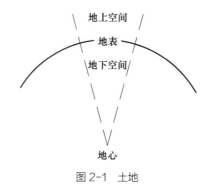

图 2-1　土地

对于一宗土地的地表范围，通常按照界址、四至、面积和形状等进行描述。图 2-2 为政府出让一宗地块土地使用权的信息，其地表范围通常是根据标有界址点坐标的建设用地红线图，由城市规划管理部门或者土地管理部门在地块各转点钉桩、埋设混凝土界桩或界石并放线来确认，形状为封闭多边形，面积大小依水平投影面积计算。

图 2-2　北京市某宗土地出让信息[①]（一）

---

① 北京市规划和自然资源委员会网站 http://ghzrzyw.beijing.gov.cn/.

北京市海淀区"海淀北部地区整体开发"西北旺镇HD00-0403-0061、0050、0031、0040、0046地块二类居住、其他类多功能、医院及机构养老设施用地

2020-01-22

基本信息			
交易文件编号：	京土整储挂（海）[2020]001号	建设用地面积：	67309.96平方米
代征地面积：	0	规划建筑面积：	建筑控制规模 ≤162845平方米
用地性质：	R2二类居住用地、F3其他类多功能用地、A51医院用地、A61机构养老设施用地	土地开发程度：	五通一平
位置：	海淀区西北旺镇		
交易信息			
挂牌竞价起始时间：	2020-02-11	起始价：	603400
挂牌竞买申请截止时间：		固定交易价格：	0
挂牌竞价截止时间：		最小递增幅度：	3000
保证金：	121000万元	其他文件下载：	
交易地点：	不选择市中心交易市场	联系电话：	010-55595197
挂牌交易公告			
查看			
补充公告			
备忘录和交易文件			
关于北京市海淀区"海淀北部地区整体开发"西北旺镇HD00-0403-0061、0050、0031、0040、0046地块二类居住、其他类多功能、医院及机构养老设施用地交易公告			
历史报价			

图 2-2　北京市某宗土地出让信息①（二）

对于一宗土地的地上、地下空间范围，从理论上讲，本应是"上穷天空，下尽地心"。但依据现代法律规定，土地所有权的上下空间范围被限制于"除法律有限制外，于其行使有利益的范围内"，且"如他人的干涉无碍其所有权之行使，不得予以排除"。通常，地上空间高度以飞机飞行高度为限，地下空间深度则以人类能力所及为限。例如，各国现代立法均规定，飞行器飞越土地所有权人的土地上空不构成非法侵入。另外，地下资源、埋藏物等可以出售、出租；或者以法律规定的方式属于地表所有权人以外的其他人。

（2）建筑物（Building）和其他附属物（Appurtenant）

建筑物是一种土地定着物，主要包括房屋和构筑物。其中，构筑物是指人们一般不直接在其内部进行生产和生活活动的建筑物，如烟囱、水塔、水井、道路、桥梁、隧道、水坝等。在图 2-3中，房屋与水井都属于建筑物；具体而言，水井又属于构筑物。

其他附属物也被称为其他地上定着物、其他土地附着物。其他附属物是指建筑物以外的土地定着物，主要作为土地或建筑物的从属物。就表现形式而言，其他附属物与土地或建筑物在物理形态上可以是分离的，也可以不分离。就经济意义而言，其他附属物的作用在于保障土地和建筑物的完整性、使用价值或功能。图 2-3中的地下管线就是其他附属物。

---

① 北京市规划和自然资源委员会网站 http://ghzrzyw.beijing.gov.cn/.

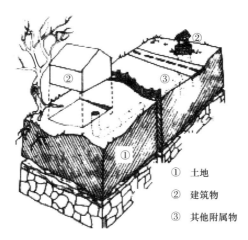

① 土地
② 建筑物
③ 其他附属物

图 2-3　房地产的定义

在现实中,其他附属物往往被视为土地或建筑物的构成或附属部分。因此,通常将房地产的构成简化为土地和建筑物两大部分。

3. 房地产的实物、权益、区位和存在形态

（1）房地产实物

房地产实物是指房地产中看得见、摸得着的有形部分。例如,土地的形状、地形、地势、土壤、地基、平整程度等,以及建筑物的外观、建筑结构、设施设备、装饰装修等。正确认识房地产实物,需涉及测绘、建筑等专业知识。

房地产实物可进一步分为有形实体、实体质量以及实体组合完整后的功能三个方面。以本章开篇提及的御翠豪庭项目为例,其有形实体是指房屋的建筑结构,即该项目钢筋混凝土框架结构;实体质量,是指该项目采用的钢筋和混凝土强度等级,以及施工质量情况;而实体组合完整后的功能则是指该项目的整体布局和户型情况。如图 2-4 所示,御翠豪庭项目由15幢豪华高层、小高层公寓楼以及3万m²的商业配套、会所构成;主力户型为四室二厅,同时还包括一室两厅、两室两厅和三室两厅、复式等多种户型。

图 2-4　御翠豪庭项目图示

(2)房地产权益

房地产权益是指房地产中无形的、不可触摸的部分,是基于房地产实物而衍生出来的权利(Rights)、利益(Interests)和收益(Benefits)。房地产权益以房地产权利为基础,包括以下几种形式。

1)房地产自身的各种权利。其包括所有权、土地使用权、地役权、抵押权、租赁权等。以本章开篇提及的消费者李先生以5.2万元/m²的价格,购买御翠豪庭项目的一套位于四层的244m²住房为例,在办理完相关产权手续后,李先生拥有该套住房的所有权。同时鉴于我国现行的法律体系,土地只能为国家和集体所有(详见2.3.2节),李先生将与其他御翠豪庭项目的业主共同拥有该宗土地的土地使用权。由于李先生在购房时,向建设银行上海分行办理了房屋抵押贷款,在李先生偿还全部888万元贷款以前,建设银行上海分行拥有该住房的抵押权。2008年8月,李先生又将该套四室两厅的住房以每月2.5万元的价格出租给一位在沪美籍高管,双方签订了为期一年的租赁合同。在此后的一年中,该租客就拥有该套住房的租赁权。

2)受到房地产权利以外的各种因素限制的房地产权利。如城市规划对土地用途、建筑容积率的限制,房地产被人民法院查封从而其处置受到限制。建筑容积率简称容积率,是指建设用地范围内全部建筑面积与建设用地面积的比值。以御翠豪庭项目为例,该宗建设用地总面积为5.07万m²,该用地范围内建筑物的总建筑面积为18.8万m²,则容积率为3.7。

3)房地产的额外利益或收益。如屋顶(也称为楼顶、屋盖)或外墙面可出售或出租给广告公司做广告获取收入。

英美法系的"权利束(the bundle of rights)"理论,将财产比喻为一束"木棒(Sticks)",如图2-5所示。每根"木棒"即代表一种权利,例如占有权(Possession)、管理权(Control)、享用权(Enjoyment)、排他权(Exclusion)、处置权(Disposition,包括出售、出租、抵押、赠与、继承)等。现实情况中,一处房地产的权益可能包括整束"木棒"的全部,或者是其中的某一根或某几根"木棒"。

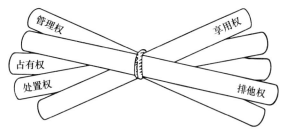

图2-5 权利束理论

对于不同类型的资产,其实物和权益对价值的影响程度不同:

1)一般的有形资产主要表现为实物价值,即由实物本身的好坏决定其价的高低，如珠宝玉石、机器设备、家具等。

2）一般的无形资产主要表现为权益价值。如著作权（版权）、专利权、专有技术、商标专用权、特许权、商誉、有价证券（股票、债券）等。这类资产通常不具有实物形态，或者虽然依附在某种实物上，但其实物本身的好坏对价值的影响程度不大，甚至可以忽略不计。

3）房地产资产同时具有实物和权益价值，并相互影响，相互依托。以御翠豪庭项目为例，其资产价值既受建筑结构、设施设备、装饰装修、损耗程度等实物状况的影响；同时也受产权是否完整等权益状况的影响。比如该房屋属于合法建筑还是违法、违章建筑，或者其产权是完全产权还是部分产权，对其资产价值都有很大影响。因此，两宗实物状况相同的房地产，如果权益状况不同，其价值就可能存在很大差异；反之，两宗权益状况相同的房地产，如果实物状况不同，其价值也可能存在差异。

（3）房地产区位

房地产区位（Location）是指房地产与其他房地产或者事物在空间方位和距离上的关系，包括位置、交通、周围环境和景观、外部配套设施等方面。

房地产的位置，是指能够反映房地产具体处所的相关信息，包括：

1）坐落——所在的具体地址（如门牌号等）；

2）方位——在所属区域（如城市、住宅小区、十字路口等）中的方向和位置；

3）距离——与重要场所（如市中心、汽车客运站、火车站、机场、码头、政府机关、同行业、工作地、居住地等）的位置关系；

4）朝向——建筑物的正门或房间的窗户等正对着的方向；

5）楼层——位于所属建筑物中的位置。

房地产的交通，是指进出该宗房地产的方便程度——通达性（Accessibility）。周围环境和景观，是指该宗房地产周围的自然环境、人文环境和景观。其中，人文环境包括该宗房地产所在地区的声誉、居民特征（如职业、素质）、治安状况（如犯罪率）以及相邻房地产的利用状况（如用途）等。外部配套设施，是指该宗房地产外部的基础设施和公共服务设施。基础设施一般是指道路、供水、排水（雨水、污水）、供电、供气、供热、通信、有线电视等设施。公共服务设施一般是指教育（如幼儿园、中小学）、医疗卫生（如医院）、文化、体育、商业服务、金融邮电、社区服务、市政公用和行政管理等设施。房地产内部的配套设施，属于该宗房地产的实物因素。

以御翠豪庭项目为例，该项目坐落于上海市长宁区黄金城道688弄（图2-6），北至红宝石路，与东银中心写字楼相对，靠近延安路高架；南面贴近黄金城道，与强生古北花园隔路相对；西侧紧临古北路，正对伦敦广场；东面靠近银珠路，毗邻古北国际花园，并与古北一期的成熟生活配套只有一街之隔。可以说御翠豪庭是位于整个古北新区的中心位置。

房地产位置的固定性，使其区位对资产价值的决定作用成为房地产所独有的

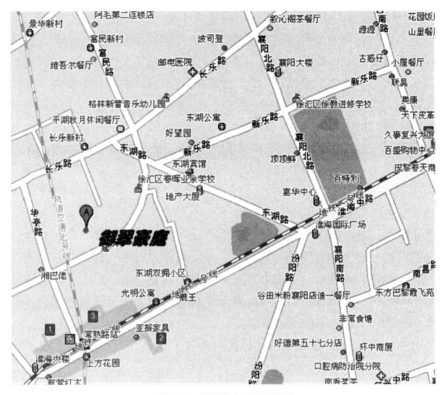

图 2-6 御翠豪庭项目位置图

特征。"location，location and location"是西方认为的投资房地产最重要的三点，即"第一是区位，第二是区位，第三还是区位"。当然，区位并不能代表房地产的一切，但它强调了区位对房地产的极端重要性——消费者有可能改变除区位以外的房地产其他特征，但一般不能改变房地产的区位，这就是区位为何如此重要的原因。两宗实物和权益状况相同的房地产，如果它们的位置、交通、周围环境和景观、外部配套设施等区位状况不同，价值可能有很大的不同。

（4）房地产的存在形态

房地产虽然包括土地和建筑物两大部分，但并不意味着只有土地与建筑物合在一起时才被称为房地产，单纯的土地或者单纯的建筑物都属于房地产，是房地产的一种存在形态。归纳起来，房地产有土地、建筑物、房地产三种基本存在形态。

1）土地形态。土地形态的最简单形式是一块没有建筑物的空地。即使土地上有建筑物，有时根据需要或者按照有关规定，也将土地单独看待。如前文2.1.1中提及的北京市土地整理储备中心准备出让的海淀区西北旺镇的居住用地（图2-2），从现场图中可知，该地块上有建筑物的存在，但在进行土地使用权出让的时候，仅将其视为土地，而非房地产。对于此类有建筑物的土地，有两种具体操作方法：一是无视建筑物的存在，即将其假设为无建筑物的空地；二是考虑建筑物存在对土地价值的影响，在整体资产价值中扣除。

2）建筑物形态。建筑物虽然必须建造在土地上，在实物形态上与土地连为一体，但有时根据需要或者按照有关规定，也可将其单独看待。例如，在房地产投保火灾险时评估其保险价值，灾害发生后评估其损失，为会计上计算建筑物折旧服务的估价等，通常只单独评估建筑物的价值。具体的操作方法为：一是无视土地的存在，即将其设想为"空中楼阁"；二是考虑土地存在对建筑物价值的影响，在整体资产价值中扣除。

3）房地产形态。房地产形态即实物形态上土地与建筑物的总和，并在估价时也把它们作为一个整体来看待。

4．房地产的其他名称

（1）不动产（Real Property）

在法律上，通常把财产或者物，分为不动产和动产两大类。一般来说，凡是能够自行移动或者能够借助外力移动的，且在移动过程中其性质和价值不会改变的财产属于动产，如牲畜、家禽和汽车、家具、器物之类；反之，不能移动的财产则属于不动产，如土地、房屋及附着于土地、房屋上不可分离的部分（如树木和给水、排水、采暖、电梯等设备）。

在中国台湾地区使用的不动产概念与本书介绍的房地产概念一致，仅叫法不同。

（2）物业（Property）

中国香港地区通常使用"物业"这个词，也把房地产估价称为物业估值或物业估价。其所讲的物业实质上与本书介绍的房地产概念相同，仅叫法不同。中国香港地区所说的物业一词是由英文中的"property"翻译而来。此外，他们通常还把房地产称为地产，也常将地产、物业、楼宇和房地产等词语混用。

现在中国内地大量使用的"物业"一词，最主要用于"物业管理"的表述中。例如，《物业管理条例》第二条中规定，物业管理是指"业主通过选聘物业服务企业，由业主和物业服务企业按照物业服务合同约定，对房屋及配套的设施设备和相关场地进行维修、养护、管理，维护物业管理区域内的环境卫生和相关秩序的活动"。

（3）Real Estate和Real Property

英语中，房地产可表示为Real Estate和Real Property，但两者的含义不完全相同。英语中的Land、Real Estate和Real Property是三个相互联系、含义越来越宽泛的术语。如图2-7所示，① Land是指地球的表面及下达地心、上达无限天空的空间，包括永久定着在地球表面之中、之上、之下的自然物，如树和水。② Real Estate是指Land加上永久定着在其中、其上、其下的人工改良物（Man-made Improvements），如构筑物和房屋。③ Real Property是指Real Estate加上与其有关的各种权益，包括权利、利益和收益。Real Estate和Real Property虽然有上述严格区分，但在一般情况下经常通用，并不加以区分，同时以Real Estate一词使用居多。

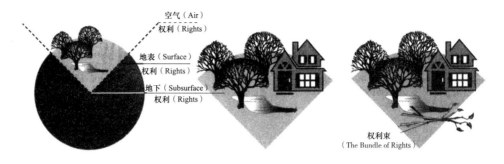

图 2-7　Land、Real Estate 与 Real Property 的关系

5．房地产含义的总结

目前，社会上对房地产的用词尚不规范，同一用词可能含义不同，不同的用词可能含义相同，比较容易引起误解。为明确起见，本书主要使用"房地产""土地"和"建筑物"这几个关键词，它们的含义分别如下：

（1）房地产。可指土地，也可指建筑物，还可指土地与建筑物的综合体，即它的表现形式可能是土地、建筑物或者土地与建筑物的综合体。

（2）土地。仅指土地部分，如说土地价值时，此价值不包含该土地上的建筑物的价值。

（3）建筑物。仅指建筑物部分，如说建筑物价值时，此价值不包含该建筑物占用范围内的土地的价值。

还需要说明的是，人们通常使用"地上建筑物"这一概念，其含义一般是指土地范围内的所有建筑物，既包括建筑物的地上部分，也包括建筑物的地下部分。但根据需要，有时也将建筑物真正的地上与地下部分分开。因此，在实际应用中，应根据上下文的内容判定其具体所指。

2.1.2　房地产的分类

根据不同的分类标准，可以从不同的角度对房地产进行分类。按照房地产的用途，可以把房地产分为居住房地产和非居住房地产两大类，其中非居住房地产又可分为商用房地产、工业房地产和特殊用途房地产。

（1）居住房地产（Housing, Residential Properties）：是指供家庭或个人居住使用的房地产，又可分为独户式住房、联体住房、共管式自有住房以及其他类型。

（2）商用房地产（Commercial Properties）又称经营性物业、收益性物业或投资性物业，是指能出租经营、为投资者带来经常性收入现金流的房地产，包括酒店、写字楼（Office）、零售商业用房（店铺、超市、购物中心等，Retail）、出租商住楼等。

（3）工业房地产（Industrial Properties）：是指供工业生产使用或直接为工业生产服务的房地产，包括工业厂房、仓储物流、产业园区、数据中心等。工业房地产按照用途，又可分为主要生产厂房、辅助生产厂房、动力用厂房、储存用房屋、运输用房屋、企业办公用房、其他（如水泵房、污水处理站等）。

（4）特殊物业（Special Properties）：是指物业空间内的经营活动需要得到政府特殊许可的房地产，包括赛马场、高尔夫球场、汽车加油站、飞机场、车站、码头、高速公路、桥梁、隧道等。

（5）综合用途房地产（Mixed-use Properties）：是指具有上述两种以上（含两种）用途的房地产，如商住楼。

2.1.3 房地产的特殊性

与普通商品相比，房地产具有很多特殊性，如它既是满足人们正常生活的必需品，同时又具有较高的价值，以及具有耐久性、位置固定性、不可分割性和多重异质性。

（1）耐久性

房地产堪称使用年限最长的一种耐用商品。一经建成，房地产就可以在此后数十年乃至上百年的时间段内，持续不断地为使用者提供效用。清华学堂始建于1911年，距今已经有超过100年的历史。根据我国《民用建筑设计统一标准》GB 50352—2019的规定，普通建筑物和构筑物的设计使用年限在50年以上。

（2）位置固定性

从2.1.1节房地产的概念中就可以看出，房地产必须定着在一定的土地上，并因而具有空间上的不可移动性。尽管目前也出现了极少数移动房屋（特别是移动住房），但是空间固定性仍被公认为房地产的重要特性之一。

由于房地产的位置固定性，使得每个房地产都是唯一的，与一定的土地地块，以及与该地块相联系的通达性条件、环境、景观、基础设施、社区居民构成等自然和人文因素（通常统称为区位条件）紧密结合在一起。因而，从这个意义上讲，世界上没有完全一样的房地产，任何房地产都是独一无二的。由此也产生了房地产领域中的名言——"位置、位置还是位置（Location，Location and Location）"。

（3）异质性

房地产是一种典型的异质性商品，这种异质性主要来源于以下几个方面：首先，由于其位置固定性的特点，使得不同区位的房地产之间存在显著差异，如房地产是否邻近地铁站会对其租金和价格产生较大的差异；其次，即使在相同的区位上，不同物业在建筑材料、建筑结构、内外装修、面积、设施水平等诸多内部特征上也可能存在明显区别，并进而导致相同区位上的不同物业之间也存在显著差异，如同在清华校园内，相邻的学生公寓31号楼与34号楼之间，由于前者在房间内带有独立卫生间，而使得其居住条件远优于后者；最后，由于前述的耐久性特点，使用过程可能因为老化、翻新改造等原因而出现特征变化，即使同一个房地产在不同时期也会具有不同的特点，以清华学堂为例，在1916年的第一次扩建后，其总建筑面积达4560m^2，而到1978年大范围翻修后，其建筑面积仅为3600m^2。

尽管房地产在很多方面都存在着高度的异质性，但总体而言，这些异质性可以归纳为三个方面，即物理特征、邻里特征和区位特征。表 2-1正是从这三个方面列举了房地产主要的特征属性。

国内外现有研究中主要讨论的房地产特征因素　　　表 2-1

类别	特征属性
物理特征	建筑类型、宗地大小、建筑面积、房间（卧室、浴室）数量、建筑年限、地下室、阁楼、庭院、空调系统、暖气系统、装修、建筑材料、建筑质量、建筑外观
邻里特征	社区居民特征（种族构成、社会阶层分布、职业特征等）、公共服务（学校质量、医院、购物中心、会所、运动设施等）、公共品的外部性（空气质量、噪声、固体垃圾、水体质量、犯罪率、繁华程度等）
区位特征	与CBD（或就业中心）距离、公共交通服务（轨道交通、高速公路、公共汽车站等）、景观等

2.2 房地产业及其产业细分

2.2.1 房地产业及其特点

房地产业是指从事房地产开发、经营和管理等各类经济活动的行业，是国民经济中具有生产和服务两种职能的独立产业部门。它体现了房地产经营过程中各参与者之间的经济关系，属于第三产业。

房地产业的产业特点主要包括：产业关联度高，对关联产业的带动作用大；经济影响广泛，房地产投资和住房消费是最大的内需，对经济稳定与增长、就业机会创造和政府财政税收均具有重要意义；密切关联民生福祉，居民住房水平的提高、居住质量的改善都依赖于房地产业提供的产品和服务；推动城市建设与城市更新，促进人居环境的可持续发展。

房地产业除具有上述正面的特点外，还具有不少负面的特点，主要包括：房地产投机活动活跃，易形成房地产泡沫，影响经济稳定；高房价、高地价、高租金导致生活压力加大、生产成本上升，降低地区竞争力；房地产业过度膨胀，导致经济结构不合理等。

2.2.2 房地产业的产业细分

我国《国民经济行业分类》GB/T 4754—2017规定，房地产业（K70）可进一步细分为五个子行业，具体包括：房地产开发经营（K7010）、物业管理

(K7020)、房地产中介服务(K7030)、房地产租赁经营(K7040)和其他房地产业(K7090)。

(1)房地产开发经营是指房地产开发企业进行的房屋、基础设施建设等开发,以及转让房地产开发项目或者销售房屋等活动。

(2)物业管理是指物业服务企业按照合同约定,对房屋及配套的设施设备和相关场地进行维修、养护、管理,维护环境卫生和相关秩序的活动。

(3)房地产中介服务是指房地产咨询、房地产价格评估、房地产经纪等活动。

(4)房地产租赁经营是指各类单位和居民住户的营利性房地产租赁活动,以及房地产管理部门和企事业单位、机关提供的非营利性租赁服务,包括体育场地租赁服务等。

(5)其他房地产业是指除上述行业之外的改建和扩建活动,如某地某广场的改、扩建。

2.3 我国房地产业的发展历程

2.3.1 住房制度改革

[**例2-2**]"关于住宅问题,要考虑城市建筑住宅、分配房屋的一系列政策。城镇居民个人可以购买房屋,也可以自己盖。不但新房子可以出售,老房子也可以出售。可以一次付款,也可以分期付款,10年、15年付清。住宅出售以后,房租恐怕要调整。要联系房价调整房租,使人们考虑到买房合算。因此要研究逐步提高房租……繁荣的市中心和偏僻地方的房子,交通方便地区和不方便地区的房子,城区和郊区的房子,租金应该有所不同。将来房租提高了,对低工资的职工要给予补贴。这些政策要联系起来考虑……盖什么样的楼房,要适合不同地区、不同居民的需要。"——摘自"邓小平同志在1980年4月2日与中央负责同志谈话"

20世纪90年代初期以前,我国一直实行福利住房制度,其特点是:① 住房建设投资和维修管理由国家和单位统包;② 以实物分配方式,通过行政手段配置住房资源;③ 住房租金低,不能实现住房的简单再生产。

以1978年9月邓小平同志讲话中提到的"解决住房问题能不能路子宽一些"为标志,我国开始进入了城镇住房制度改革阶段。1979年,在低租金、住房实物分配制度不变的情况下,房改工作开展了向居民出售新建住房的试点。职工、职工所在单位和政府分别负担1/3购房款的"三三制",是这一阶段的代表性售房方式。"三三制"虽然存在着几个严重的缺陷,但其探索模式,反映出部分职工可以接受购买住房,为后续的进一步改革提供了宝贵经验,特别是说明了改革需要从提租入手。

1986年，国务院正式从改革低租金入手，推行提租补贴、租售结合、以租促售等政策。这次房改在几个试点城市都取得了初步成功，住房出售回收了一部分资金，一部分多占房的人退出了住房，使住房资源的配置趋于合理。

在前一阶段改革实践的基础上，1998年7月的《国务院关于进一步深化城镇住房制度改革加快住房建设的通知》（国发〔1998〕23号，以下简称《通知》），确立了深化城镇住房体制改革的目标：停止住房实物分配，逐步实行住房分配货币化；建立和完善以经济适用住房为主的多层次城镇住房供应体系；发展住房金融，培育和规范住房交易市场。原则上坚持在国家统一政策领导下，地方分别决策，因地制宜，量力而行；坚持国家、单位和个人合理负担；坚持"新房新制度，老房老办法"，平稳过渡，综合配套。

2.3.2 土地使用制度改革

根据《中华人民共和国宪法》和《中华人民共和国土地管理法》的规定，中国现行土地所有制为社会主义土地公有制，其中，城市土地归国家所有，其他土地归集体所有。其他个人和团体仅能拥有土地使用权。

计划经济时期，我国城市国有土地使用实行行政划拨制度，土地使用者可无偿无期限使用土地，但禁止其转让。这种传统城市土地使用制度存在很多弊端，如：不利于土地的集约利用，无法形成受市场调节的资源配置机制；制约了公平竞争环境的建立以及城市的长远建设和发展。

上述传统城市土地使用制所存在的种种弊端已经无法满足我国建立社会主义市场经济体制的需要，而由此引发了土地使用制度改革，经历了以下几个阶段。

（1）征收土地使用费

由最初的仅对中外合营企业征收，于1982年在深圳特区进行分等级征收的试点，到1984年起在抚顺、广州等城市率先推行。《中华人民共和国城镇土地使用税暂行条例》中，明确了征收土地使用税是"为了合理利用城镇土地，调节土地级差收入，提高土地使用效益，加强土地管理"。

（2）土地有偿出让试点

1987年，深圳特区开展了土地使用权有偿出让和转让的试点工作。同年9月9日，深圳中航工贸中心获得了中国首块协议出让的土地；11月26日，深华工程开发公司在击败其他8家投标公司后，成功地以招标的方式获得一宗4.6万m^2住房用地的50年使用权；12月1日，一块底价为200万元的宗地，在深圳以525万元的价格成功拍卖。

（3）建立健全相关法律法规

1988年，《宪法》修订中确立了"土地的使用权可以依照法律的规定转让"的法律依据；同年12月，《土地管理法》也作了相应的修改，并再次明确了"城市土地归国家所有，农村土地归农民集体所有"。《中华人民共和国城镇国有土地使用权出让和转让暂行条例》(国务院令〔1990〕第55号),对土地使用权的出让、转让、出租、抵押、终止以及划拨土地使用权等问题作出了明确规定,建立"协议、招标、拍卖"三种土地出让方式。

(4)现行土地使用权出让方式

《招标拍卖挂牌出让国有土地使用权规定》(国土资源部令〔2002〕第11号),在原有的三种土地使用权出让方式中,增加了挂牌出让,并同时规定,商业、旅游、娱乐和商品住房用地,必须采取拍卖、招标或者挂牌方式出让。各类型用地土地使用权出让最高年限分别为:① 居住用地70年;② 工业用地50年;③ 教育、科技、文化卫生、体育用地50年;④ 商业、旅游、娱乐用地40年;⑤ 综合或其他用地50年。至此,我国已经形成了较为开放的土地市场。

由于土地市场上销售的商品(每宗土地)具有独一无二性,因此在经济学中,土地市场通常被看作产品完全差异化的市场。它与第1章提及的面粉或石油这样的普通商品市场具有明显的区别,对于后者来说,商品是同质的,并且可以按照数量来进行交易。理论上讲,没有任何两宗地块是完全相同的,任何地段的土地供给都是固定的,土地供应缺乏弹性[①]。而另一方面,在土地市场中就某一特定位置的宗地而言,由于其周边存在许多可相互替代的其他竞争性地块,因此土地需求又表现为具有弹性(图2-8)。

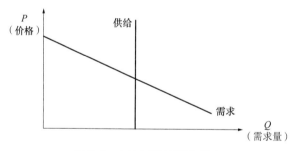

图2-8 土地市场的供给与需求

与国外土地市场相比较,我国土地市场的市场化程度相对较低,其主要原因在于:首先,我国土地的新增供应量由政府决定,受宏观经济政策制约,而非市场供需调解的结果;其次,我国土地市场建立建成相对较晚,土地存量市场不活跃,开发企业在获得土地使用权后转让的比例和流通速度相对较低和较慢,这进一步制约了土地的自由流通程度,土地资源市场化配置效率较低。

---

① 当经济变量之间存在函数关系时,弹性(Elasticity)被用来表示因变量的相对变化对于自变量的相对变化的反应程度,并用弹性系数来表示,简称为弹性。需求量(Q)与价格(P)存在一定的函数关系:$Q=f(P)$,其中,需求量Q为因变量,价格P为自变量。需求价格弹性则表示一定时期内某种商品需求量的相对变动对于该商品的价格相对变动的反应程度,即价格变动比率所引起的需求量变动比率的变化,即 $E_\mathrm{d} = \dfrac{\mathrm{d}Q/Q}{\mathrm{d}P/P} = \dfrac{\mathrm{d}Q}{\mathrm{d}P} \times \dfrac{P}{Q}$。

2.3.3 房地产业的发展历程

[例2-3] 以住房产业为主的房地产资产一直是世界各国国家财富和居民家庭财产的重要组成部分。资料显示，2002年中国家庭住房资产占家庭总资产47.9%，这一数据在2018年攀升至77.7%，美国同期比例为34.6%[①]。

1996～2004年是我国房地产业发展的黄金时期。我国房地产业的发展从20世纪80年代中后期开始起步，自20世纪90年代初以海南为中心的"地产泡沫"破灭后，房地产业的发展进入了调整期。这段时间内，"把住宅建设培育成为国民经济新的增长点"成为房地产行业发展的核心目标；到1998年福利分房被停止后，房地产行业的发展进入了"力争将房地产业发展为国民经济的支柱产业"阶段[②]；2003年，《国务院关于促进房地产市场持续健康发展的通知》（国发〔2003〕18号）文件中，明确作出了"房地产业关联度高，带动力强，已经成为国民经济的支柱产业"的判断。

2005～2017年，我国房地产行业发展进入了以稳定房价为主要目标的政府宏观调控阶段。中央政府先后颁布了"国八条""九部委十五条""国六条""24号文""国四条""国十条""新国八条"等文件，采取了包括住房政策、财税政策、土地政策、金融政策、行为规制在内的多项措施，对房地产市场进行政策干预，形成了从"重买房、轻租赁"向"租、售并举"的合理转变，其总体目标在于引导房地产市场的健康、理性、可持续发展。期间经历了2008～2009年为应对国际金融危机的短暂刺激和2015～2016年为消化房地产库存的短期刺激阶段。具体政策措施如表2-2所示。

2005～2017年主要的房地产调控措施　　　表2-2

时间	文件	主要内容
2005.3	《关于切实稳定住房价格的通知》（国办发明电〔2005〕8号，"国八条"）	抑制房价过快上涨
2006.5	《关于调整住房供应结构稳定住房价格的意见》（"九部委十五条"）	90/70的户型政策；遏制高房价，调控住房结构
	促进房地产业健康发展的六项措施（"国六条"）	
2007.8	《国务院关于解决城市低收入家庭住房困难的若干意见》（国发〔2007〕24号，"24号文"）	建立健全住房保障体系
2008.12	《关于促进房地产市场健康发展的若干意见》（国办发〔2008〕131号）	鼓励普通商品住房消费，对改善性自住住房予以信贷优惠；加大营业税优惠
2009.12	温家宝总理主持召开国务院常务会议讲话（"国四条"）	增加供给、抑制投机、加强监管、推进保障房建设

---

① 广发银行联合西南财经大学发布的《2018中国城市家庭财富健康报告》。
② 《国务院关于促进房地产市场持续健康发展的通知》（国发〔2003〕18号）。

续表

时间	文件	主要内容
2010.1	《关于促进房地产市场平稳健康发展的通知》（国办发〔2010〕4号）	房地产开发企业要严格按申报价格销售，严格执行二套房首付和贷款利率标准
2010.4	《国务院关于坚决遏制部分城市房价过快上涨的通知》（国发〔2010〕10号、"国十条"）	停发第三套房贷款、遏制外地炒房者
2011.1	《国务院办公厅关于进一步做好房地产市场调控工作有关问题的通知》（国办发〔2011〕1号、"新国八条"）	差别化住房信贷政策，购买第二套住房的家庭，首付款比例不低于60%
2013.3	《关于继续做好房地产市场调控工作的通知》（国办发〔2013〕17号）	完善稳房价工作责任制，抑制投机投资性购房，增加供应，加快保障性住房建设，加强市场监管和预期管理，建立引导房地产市场健康发展的长效机制
2016.2	《关于调整个人住房贷款政策有关问题的通知》	降低首付款比例
2016.2	《关于调整房地产交易环节契税、营业税优惠政策的通知》（财税〔2016〕23号）	降低交易环节纳税负担
2016.6	《关于加快培育和发展住房租赁市场的若干意见》（国办发〔2016〕39号）	培育市场供应主体、鼓励住房租赁消费、完善公共租赁住房、支持租赁住房建设、加大金融、税收和土地供应政策支持力度

2017年10月，中共十九大报告中明确了中国特色住房制度和房地产业发展的框架思路，即：坚持房子是用来住的、不是用来炒的定位，加快建立多主体供给、多渠道保障、租购并举的住房制度，让全体人民住有所居。

此后，"坚持房子是用来住的，不是用来炒的定位"逐渐成为社会各界的共识，并成为中国特色住房制度建设和房地产市场健康发展长效机制建立的基础。在后续中央政治局会议、中央经济工作会议、政府工作报告中，也逐渐形成了基础住房制度和房地产长效机制内容框架。

关于中国特色住房制度，有以下几点内容：① 目标：让全体人民住有所居；② 供应体系：以政府为主提供基本保障、以市场为主满足多层次需求，拓展住房供应主体（开发商为主，农村集体、住房合作社等多主体提供），拓宽住房保障渠道（政府为主，实物补贴和货币补贴相结合，吸引社会力量广泛参与保障性住房的投资、开发建设和运营管理）；③ 消费体系：自有自住（住房所有权）、租买混合（共有产权）和租住（租赁权）相结合；④ 核心工作：发展住房租赁市场，补齐住房制度短板。

关于房地产长效机制建立，有以下几点内容：① 目标：促进房地产市场平稳健康发展，稳地价、稳房价、稳预期，防范房地产系统性风险；② 政策工具：住房供应、金融信贷、土地供应、财政税收、市场规制（行为规范）；③ 工作机制：中央政府因城施策、分类指导，城市政府承担主体责任，制定并落实"一城一策"；④ 日常运行：建立房地产市场监测预警系统，定期考核评价城市房地产市场表现（月统计、季考评和年考核），严格考核问责。

随着经济、社会、政策、市场和技术等发展环境的改变，我国房地产业正在加速转型发展，尤其是围绕绿色健康、智慧便捷、低碳持续等高质量需求，以及国家新型城镇化、区域协调发展、城市更新、乡村振兴、可持续发展、数字经济和金融安全等国家战略需求，房地产业正在利用现代科技，不断创新产品和服务，提升行业数字化发展水平。房地产业在国民经济中的角色，也逐步从增长引擎向稳定器转变，如图2-9所示。以住房投资和住房消费为主的房地产业，将来更多的是给宏观经济提供一个稳定的基础。

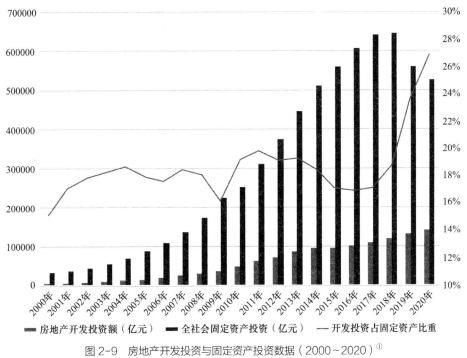

图2-9 房地产开发投资与固定资产投资数据（2000~2020）[①]

> **思考题**
>
> 1. 房地产的含义是什么，如何从实物、权益和区位的角度理解该定义。
> 2. 与一般商品相比，房地产的特殊性表现在哪些方面？
> 3. 举例说明房地产和房地产业的分类。
> 4. 简述我国住房制度改革的历程。
> 5. 简述我国土地使用权制度改革的历程。
> 6. 简述土地市场的供求关系，并绘制供求曲线。

---

① 国家统计局网站：http://wap.stats.gov.cn/。

第3章 房地产价格与房地产市场

什么是房地产价格和房地产市场？房地产价格和房地产市场有哪些特殊性？本章将研究以下问题：① 描述房地产价格的两个层面；② 描述房地产市场的两个层面；③ 分析房地产价格的种类；④ 介绍房地产价格的度量。

3.1 房地产价格的两个层面

3.1.1 租金与房价的基本概念

房地产是一种耐用商品，同时具有消费品（空间）和资产两种属性，相应地，房地产价格也存在两种形式：租赁价格（通常所说的租金，Rent）与买卖交易价格（通常所说的房价，Price）。它们既存在一定的区别，又同时存在密切的联系。

[例3-1] 小李是2019年北京大学的应届毕业生，毕业以后就职于中关村的一家外资公司。离开校园以后的第一件大事就是找"新家"。考虑工作和生活的方便，以及对北大周边的熟悉，小李决定在北大附近找个"新家"。实地考察后，小李看中了中关园内一套52m²的1室1厅，并从某网络信息平台上找到了一业主老王的信息，老王既可以接受以每月8100元的价格出租该套住房，同时也愿意以699万元的价格将其出售。如图3-1所示。

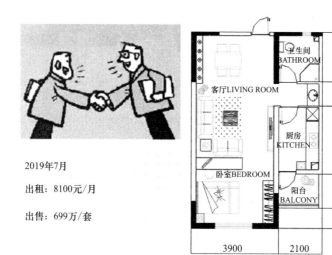

图 3-1 中关园一居室房源信息

这个案例显示同一个房地产可以拥有两个价格：如果小李租了这套中关园的1室1厅，并与房东老王签订了为期1年（2019.8～2020.8）的租赁合同，那么接下来的12个月，他每月要向老王（房东）支付8100元作为使用这个空间的报酬，并拥有了这个空间一年的使用权，此时每月8100元的租金就是这个空间在这一年内的价格。如果小李购买这套住房，与老王（卖方）在2019年7月25日签订了房屋交易合同，并支付699万元的房款给老王，他便拥有了这个空间的所有权，此时699万元的交易价格就是这个空间在签约时间点（2019.7.25）的价格。

那么小李会作出怎样的决定呢，是租房还是买房？这需要一些"资金的时间价值"的知识后再作判断。

3.1.2 资金的时间价值

通常，将一个特定的经济系统内各时间点上实际发生的流入或流出该系统的资金量，称为现金流量（Cash Flow）。其中，流出系统的资金叫作现金流出（Cash Out Flow），流入系统的资金叫作现金流入（Cash In Flow）。现金流入与现金流出之差称为净现金流量（Net Cash Flow）。

在不同的时间付出或得到同样数额的资金在价值上是不等的。也就是说，资金的价值会随时间发生变化。今天可以用来投资的一笔资金，即使不考虑通货膨胀因素，也比将来可获得的同样数额的资金更有价值。因为当前可用的资金能够立即用来投资并带来收益，而将来才可取得的资金则无法用于当前的投资，也无法获得相应的收益。因此，同样数额的资金在不同时点上具有不同的价值，而不同时间发生的等额资金在价值上的差别称为资金的时间价值（Time Value of Money）。这一点，可以从将货币存入银行，或是从银行借款为例来说明。如果现在将1000元存入银行，一年后得到的本利和为1060元，经过一年而增加的60元就是在一年内让出了1000元货币的使用权而得到的报酬。也就是说，这60元是1000元在一年中的时间价值。

由于资金存在时间价值，就无法直接比较不同时点上发生的现金流量。因此，要通过一系列的换算，在同一时点上进行对比，才能符合客观的实际情况。在技术经济分析中，对资金时间价值的计算方法与银行利息的计算方法相同。实际上，银行利息也是一种资金时间价值的表现方式，利率是资金时间价值的一种标志。

（1）利息与利率

利息（Interest）是指占用资金所付出的代价或放弃资金使用权所得到的补偿。如果将一笔资金存入银行，这笔资金就称为本金。经过一段时间之后，储户可在本金之外再得到一笔利息，这一过程可表示为：

$$F_n = P + I_n \quad (3-1)$$

其中，F_n表示本利和，P表示本金，I_n表示利息，下标n表示计算利息的周期数。计息周期是指计算利息的时间单位，如"年""季度""月"或"周"等，但通常采用的时间单位是年。

利率（Interest Rate）是在单位时间（一个计息周期）内所得的利息额与借贷

金额（即本金）之比，一般以百分数表示。用i表示利率，其表达式为：

$$i = \frac{I_1}{P} \times 100\% \qquad (3-2)$$

其中，I_1表示一个计息周期的利息。式（3-2）表明，利率是单位本金经过一个计息周期后的增值额。

（2）单利与复利

单利（Simple Interest）是仅按本金计算利息，利息不再生息，其利息总额与借贷时间成正比。单利计息时的利息计算公式为：

$$I_n = P \times n \times i \qquad (3-3)$$

$$F_n = P(1 + i \times n) \qquad (3-4)$$

复利（Compound Interest）是指对于某一计息周期来说，按本金加上先前计息周期所累计的利息进行计息，即"利息再生利息"。按复利方式计算利息时，利息的计算公式为：

$$I_n = P[(1+i)^n - 1] \qquad (3-5)$$

$$F_n = P(1+i)^n \qquad (3-6)$$

我国个人储蓄存款和国库券的利息就是以单利计算的，计息周期为"年"。而房地产开发贷款和住房抵押贷款等都是按复利计息的。由于复利计息比较符合资金在社会再生产过程中运动的实际状况，所以在投资分析中，一般也采用复利计息。

（3）资金等值

资金等值（Equal Value）是指在考虑时间因素的情况下，不同时点发生的绝对值不等的资金可能具有相同的价值。也可以解释为"与某一时间点上一定金额的实际经济价值相等的另一时间点上的价值"。

例如，现在借入100元，年利率是15%，一年后要还的本利和为115元。这就是说，现在的100元与一年后的115元虽然绝对值不等，但它们是等值的，即其实际经济价值相等。

通常情况下，在资金等值计算的过程中，人们把资金运动起点时的金额称为现值（Present Value），把资金运动结束时与现值等值的金额称为终值或未来值（Future Value），而把资金运动过程中某一时间点上与现值等值的金额称为时值（Time Value）。现值则应等于未来各期时值和终值按一定利率在当前时点的折现。

在如图3-2所示的一次支付的现金流量图中，时点$t=0$时的资金现值为P，并且利率i已定，则复利计息的n个计息周期后终值F的计算公式为：

$$F = P(1+i)^n \qquad (3-7)$$

$$P = F\left[\frac{1}{(1+i)^n}\right] \qquad (3-8)$$

图 3-3是等额序列支付的现金流量图。等额序列支付是指在现金流量图上的每一个计息周期期末都有一个等额支付金额A。此时，其现值可以这样确定：把每一个A看作是一次支付中的F，用一次支付复利计算公式求其现值，然后相加，即可得到所求的现值。计算公式是：

$$P=A\left[\frac{(1+i)^n-1}{i(1+i)^n}\right]=\frac{A}{i}\left[1-\frac{1}{(1+i)^n}\right] \quad (3-9)$$

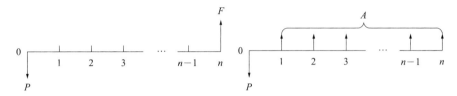

图 3-2　一次支付现金流量图　　图 3-3　等额序列支付现金流量图

当计息周期$n\to\infty$时，式（3-9）则变为：

$$P=\frac{A}{i} \quad (3-10)$$

3.1.3 租金与房价的关系

由上述理论可知，由于资金具有时间价值，资金通过经济活动其价值会随着时间的推移而发生变化。对于房地产资产而言，房地产的资产价格也会通过经济环境的变化，而随着时间推移不断产生价值的增加。此时，未来各期房地产资产的租金就是房地产价格在当期价值增值的具体表现。因此，房地产价格的本质就是房地产资产在未来所产生租金收入的净现值。

因此，仅考虑资金的时间影响因素时，3.1.1的例子是在一次性支付699万元房价和每年支付9.72万元（0.81×12）租金之间的选择。如图 3-4所示，当折现率为1.39%，年租金9.72万元按期折现到交易时点（2019.7.25）的净现值为699万元。如果按照现行三年以上定期存款利率（2.75%），年租金为9.72万元的该套住房在当前的价值应为353万元，与老王设定的699万元出售价格相比，当前租赁该套住房的决策将更合算。

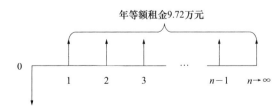

① 折现率为1.39%时，净现值699万元
② 折现率为2.75%时，净现值353万元

图 3-4　年等额租金折现图

3.2 房地产市场的两个层面

房地产是一种耐用商品，同时具有消费品（空间）和资产两种属性，相应地，房地产市场也存在两种形式：提供满足消费需求的房地产空间市场，以及满足投资需求的房地产资产市场。3.1节中谈到的租金，就是源于房地产的消费品属性，存在于房地产空间市场（Space Market）中；而价格则源于房地产的投资品属性，存在于房地产资产市场（Asset Market）中。下面将介绍房地产市场的这两个层面，以及两者之间的互动关系。

3.2.1 房地产空间市场

房地产空间市场，又称为房地产使用市场，是指为获得房地产使用权而租赁空间的市场。在房地产空间市场中，需求方是所有的居住者，即空间的使用者，如小李；供应方则为所有的房地产拥有者，如老王；市场的均衡价格为房地产租金。

房地产是由四面墙壁、地板和屋顶围合起来的可以遮风避雨的空间，人们可以在其中居住、工作、购物休闲，此时房地产实际是为人们（家庭）提供了空间的服务。例如，大学生需要在校园里举办学生节，租了一个晚上的校内大礼堂，那么礼堂就给学生们提供了一个晚上的空间服务，学生则需要为此支付租金。再如［例3-1］中，如果小李因资金有限决定租房而非买房，那么小李就需要在出租的信息中寻找合适的房源，也就是通过房地产空间市场来满足需求。

房地产空间市场的需求方，既可以是承租空间的租客（租房时的小李），也可以是购买空间的业主（老王）；同时，这些租客和业主一方面可以是一个家庭，也可以是一家企业，如在清华科技园内办公的国内知名网络公司搜狐。一方面，对搜狐（企业）来说，清华科技园的办公空间是其众多生产要素中的一种，并且和其他要素一样，搜狐公司对办公空间大小的要求（空间需求的数量）取决于企业的产出水平和清华科技园租金间的相对成本。同样，对于小李而言（家庭），房租的支出也仅是他日常消费中的一种，除此以外，小李还会有包括购买食品衣服、交通以及看电影等其他消费。对于承租空间的搜狐（企业）和小李（家庭）来说，占用空间的成本就是为获得房地产使用权所需的年度支出额，即房地产的租金。同时，这个租金是在租赁合同中约定的，也被称之为实际租金（Actual Rent）。另一方面，对老王（业主）来讲，假设小李与老王之间的租赁合同中关园一室一厅没有从2019年8月份开始，而是从9月开始，同时，8月份中老王也未能将房子出租给其他租客，处于空闲状态，即老王自己拥有，那么老王本应获得的8100元租金收入则被定义为虚拟租金（Imputed Rent），即假设业主不是自己拥有住房，而是将其出租可获得的租金收入。

3.2.2 房地产资产市场

房地产资产市场是指房地产作为资产被买卖的市场。其需求方为购房者,即买方;供给方为售房者,即卖方;市场均衡价格为房地产的资产价格。在该市场中,房地产的资产价格在很大程度上取决于想要购买房地产的买方数量与可供出售的房地产资产数量间的相对关系。当其他条件都不发生变化时,购房者数量的增加会提高房地产价格,而过多的房地产供给则会导致房地产价格降低。

[例3-2] 每天下班后回到望京新城,北京人宋清常有种身处韩国的错觉。街两边是韩文招牌的餐馆、服装店和便利店,迎面是一张张韩式面孔,连耳边听到的相互寒暄都是韩国话。"简直像是首尔的一个翻版。"她说。哪怕是一句汉语也不会说的韩国人,照样可以在望京活得有滋有味。这里的社区商店都聘用朝鲜族店员,韩国人办的学校、医院、美容美发店、健身房和房地产经纪机构都在十分钟步行距离之内。望京区域一直以来都是韩国人在北京购房的首选之地,这里也成为韩国人的传统集中区域。但据世邦魏理仕数据显示,如今韩国人开始将购房的目光投向了亚运村、CBD、朝阳公园、学院路等更多的区域。如图3-5所示。

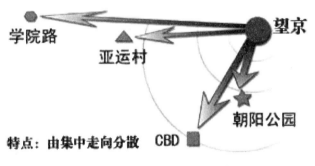

图3-5 在京韩国房地产投资区域

由于房地产的高度耐久性,使得一个房地产自建成之后会保存相当长的时间,这也使得同一房地产在不同时期的拥有者可能不同。因此,房地产资产市场又包括新增供给和存量供给两种。新增供给是指新建房地产,即增量市场,增量的供给来源于开发商。存量供给主要来自房地产的所有者,即存量市场。

增量供给的数量取决于房地产的资产价格和开发建造成本的相对值。以住房市场为例,当有很多人想要购买住房的时候,住房需求增加,由于住房开发建设周期相对较长,在短期内住房供给是固定不变的,此时住房价格就会上升。当价格上升到高于现有开发成本时,新的开发项目就会出现。当新的住房建设完工时,住房价格仍旧高于开发成本时,开发商就会将新的住房供应推向市场,此时需求得到满足,住房价格开始向开发成本回落。

一经出售的新建房地产便进入了存量市场。3.2.3节中将详细解释,房地产资产市场以存量供应为主体,增量供应仅是存量调整的一种形式。

3.2.3 房地产空间市场与资产市场的关系

尽管房地产空间市场和资产市场存在着上述区别，但二者之间仍存在两个接合处：一是租金与价格的互动；二是资产市场的供给增加，在降低房地产资产价格的同时，也会降低空间市场中的租金。Dipasquale和Wheaton（1996）所提出的四象限模型（Four-quadrant Model），能够较好地解释两个市场间的互动关系（图3-6）。

在图3-6中，右侧的两个象限（第Ⅰ和第Ⅳ象限）代表交易房地产空间使用权的空间市场，左侧的两个象限（第Ⅱ和第Ⅲ象限）则是代表交易房地产所有权的资产市场。对其解释一般可按照顺时针方向进行。

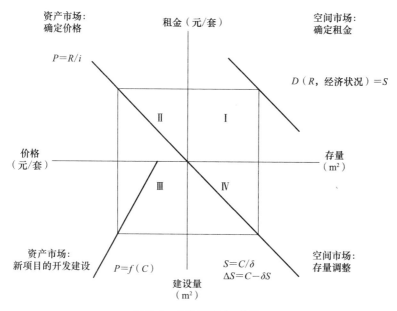

图3-6　四象限模型示意图

首先从揭示短期租金形成机理的第Ⅰ象限开始。第Ⅰ象限有两个坐标轴：租金（每单位空间）和存量（空间单位数）。曲线表明在给定的经济状况下，空间的需求怎样决定于租金。沿该曲线的移动描述的是纵轴上某一特定租金水平下空间的需求量。如果不管租金如何变化，家庭或企业的空间需求数量都大致相等（无弹性的需求），那么曲线就几乎是垂直的；如果空间的使用量对租金水平很敏感（有弹性的需求），曲线就会较为水平。如果经济状况发生变化，则整个曲线就会移动。当公司或家庭数量增加（经济增长）时，曲线会向上移动，表明在同样的租金水平下，空间需求会增加；当经济衰退时，曲线则会向下移动，表明在同样的租金水平下，空间需求减少。

在市场达到均衡状态时，空间的需求量D等于空间的存量S。因此必须确定适当的租金水平R，使需求正好等于存量。需求是租金和经济状况的函数：

$$D(R, 经济状况) = S \qquad (3-11)$$

在图 3-6 的第Ⅰ象限中，相对于横轴上某一数量的空间存量，向上画一条垂直线到需求曲线，然后从交点画一条水平线到纵轴，租金就得以确定。

第Ⅱ象限代表了资产市场的第一部分，包括租金和价格（每单位空间的出售价格）两个坐标轴。以原点作为起点的这条射线，其斜率代表了房地产资产的资本化率：即租金和价格的比值。这是投资者持有房地产资产所要求的当期收益率。一般说来，确定资本化率需要考虑四个方面的因素：经济活动中的长期利率、预期的租金上涨率、与租金收入流量相关的风险以及税收因素。当射线以顺时针方向转动时，资本化率提高；逆时针方向转动时，资本化率下降。在这个象限中，资本化率被看作外生变量，它是根据交易所有资产（股票、债券、短期存款）的、范围更广的资本市场上的利率和投资收益率确定的。因此，第Ⅱ象限的目的是在第Ⅰ象限确定的租金水平 R 的基础之上，利用资本化率 i 来确定房地产资产的价格 P：

$$P = \frac{R}{i} \qquad (3-12)$$

具体做法是，对于第Ⅰ象限中的某种租金水平，画出一条垂直于纵轴的直线直到与第Ⅱ象限的射线相交，从交点向下画出一条垂直于横轴的直线，该直线与横轴的交点便是资产的给定价格。

第Ⅲ象限是房地产资产市场的另一部分。在这个象限中，新资产的建设量得以确定。这里的曲线 $f(C)$ 代表房地产价格与房地产新建量之间的函数关系。房地产价格越高，会有越多的开发商进入市场，提供更多的新建量。$f(C)$ 在价格轴上的截距是使新开发活动得以发生所要求的最低价格，可以认为是建造成本。如果新建房地产比较容易（供给弹性高），则该射线会接近于垂直，只要价格增长一点，新建量就会增加很多；如果由于土地供给量不足或其他制度使新建房地产比较困难（供给弹性低），则该射线变得较为水平。从第Ⅱ象限给定的房地产资产价格向下垂直画一条直线到 $f(C)$，再从交点画一条水平线到纵轴，由纵轴交点便可以确定在该价格下的新建设量 C：

$$P = f(C) \qquad (3-13)$$

在第Ⅳ象限，新建设量（增量）C 被转换成为房地产空间的长期存量。在某一给定期间内，存量变化 ΔS 等于新建设量减去以灭失率 δ（如拆迁、毁损）衡量的存量灭失：

$$\Delta S = C - \delta S \qquad (3-14)$$

以原点作为起点的这条射线表示了如果新建量与每年的存量灭失量相等时，则存量保持稳定，即达到了均衡状态。此时，ΔS 等于 0，$S = C/\delta$，即新建量和存量存在稳定关系，如果新建量永续保持在这个水平，则存量将一直保持稳定。

至此，对四象限模型已经进行了全方位的分析。从某个存量水平开始，空间市场确定了租金，租金通过资产市场转换成为资产价格。接着，资产价格产生新的建设量；再回到空间市场，新建设量产生一个新的存量水平。当存量的开始水平和结束水平相同时，空间市场和资产市场同时处于均衡状态。倘若结束时的存量与开始时的存量之间有差异，那么图 3-6 中四个变量（租金、价格、建设量和存量）的数值并不处于均衡状态。假如开始时的存量超过结束时的存量，租金、价格和建设量必须增长以达到均衡；假如初始存量低于结束时的存量，租金、价格和建设量必须减少才可以达到均衡。这同时也表明，房地产市场中存量部分构成了供应量的主体，而增量部分只是存量调整的一种形式，从数量上看通常只占前者的一小部分。

3.3 房地产价格的种类

由于房地产及房地产市场的特殊性，使得房地产价值和价格的表现形式多种多样（图 3-7）。

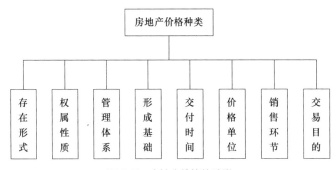

图 3-7 房地产价格的种类

3.3.1 按存在形式分类

按照 2.1.1 节中阐述的房地产基本存在形态，房地产市场中也对应存在土地价格、房屋建筑物价格和房地产价格。

土地价格，简称地价，是指不包括地上建筑物的、单独的土地部分的价值。根据土地实际开发程度的不同，土地包括以下几种形态：① 未完成土地征收补偿的，取得土地后需支付土地征收补偿费用；② 完成土地征收补偿，尚未完成"三通一平"以上开发的土地，俗称"生地"；③ 完成"三通一平"以上开发，但存在待拆迁建筑物的土地，俗称"毛地"，取得土地后需支付房屋征收补偿费用；④ 完成"三通一平"以上开发且无待拆迁建筑物的，可供直接进行房地产开发的土地，俗称"熟地"。对应上述土地存在形态，业内对地价存在"生地价""毛地价""熟地价"的说法。

房屋建筑物价格是指建筑物部分的价格，不包含其占用的土地的价格。

房地产价格，是指土地及地上房屋建筑综合体的价格，简称房价。[例2-1]中的 5.2 万元/m²，以及[例3-1]中的 699 万元，均为房价。

3.3.2　按权属性质分类

由2.1节房地产的定义可知，房地产是兼具实物、权益和区位的综合体。不同的权益形式，对应不同的价值。

若房地产空间市场中的标的为房地产所有权，其价值表现为房地产所有权价格。房地产所有权价格是指房屋所有权价格、土地所有权价格，或者房屋和土地所有权价格。在我国，土地所有权归国家所有，没有土地所有权价格，仅存在房屋所有权价格，即房价。但在特殊情况下可能需要评估土地所有权价值，如衡量社会总财富中土地财富有多少时，评估的应是土地所有权价值而不是土地使用权价值。

若房地产空间市场中的标的为房地产使用权，其价值表现为租金。在我国，土地的租金表现为土地使用权价格，其法定名称为土地使用权出让金。《中华人民共和国城市房地产管理法》（以下简称《城市房地产管理法》）第八条规定："土地使用权出让，是指国家将国有土地使用权在一定年限内出让给土地使用者，由土地使用者向国家支付土地使用权出让金的行为。"［例2-1］中的3.9亿元人民币即为土地使用权价格。

在建筑物和土地合在一起的情况下，其使用权价值习惯上称为房屋租赁价格，即房租。［例3-1］中的8100元/月即为房租。

3.3.3　按管理体系分类

按价格管理体系分类的价格包括：基准地价、标定地价、房屋的重置价、政府指导价、政府定价以及政府设定的最高限价和最低限价。这类价格的共性是需要定期确定并由政府主管部门向全社会公布，属于政府对房地产市场进行干预和调控的一种手段。

《城市房地产管理法》第三十三条规定："基准地价、标定地价和各类房屋的重置价格应当定期确定并公布。"第三十四条规定："房地产价格评估，应当遵循公正、公平、公开的原则，按照国家规定的技术标准和评估程序，以基准地价、标定地价和各类房屋的重置价格为基础，参照当地的市场价格进行评估。"

根据《城镇土地估价规程》GB/T 18508—2014，基准地价是指在土地利用总体规划确定的城镇可减少用地范围内，对平均开发利用条件下，不同级别或不同均质地域的建设用地，按照商服、住宅、工业等用途分别评估，并由政府确定的、某一估价期日法定最高使用年期土地权利的平均价格。标定地价是政府根据管理需要，评估的某一宗地在正常土地市场条件下于某一估价期日的土地使用权价格。它是该类土地在该区域的标准指导价格。

对房屋重置价格规范中尚没有明确的定义，可将其理解为不同区域、不同用途、不同建筑结构、不同档次或等级的房屋，在某一基准日期建设的必要支出及应得利润。根据这种房屋重置价格，实际估价中估价对象房屋或建筑物的价值，可以通过该种房屋重置价格的比较、调整来求取。

政府指导价是指由政府价格主管部门或者其他有关部门，按照定价权限和范围规定基准价及其浮动幅度，指导经营者制定的价格。对于实行政府指导价的房地产物业，因经营者应在政府指导价规定的幅度内制定价格，所以估价结果也不得超出政府指导价规定的幅度。

政府定价是指由政府价格主管部门或者其他有关部门，按照定价权限和范围制定的价格。对于实行政府定价的房地产物业，因经营者应执行政府定价，所以估价结果应以政府定价为准。例如，在城镇住房制度改革中，出售公有住房的标准价、成本价就属于政府定价。

政府对房地产价格的干预，还有最高限价和最低限价。最高限价是试图规定一个对房地产可以收取的最高价；最低限价也称为最低保护价，是试图规定一个对房地产可以收取的最低价。因此，对有最高限价的房地产进行估价时，其估价结果不得超过其最高限价；对有最低限价的房地产，估价结果不得低于其最低限价。各地执行的限价商品房[①]销售中，由政府公布的销售价格就属于最高限价，这类房地产在销售中不得突破此上限。

3.3.4 按形成基础分类

按价格形成基础的不同，可分为理论价格、挂牌价格、成交价格和评估价格。

理论价格是指遵循供求原理，达到均衡状态时的均衡价格（1.4.1节），受供给与需求力量相互作用的影响。

挂牌价格（Listing Price）是指房地产所有人公开出售房地产时所公布或标出的要价，表示供给价格，但并不一定会按此价格成交。[例3-1]中的699万元即为挂牌价格，是卖方出售该套住宅的要价。

成交价格是指在成功的房地产交易中买方支付和卖方接受的金额，写入商品房买卖合同中的价格，是个别交易的价格。房地产二手市场交易中，买方根据卖方的要价进行还价，给出买方出价，交易双方进行谈判，最终达成双方均可接受的成交价格。卖方要价、买方出价以及成交价格之间存在如式（3-15）所示的关系。

$$买方最高出价 \geqslant 成交价 \geqslant 卖方最低要价 \quad (3-15)$$

成交价格和理论价格相比，成交价格是短期均衡价格，理论价格是长期均衡价格。成交价格的正常波动受房地产市场中实际的供给与需求的供给相互作用影响。在正常的市场环境下，存在成交价格围绕着理论价格上下波动的现象。但在非均衡的市场中，也会出现成交价格偏离理论价格的现象（图3-8）。

---

① 限价商品房是一种限价格限套型（面积），主要解决中低收入家庭的住房困难，是限制高房价的一种临时性举措。按照"以房价定地价"的思路，在土地出让环节就限定了房屋价格、建设标准和销售对象，政府对开发商的开发成本和合理利润进行测算后，设定土地出让的价格范围，从源头上调控房价。

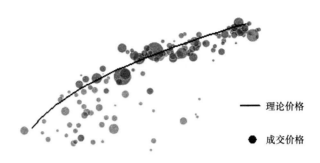

图 3-8　成交价格与理论价格的关系图

评估价格是指通过房地产估价活动得出的估价对象的价值或价格，其本质是估价对象的一个估计值。房地产估价方法不同，其评估值的名称亦不相同，包括市场比较法的比准价格、成本法的积算价格、收益法的收益价格等。

3.3.5　按交付时间分类

与普通商品市场中的现货交易和期货交易相类似，房地产市场也存在现货和期货交易，并相应存在现房价格和期房价格。

现房价格，是指以已经建造完成并可以交付使用的房地产为标的对象的交易价格。

期房价格，是指以目前尚未建造完成的，而将在未来约定的时间完成建造并交付使用的房地产为标的对象的交易价格。现房价格和期房价格均包括土地价格。

理论意义上，期房交易中因买方承担相关风险（不能按期交房、与约定品质不一致等），期房价格应低于现房价格。而我国房地产市场中往往存在期房价格高于现房价格的现象，其原因多是由于在这些房地产市场中，存在供不应求的情况，商品住房的供应量小于需求量，消费者因担心买不到心仪的住房产品，而提前消费。

3.3.6　按价格单位分类

按照价格表示单位的不同，可以分为总价、单价和楼面地价。

总价是指某宗房地产的整体价格。[例3-1]中的699万元即为总价。

单价是指单位建筑面积的价格，一般用于反映房地产的价格水平。对于中关园这套52m²的住房来说，其单价为13.44万元/m²（699万元/52m²）。

楼面地价是指一定地块分摊到单位建筑面积上的土地价格。结合容积率的概念，存在如式（3-16）所示的关系。根据我国土地使用权出让的相关规定，地块出让时，其容积率是不可逾越的红线，因此在比较不同地块之间的价格水平时，楼面地价更具备说服力。如[例2-1]所示，该地块的楼面地价为2468元/m²（3.9亿元/50729m²）。

$$容积率 = \frac{总建筑面积}{总占地面积}$$

$$楼面地价 = \frac{土地总价}{总建筑面积} = \frac{土地单价}{容积率} \quad (3-16)$$

3.3.7 按销售环节分类

在新建商品房销售中常用到起价、标价、成交价和均价。

起价是指销售新建商品房的最低价。该价格通常是位置、户型、朝向、楼层较差的商品房价格，有时甚至连这种价格的商品房都不存在，仅是在广告宣传中出现。因此，起价通常不能反映新建商品房的真实价格水平。

标价也称为卖方报价、挂牌价，是新建商品房销售者（供应方）在价目表上所标出的不同楼幢、户型、朝向、楼层商品房的出售价格，即卖方要价。一般情况下，买卖双方会围绕着这个价格进行讨价还价，最后确定一个低于标价的成交价格。

成交价即3.3.4节中的成交价格，是新建商品房买卖双方的实际交易价格，即写入商品房买卖合同中的价格。对于精装修住房，这个价格包括房价款和装修款两部分。

3.3.8 按交易目的分类

按房地产交易目的的不同，可以分为抵押价值、保险价值、征收价值、课税价值。

抵押价值是指房地产对象假定未设立法定优先受偿权下的价值减去注册房地产估价师知悉的法定优先受偿款后的价值。理论上，抵押价值应是在抵押期间的各个时点，特别是债务人不履行到期债务或发生当事人约定的实现抵押权的情形时，将抵押房地产拍卖、变卖最可能所得的价款扣除法定优先受偿款后的余额。

保险价值是指为保险目的而评估的价值。它通常是在房地产投保时，为确定保险金额提供参考依据而评估的价值。

征收价值也称为征收补偿价值，是指为征收补偿而进行评估的价值，通常是为国家在征收房地产时确定补偿依据提供参考。

课税价值是指为征税目的而进行评估的价值，通常是为税务部门核定相关计税依据提供参考。

3.4 房地产价格的度量

3.4.1 房地产价格度量的特殊性

普通商品市场中，通常以单价和市场平均价格来描述一种商品的价格。例如，袋装纯牛奶的平均价格为每袋（250ml）1.81元，蒙牛袋装纯牛奶的价格为每袋2.4元。这种价格的描述方法也被用来描述房地产价格，如建筑面积单价为8000元/m²，市场平均价格为7000元/m²。由于房地产是按套进行交易的，所以，房地产的价格也可以被描述为房地产单元总价，如135万元/套。平均价格（数值上等于市场中所有住房价格的算术平均值，或以建筑面积为权重的加权平均值）通常表征房地产市场整体价格水平。

2020年1月在贝壳网站上公布的北京市住房总价为500万元的房源信息共244条，这244套住房表现出很大的差异性：就区位而言，遍布于北京市各行政区；就面积而言，则包括27~179m²不等；就户型而言也不尽相同。这说明，普通商品中用来描述价格的方法并不能准确反映不同房地产间的差异以及价格的相对值，因此，不具备用于准确度量房地产价格的指标。这主要是由于房地产高度的异质性特征所造成的。每套房地产单元都应当被视为独立的商品，"套"或"平方米"等并不能作为反映房地产需求量和消费量的理想单位。类似的，房地产单元总价和面积单价也并不是住房价格的理想计量方式，因为不同房地产单元在不同时期（甚至于同一房地产单元在不同时期）内总价或面积单价的差异，可能源于房地产市场整体价格水平的变化，也可能源于不同房地产单元在房地产特征上的差异，或者更普遍的，源于上述两方面原因综合作用的结果。

鉴于房地产和房地产市场的特殊性，房地产价格的度量通常采用两个抽象的指标：标准房地产（Standard Unit）和房地产特征价格（Hedonic Price）。下面以住房为例来介绍这两个概念。

3.4.2 标准住房

普通商品的价格可以看成消费量和单价间的乘积。那么对住房价格而言，是否也可以将其看作是某种单价与消费量间的乘积呢？根据效用理论（1.5节）：均衡状态下的住房价格，是在一定的预算约束条件下，消费者通过住房所能获得的效用最大化的组合。那么，如果存在一个单位效用的价格，住房价格相应地就等于单位效用的价格（单价）与效用消费量间的乘积。而如何确定单位效用的价格，则成为实现这一住房价格度量方法的核心。

举一个简单的例子。假设存在一套虚拟的住房，使其效用水平等于单位效用，那么这个住房的价格就是住房消费中的单位效用价格，这套能够代表单位效用的住房称之为标准住房。假设北京市五道口的两套商品住房A与B，消费者从住房A可以获得的效用水平相当于标准住房所提供效用的5倍，则可以认为住房A的价格应该等于标准住房价格的5倍。同理，住房B，其效用水平相当于标准住房所提供效用水平的8倍，则住房B的价格就应该等于标准住房价格的8倍。由此可以认为住房B的价格高于住房A的价格。这就是通过标准住房来度量住房价格的基本思路。

需要注意的是，在这个方法中，标准住房本身是虚拟的，并不一定真实地存在于现实的住房市场之中，其存在的目的仅在于提供一个效用比较的参照物。一方面，通过度量住房与标准住房间效用水平的不同，实现消费量的分离；另一方面，标准住房的单价固定不变，则通过消费量的分离实现对住房价格间相对价格的度量。因此，标准住房度量的是住房相对价格的情况，而非实际的价格水平。

3.4.3 房地产特征价格和特征价格模型

1. 房地产特征价格

用标准住房的方法来度量房地产价格，虽然含义直观，但却比较难以操作。标准住房的选取往往会存在争议，而且由于房地产的互异性相当强，全面地描述标准住房的特征是很困难的（可能需要几十个、上百个变量），比较其他的住房和标准住房之间的数量关系就更加困难。因此，学者们研究出另外一种方法，将一个房地产细分为众多的接近同质化的特征，用这样一组特征的向量来表征房地产。

同样是3.4.2节中五道口的两套商品住房，可以把它们都分解为以下几个特征的组合向量：卧室、卫生间、楼层、房龄、与五道口地铁站的距离（当然还可以列出更多的特征，这里为了举例简便起见，只列出5个特征）。这样，这两个住房可以表示为：

五道口的住房A＝（2个卧室，1个卫生间，6层，3年房龄，距地铁站500m）

五道口的住房B＝（3个卧室，2个卫生间，10层，5年房龄，距地铁站1000m）

在近似的情况下可以认为卧室、卫生间、楼层、房龄、与地铁站的距离都是同质的商品。尽管这两套住房是非常复杂的异质性商品，但遵循这样的思路可以把它们分解为一些同质商品的组合（哪怕有上百个特征也没问题，现代的计算机技术已经足以处理这样的问题）。

很显然，既然房地产实物被细分为若干特征的组合，房地产价格也可以表示为这些特征的"单价"（被称为"特征价格"）和数量的乘积了：

A的价格＝2×卧室单价＋1×卫生间单价＋6×每层单价＋3×每年楼龄单价＋0.5×每千米与地铁站距离的单价

B的价格＝3×卧室单价＋2×卫生间单价＋10×每层单价＋5×每年楼龄单价＋1×每千米与地铁站距离的单价

由于这些特征对房价的贡献有正有负（比如，卧室越多，房价越高；离地铁站越远，房价越低），所以这些特征的单价也有正有负。在上面的例子里，卧室、卫生间、楼层的"单价"一般为正；而房龄和与地铁站距离的单价应当为负。

上文的这个简单例子介绍了房地产特征、房地产特征价格的含义。特征价格模型正是基于这一思想来实现对房地产价格的度量：将房地产细分为一系列同质化特征的组合，消费者购买房地产的行为就转变为对一系列同质化房地产特征的种类和数量的选择。将房地产特征的种类和数量作为房地产消费的直接对象，其消费数量能够直接度量。在这种情况下，不仅可以利用大量房地产市场的交易数据进行回归分析，进而估计得到不同房地产特征的特征价格值；同时，也可以通过标准房地产的设定，计算标准房地产在不同时期的价格变化，以此"同质价格"表征房地产市场价格水平。这样就有效地实现了商品价格（房地产特征价格）和商品数量（房地产特征取值）的分离，奠定了质量调整的基础性条件，而这一思路也成为房地产"同质价格"实际度量和研究中的主导方法。

2. 特征价格模型

上文中两个价格分解公式，就是房地产经济学理论中很重要的特征价格模型（Hedonic Model）。实际上，该思路早在20世纪30年代就已经出现在汽车领域的研究中。

该模型的基础思路认为：商品是由一系列属性或特征所构成的，而正是这些特征——而非商品本身，成为商品产生效用的来源。因此，消费者对商品的需求并不在于商品本身，而在于商品所内含的各种特征——类似的，消费者对各种商品的偏好也取决于商品内含的特征。根据这一思路，包括房地产在内的异质性商品可以转化为各种内在特征的组合，家庭从商品中获得的效用水平高低则取决于组合的情况，即包括哪些特征及其数量情况。根据这一思想，房地产特征价格模型的一般形式为：

$$P = c + \sum_{n=1}^{n} \beta_n X_n + \varepsilon \quad (3-17)$$

其中，c为常数项，$X_1, \cdots, X_n$分别为房地产的n个特征因素，$\beta_1, \cdots, \beta_n$分别为n个特征对应的特征价格，ε为随机误差项。

考虑到房地产特征价格的变化同样符合边际效用递减规律[①]，特征价格模型在应用过程中通常不采用式（3-17）所示的线性形式，而改用对数形式，即：

$$\log P = c + \sum_{m=1}^{m} \beta_m \log X_m + \sum_{n=1}^{n} \beta_n X_n + \varepsilon \quad (3-18)$$

利用式（3-18），基于市场交易数据，可以利用多元线性回归方法实现对各种房地产特征的特征价格的定量估计。例如，清华大学房地产研究所利用2002年广州市住房存量市场部分交易数据进行的专项研究中，得到市场中住房单元总价与各种住房特征之间的关系，如式（3-19）所示。其中，各系数的t显著性检验值被列在相应系数下面的括号内。

根据式（3-19），卧室、起居室数量的增加都会显著提高住房价格，同时高层住房单元、主卧室朝南的住房单元，以及属于较高设施水平小区中的住房单元均具有一定的价格优势。而从区位条件看，处于城市中心区的住房单元具有较高的价格，同时，与当地主要公共交通工具——地铁站点的距离越近，出行越为方便，这也将导致其价格的提升。此外，相对于已购公房而言，商品住房单元通常

[①] 人们不断增加一种商品的消费量时，消费者获得的满意度的增加额逐渐降低的现象。例如，吃第1个馒头时获得的满意度最高，但吃第5个馒头的时候增加的满意度就较小了，吃第10个馒头的时候，增加的满意度就非常小了（甚至是负的）。

在户型设计、社区环境、物业管理水平等方面具有一定的优势，因此具有相对较高的价格，而房龄则对住房价格具有显著的反向作用。

$$\log P = 2.199 + 0.298\log 卧室个数 + 0.145\log 起居室个数$$
$$(14.486) \quad (8.806) \quad (3.237)$$

$$+ 0.012\log 所在楼层 + 0.109\log 是否南朝向$$
$$(2.942) \quad (2.942)$$

$$+ 0.037\log 设施水平 - 0.004\log 与市中心距离 \quad (3-19)$$
$$(1.412) \quad (-4.309)$$

$$- 0.008\log 与最近地铁站距离 + 0.181\log 是否商品房$$
$$(-3.513) \quad (3.811)$$

$$- 0.013\log 房龄$$
$$(-2.197)$$

将特定住房单元的特征值代入式（3-19），即可得到该住房单元价格的预测值。假设一套使用了10年的三室一厅商品住房单元，位于6层，南朝向，距离市中心5km，距离最近地铁站1km，则其价格预测值为17.3万元；而当其他特征保持不变，卧室数增加至4个时，预测价格增加至18.7万元，即提高了8.95%；相反，卧室数量减少至2个时，预测价格减少至15.2万元，即减少了11.38%。

思考题

1. 房地产价格的两个层面包含哪些内容？
2. 分析租金与房价的关系。
3. 房地产市场的两个层面包含哪些内容？
4. 利用四象限模型分析房地产空间市场与资产市场的关系。
5. 房地产价格的种类包括哪些？
6. 与一般商品相比，房地产价格度量的特殊性表现在哪些方面？
7. 如何利用特征价格模型进行房地产价格分析？

第4章 房地产价格的决定机制

为什么同一城市的房价差异较大，不同城市之间的房地产价格也存在较大差异？是什么决定了这些差异？本章将研究以下问题：① 城市内部房地产价格的决定机制；② 城市之间的房地产价格决定机制。

4.1 城市内部的房地产价格决定机制

4.1.1 房租、房价、地租、地价间的关系

根据2.1节房地产的概念可知，房地产是由土地及定着在土地上的建筑物和其他附属物组合而成。因此，从成本构成上看，可以认为房地产价格（P）应等于为获得宗地而支付的土地价格（P_L）与完成地上建筑物及其附属物的建筑成本（C）二者的和，如式（4-1）所示：

$$P = P_L + C \tag{4-1}$$

由3.2.3节中的介绍可知，房地产价格是房地产资产在未来所产生的租金收入（房租，R）的净现值。而房租与房价的这种关系，也同样适用于土地市场，即地价是土地这项资产在未来所产生的租金收入（地租，R_L）的净现值，如式（4-2）、式（4-3）所示。

$$P = \frac{R}{i} \tag{4-2}$$

$$P_L = \frac{R_L}{i} \tag{4-3}$$

将式（4-2）与式（4-3）带入式（4-1）中，就可以得到房租与地租的关系。如式（4-4）所示。需要注意的是，式（4-4）中的 c 表示的是每个房地产建筑成本 C 分摊到各年度中的分摊额。

$$R = R_L + C \times i = R_L + c \tag{4-4}$$

由此可知，在房地产市场交易中观察到的房租与房价，可以通过地租与地价按一定计算方法求取而得。如图4-1所示，由于房地产的建筑成本主要取决于原材料和劳动力的价格，而与房地产位置的固定性相反，这两个要素均具有较强的流动性，所以可以近似认为建筑成本不随房地产所在空间位置的变化而变化，即房地产价格和土地价格的空间变化规律呈现一致性。

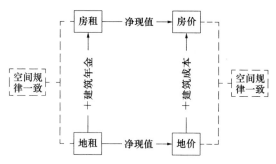

图 4-1 房租、房价、地租、地价四者间关系

4.1.2 地租

根据传统的地价理论,地价是地租的资本化或者资本化的地租,是预买一定年数的地租,如式(4-5)、式(4-6)所示:

$$地价 = \frac{地租}{利息率} \tag{4-5}$$

或者:

$$地价 = 地租 \times 购买年 \tag{4-6}$$

用现代收益法来解释,地租即为土地的净收益。因此,地价评估离不开测算地租。另外,地租本身也存在着评估问题,即土地租赁价格评估。地租理论也是房地产估价的基础理论之一,要深刻理解和认识房地产的价格和价值,特别是把握和测算房地产的净收益——收入应减去哪些项目后才是房地产的净收益,需要懂得地租理论。

1. 地租的含义

在经济学上,地租的含义是随着地租理论的发展而发展的。地租一词创于12世纪的法国,来源于拉丁语的rendita,意为报酬或收益,当时英国也有类似的名词,也表示收益或收入,特别是指使用农地所需支付的产品或金额。到了现代,地租的含义在理论上已有了很大发展,经济学家在使用地租一词时所隐含的意义繁多,总的来讲,可分为狭义的地租和广义的地租。狭义的地租是指利用土地而获得的超额报酬。广义的地租是指超额的工资、利息、利润及利用任何生产要素所获得的超额报酬。例如,西尼尔(Nassault William Senior,1790—1864)1836年在《政治经济学大纲》中把地租定义为"处于自然或偶然所自发地提供的收入",包括"在体力或脑力方面具有非常能力所取得的特有报酬"。即如果一个人用不着做更大的努力就可以完成比别人好或比别人多的工作,他的收入因此会超过其他人,这种超过一般工资部分的超额收入也应视为地租[①]。

无论是狭义的地租还是广义的地租,它们都有一个基本含义,就是一种"纯

---

① [英]西尼尔.政治经济学大纲[M].蔡受百译.北京:商务印书馆,1977.

粹的剩余物"。由于这里不专门研究地租理论的发展，所以下面主要是以狭义的地租来论述。

2. 地租理论

首先从肥力不同的农地的比较来看。如图 4-2 所示，有 A、B、C、D 四块农地，它们的肥力依次由高到低，除肥力不同之外，这四块农地的其他条件均相同。假设同一个农民同时在这四块农地上耕种同一种农作物，他对这四块农地的耕作经营没有任何偏重，但由于这四块土地的肥力不同：土地 A 由于最肥沃，产量会最高，依次到土地 D 的产量会最低。相对于肥力最低的土地 D，土地 C、B、A 所超出的现象就是一种地租现象。

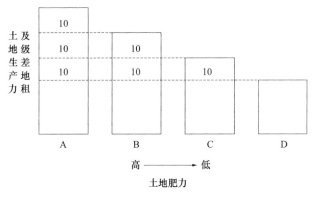

图 4-2 肥力不同的农地上地租的形成

其次从位置不同的农地的比较来看。如图 4-3 所示，有 A、B、C、D 四块农地，它们与农产品市场的距离依次由近到远。除与农产品市场的距离不同之外，这四块农地的其他条件均相同。假设同一个农民同时在这四块农地上耕种同一种农作物，他对这四块农地的耕作经营没有任何偏重。这四块土地由于肥力相同，所以产量会相同。但由于这四块土地与农产品市场的距离不同，把这些农产品运到市场上销售时的运输费用相应会有所不同：由于最近土地 A，所需的运输费用会最低，依次到土地 D 的运输费用会最高。相对于距离最远的土地 D，土地 C、B、A 所节省的运输费用就是一种地租现象。

再从城镇中位置不同的摊位的比较来看。假设同一个人能在不同的地点摆摊，他在这些不同的地点摆摊没有勤快懒惰等方面的差异，那么好地点上的销售额会高于差地点上的销售额，从而好地点上的销售净收入（销售额减去进货成本和销售税费等）会高于差地点上的销售净收入。这种好地点上高出差地点上的销售净收入就是一种地租现象。同理，假设有两个位于不同繁华地段，但规模、档次、经营品种、经营管理水平等方面均相同的商场，由于位置上的差异也会带来销售净收入的差异。这种销售净收入的差异也是一种地租差异。

地租理论发展到现在，已经形成了一个庞大的体系，它不仅涉及经济问题，还涉及社会和政治问题。这里对地租理论的回顾，撇开关于地租的来源和它应该归谁占有这类生产关系或社会、政治方面的争论,仅围绕着地租量的决定和计算进行介绍,同时也不涉及广义的地租。因此,许多在地租理论史上可能占有重要地位的学者及其论点在下面将很少涉及,甚至没有提到。像蒲鲁东(Pierre Joseph Proudhon,1809—1865)和他的"所有权就是盗窃"——"土地的田租应该付给谁呢?当然应当付给创造土地的人。谁曾经创造了土地呢?上帝。在这种情形下,土地所有人呀,请你走开吧!"约翰·斯图亚特·穆勒(John Stuart Mill,1806—1873)和他的土地改革计划;亨利·乔治(Henry George,1839—1897)和他的单一税。

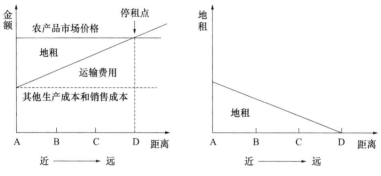

图4-3 位置不同的农地上地租的形成

纵观国内外地租理论发展进程,不同政治经济背景下,产生出不同的地租理论。其代表人物包括:威廉·配第、理查德·坎蒂隆、亚当·斯密、詹姆斯·安德森、大卫·李嘉图、马尔萨斯、约翰·冯·杜能、马克思等。

3. 地租的测算

根据上面介绍的地租理论,现将地租的测算总结如下:

(1)计算公式:

地租=农产品市场价格−农产品销售税费−农产品生产成本−农产品运输成本−土地上投入资本的利息−农业经营者利润

(4-7)

其中,土地上投入成本的利息不包括对应土地价值的资本的利息(如过去购置土地的费用),而是土地以外的投入资本的利息。

(2)土地是在最佳用途下利用的。这一点可以由竞标地租理论来说明。如图4-4所示,土地上有三种竞争性的用途及其地租支付能力曲线,可以看到,在市场竞争条件下,每一块土地都会由能支付最高地租的用途所使用,因此,OA段的地租是由用途Ⅰ的地租支付能力决定的,而不是由用途Ⅱ或用途Ⅲ的地租支付能力决定;AB段的地租是由用途Ⅱ的地租支付能力决定的,而不是由用途Ⅰ或用途Ⅲ的地租支付能力决定;B点以外的地租是由用途Ⅲ的地租支付能力决定的,而不是由用途Ⅰ或用途Ⅱ的地租支付能力决定。即使没有完善的土地市场,为使土地得到合理利用,也应遵循此原则。

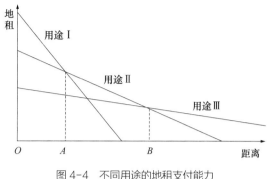

图 4-4 不同用途的地租支付能力

（3）土地是在最佳集约度下利用的。这一点可以用马克思级差地租Ⅱ的原理来说明：

假设投在A级（最劣等）一英亩土地上的3镑生产费用生产1夸脱，从而3镑成为1夸脱的生产价格和起调节作用的市场价格。另有D级一英亩土地，第一次投入3镑生产费用生产4夸脱，并提供9镑的超额利润；第二次投入3镑生产费用生产3夸脱，并提供6镑的超额利润；第三次投入3镑生产费用生产2夸脱，并提供3镑的超额利润；第四次投入3镑生产费用生产1夸脱，没有超额利润。在市场竞争机制的作用下，D级一英亩土地必然会总投入生产费用12镑（即第一次投入3镑，加第二次投入3镑，加第三次投入3镑，加第四次投入3镑），提供超额利润18镑（即第一次超额利润9镑，加第二次超额利润6镑，加第三次超额利润3镑）。这18镑超额利润会转化为地租，即D级一英亩土地的地租不会仅由第一次投入3镑生产费用所提供的9镑超额利润决定，而是由继续投入直至第四次为止所提供的18镑超额利润决定。即使没有完善的土地市场，为使土地得到合理利用，也应遵循此原则。

（4）销售税费、生产成本、运输成本、资本利息、经营利润均是以社会平均或一般水平来扣除的，这是等量资本要获得等量利润、等质劳动力要获得等量工资的要求。这个要求，实际上隐含在马克思关于某一等级土地上的个别生产价格的原理之中。根据马克思的思想，假设最劣等土地A上的个别生产价格为P_A，较好一级土地B上的个别生产价格为P_B，第三级土地C上的个别生产价格为P_C，第四级土地D上的个别生产价格为P_D，这里的P_A、P_B、P_C、P_D实际上分别是各级土地上的"社会"个别生产价格。在这里，造成"个别"的原因仅是土地本身（如肥力、位置的差别），而不是管理水平、采用技术设备的先进程度或有无特殊的社会关系等。否则的话，就可能出现$P_B>P_A$，等。

（5）如果土地上生产的产品数量为Q，其每个产品的市场价格为P，则上述地租计算公式中的市场价格为$P\times Q$。

上面以农地生产农作物来说明地租的测算，是一种经典情况。实际中测算地租的方法还有多种：

① 从房租中分离出地租，如像斯密所讲的由房租减去建筑物租金得到地皮租

金，具体为：

$$地租=房租-房屋折旧费-维简费-管理费-投资利息-保险费$$
$$-房地产税-租赁费用-租赁税费-利润 \quad (4-8)$$

② 由地价求出地租，例如，通过"地租＝地价×资本化率"求出地租。

③ 采用市场法求出地租，即根据类似土地的地租来求取。

④ 采用类似假设开发法的方法求出地租。例如，某块土地，假设在投入资金使其达到最佳利用后可以获得某一地租，则这一地租减去投入资金的利息等之后即为该土地现在的地租。再如，各种未耕地的地租是由具有同等质量和位置的已耕地的地租决定的：未耕地的地租＝同等质量和位置的已耕地的地租－开垦费用的利息。

4.1.3 李嘉图地租理论

[例4-1] 北京的二、三环是贯穿北京东西的主要交通干线，地面交通拥堵，地铁1号线和6号线成为很多市民的出行首选。东边以国贸为标志的外企聚集地从CBD商圈一直向东北辐射到四环，西边有IT精英们安营扎寨的中关村，这两块寸土寸金的区域成为北京的租房热点。以两居室为例，地铁1号线西端石景山八角游乐园周边月租2500元左右，海淀五棵松周边的月租6500元左右，朝阳CBD周边则要7500元。

这个案例描述了城市房地产和土地市场的一个基本特征是，位置较好的房地产和土地价格昂贵，而缺乏位置优势的房地产和土地价格则比较低，即竞价原则。这里的优势包括了自然环境因素，如是否邻近湖泊或海洋；还有人为的位置优势，如距离就业中心或文化中心的远近。

正如2.3.2节中所介绍，城市土地市场的特殊性一方面表现为固定供给，另一方面需求则表现为具有弹性，即在决定不同位置土地的相对价格时，只有需求因素发生作用，而土地供给的作用在于对土地整体价格的影响。针对土地市场的这一需求特征，城市内部的土地价格可以通过差异补偿理论来确定：每一宗建设用地的定价，必须能够使其使用者的支付额补偿他从该宗土地的位置优势上获取的价值。根据补偿理论来确定房地产住房和土地租金，被称为李嘉图（Ricardo）地租，它的命名源于该方法的创始者李嘉图。

租金和位置优势之间相互影响的关系，以一个非常简单的城市模型为例来说明：在这个城市里，只有唯一的位置优势，即上班交通方便。根据这种条件，假设这个城市是单中心的，即该城市仅有一个就业中心。如果到达该中心的交通便利，那么所谓的李嘉图租金就会上升。根据李嘉图理论的定义，租金既指承租者为租用住房而愿意每期支付的费用，也可以定义为所有者为获得占有或使用该物业的权利而愿意支付的年金。这个抽象化了的城市具有如下特点：

（1）就业中心是唯一的，居民从居住地到达就业中心的交通路线为直线。每千米的年度交通费用为k（元）；同时，家庭位置以居住地到就业中心的直线距离

d（km）来表示。

（2）家庭结构相同，每个家庭中上班的人数固定。家庭收入y（元）仅用于交通、其他商品（消费额以x元表示）和住房消费。

（3）住房供应量固定不变，而且不同地段的物业特性也完全相同。住房的年租金为$R(d)$元，它随着位置（交通距离d）的不同而不同。

（4）住房是土地和房屋共同形成的综合体，其中，每套住房占的土地面积为q（m²），同时也包含了一定数额的房屋建筑成本C（元，包括材料和劳动力），则住房密度为$1/q$。

（5）住房被能支付最高租金的家庭所租用，土地的配置使用也遵循这一租金最大化原则。

第（5）个假设很重要，它隐含着：当这个抽象的城市住房市场达到均衡时，承租者因搬离城市中心而节省的租金能够补偿由此而增加的交通费用。由于不同位置的住房质量和住房密度是固定不变的，在家庭的所有消费中，花费在其他商品上的消费额x则成为唯一变量。如果租金的节省额不能够补偿交通费用的增加额，那么居住在距城市中心较近的家庭就会有更多收入用于其他商品的消费。在这种情况下，居住在距城市中心较远的居民会寻求距离城市中心更近的居住地，并愿意支付比现有承租者更高的房租。由于住房将出租给报价最高的承租者，这样就会造成距离城市中心较近的住房租金上升，而距离市中心较远的住房租金下降。当租金的减少额正好等于交通费用的增加额时，所有的家庭都不再有想迁移的动力，市场达到均衡[①]。只要所有的家庭结构相同，不管居住在何处，他们在其他商品上的消费x都将保持在一个稳定不变的水平x^0上。此时，住房租金可以表示为：

$$R(d)=y-kd-x^0 \tag{4-9}$$

在这个抽象的城市模型中，居住在城市中心（$d=0$）的居民不需要花费交通费用，所以此处的住房租金$R(0)$应该等于$y-x^0$。当居住地向远离市中心的方向移动时，租金将随着交通费用的增加而逐渐降低。在城市边缘，到市中心距离为b处，租金降到最低点。

那么，是什么因素决定了城市边缘的最低租金呢？答案是农地租金新增住房建筑成本。通常，城市以外的土地是农业用地，其农业用地租金为r^a元/m²。根据第（5）个假设，住房将租给出价最高的承租者，同样，建用地或农地的所有者也会从其土地上寻求最大的收益。这样，只要城市住房在这宗建设用地上获取的租金收入高于该土地用于农业的收入，那么这块土地就会被用于建设住房并租给城市家庭使用。

那么，在城市边缘b处，城市土地所有者出租土地的农用价值或机会成本为每平方米r^a。在住房密度固定不变的情况下，每套住房所占有的土地租金为

[①] 由于没有因素刺激这种位置变动，因此这种平衡也被称为空间平衡。

$r^a \times q$。这样,城市边缘每套住房占用农用地的替代成本租金可以分为两部分:土地租金$r^a \times q$和建筑租金。其中,建筑租金是每套住房的建筑成本C折现计算出的每年分摊额,记为年金c(元),折现方法可以采用抵押贷款的计算方法。这两部分费用之和就是在城市边缘新建住房所必须支付的租金。代入式(4-9),对于居住在城市边缘的家庭来说,其支付的租金为土地的农业用地租金与根据建筑成本折算的年金之和,由此可以推导得出x^0为:

$$x^0 = y - kb - (r^a \times q + c) \quad (4-10)$$

根据式(4-9)和式(4-10)可知,某地段的住房租金应该等于城市边缘住房的替代成本租金,再加上城市边缘与该点的交通费用之差。因此,住房租金组成如图4-5所示,该曲线也被称为住房梯度线,如式(4-11)所示。实际上,城市内部某位置住房租金的增加额为从城市边缘新建区到该位置的交通费用节省额。只有保持这个租金水平,家庭才会愿意在城市的任何一个地方居住。

$$R(d) = (r^a q + c) + k(b - d) \quad (4-11)$$

图4-5以距离城市中心的半径d为横轴,描述了在这个模式化的圆形城市中,均衡状态下的住房梯度线。城市住房租金包括了三个部分:① 将农用土地转为城市用地所必需的农业用地租金($r^a \times q$);② 坐落在这宗土地上的建筑物租金;③ 交通费用节省带来的位置租金$k(b-d)$。其中,农业用地租金和建筑租金在任何位置都是固定不变的。因此,住房租金梯度线以距离为自变量,斜率为$-k$,且与位置租金相关,即随着居住位置的远离城市中心,租金将随着每个家庭交通费用的增加而等量地降低。

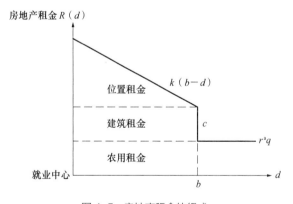

图4-5 房地产租金的组成

如图4-5所示,土地租金$r(d)$由住房租金中的位置租金和农业用地租金两项合并而成。因此,城市土地租金可以被看作剩余额,即在住房租金总额中减去建筑成本租金后的剩余部分。需要注意的是,住房租金是按套计算的,而土地租金是按面积计算。所以,在将住房租金$R(d)$转为土地租金$r(d)$时,需先把建筑租金从住房租金中减去,再除以每套住房的占地面积(q),也就是乘以住房密度（1/q）。城市土地租金则可记为：

$$r(d) = r^a + \frac{k(b-d)}{q} \qquad (4-12)$$

由式（4-12）可知，城市土地租金也由两部分组成：一是单位面积上用于支付替代用途的租金（即单位面积的农业用地租金），另一个是由于位置不同所造成的单位面积交通费用的节省额。住房密度为1/q时，每平方米土地上有许多家庭，每个家庭将获得$k(b-d)$的交通费用节省额。以距离作为自变量的土地租金梯度线的斜率为$-k/q$，其含义是，对于单位面积上1/q套住房的居民，他们交通费用增加所带来的土地租金的减少量。

李嘉图租金理论也同样适用于对房地产价格和土地价格的分析中。其中，房地产价格应包括三个部分：① 将农用土地转为房地产用地所必须支付的农业用地价格；② 房地产的建筑成本；③ 与位置相关的房地产交通成本。而① 和③ 的组合正是土地的价格，因此可以认为房地产价格是由土地价格和建筑成本共同组成的。

4.2 城市间的房地产价格决定机制

[例4-2] 来自大连的小林，2019年7月就要从清华大学计算机专业毕业。而毕业以后是留在北京还是回大连工作，着实让他伤透了脑筋。2018年利用假期回家的时间，小林对两座城市的收入水平、居住情况、居住环境等方面进行了比较，以期对择业选择有所帮助（表4-1）。小林的这种困惑并不是他个人的特殊情况，在当今大学生就业中"地域＋薪金"的衡量标准已经成为一种普遍现象。在对"地域"的选择中，大学生们更多地考虑城市的住房价格和居住环境。

两城市各方面对比　　　　　　　　表4-1

城市	北京	大连
IT业收入（元/月）	20000	15000
市区均价（元/m²）	58000（四环内）	15000（市内四区）
居住环境	内陆	沿海

案例中提及的北京和大连两地相距937km，但其住房均价却相差很大，前者是后者的2倍多，而这种城市间房地产价格的差异在很多城市间均普遍存在（图4-6）。是什么导致了房地产价格在城市间具有如此大的差异，城市间房地产价格的决定机制又是如何呢？其答案是劳动力市场与房地产市场间的互动关系。

Roback（1982），Glaeser（2000）和Mark C. Berger（2003）等学者发展和完

善起来的劳动力市场与住房市场互动理论，为研究这一问题提供了新的视角[①]。该理论建立在各个城市的劳动力市场之间具有高度流动性的假设下，认为劳动者能够在各个城市之间进行选择，看重的是城市经济增长（或经济增长潜力）和城市生活质量，而房价是居民选择居住在某个城市所需要支付的"门票"成本。因此，一个城市的房价水平取决于城市经济实力和城市生活质量，即"城市价值"。具有较高城市价值的城市，对居民有更强的吸引力，吸引大批移民的流入，推升住房价格。当房价上升导致的居住成本增加至抵消了城市价值的优势时，达到了市场的均衡状态。在均衡状态下，住房价格在各个城市间的差异体现了城市价值的差异。

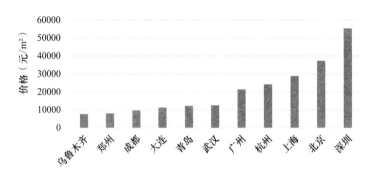

图 4-6　2018年中国部分城市商品住房销售价格[②]

这样一个劳动力市场和住房市场的互动机制，必须依赖于劳动力市场的一体化和自由交易的住房市场。劳动力在城市间的高度流动性使得居民能够自由选择生活和工作的城市，而不同的居民具有不同的偏好，这种居民在城市间的重分布启动了房价调整的机制，会促使房价向均衡价格移动。显然，在我国计划经济时代不存在自由的劳动力市场和住房市场，严格的户籍制度和住房福利分配制度抑制了这种调整机制。但改革开放以来社会主义市场经济体制的确立以及住房商品化和社会化改革，同时放松了这两个约束条件，城市与农村、东部城市与中西部城市、大城市与小城市之间在经济发展速度和城市生活质量上的巨大差异，诱发了快速的城镇化。在这个过程中，各个城市的住房价格被重估，城市间的差异被重新布局。

Roback（1982）通过建立劳动力市场和住房市场的互动模型，描述了劳动者在选择具有不同城市价值的城市的过程中，所形成的住房价格。在该模型中，城市价值由经济发展水平和城市生活质量（Quality of Living, QOL）构成。在城市生活质量中，自然环境包括适宜的温度、空气质量、优美的海景/山景等；公共

---

① Jennifer Roback. Wages, Rents, Quality of Life. The Journal of Political Economy,1982, (ll): 1257-1278. Glaeser, Edward, Jed Kolko, Albert Saiz. Consumer City. National Bureau of Economic Research, Working Paper 7790，2000.Mark C. Berger. Compensating Differentials in Emerging Labor and Housing Markets: Estimates of Quality of Life in Russian Cities. Institute for the Study of Labor, 2003,(10).

② 数据来源：统计年鉴。

服务主要由地方政府提供,包括公共学校、医疗资源、交通通信基础设施等。在模型中,劳动力向城市经济发展质量或者城市生活质量高的城市("优势城市")流动,带来这些城市的房价上升。在达到均衡时,"优势城市"的高房价,完全抵消了这些城市在城市价值上的优势,劳动力不再有流动的动机。

用定性方程的方式表达上述理论,即为:

$$房价溢价(\Delta P)=城市价值溢价(\Delta V)\\
=城市经济发展质量溢价(\Delta E)\\
+城市生活质量溢价(\Delta A)$$ (4-13)

所谓"溢价"是指在确定了基准城市后,其他城市的房价、城市经济发展质量和生活质量与基准城市这些指标的差值。如图4-7所示,城市居民愿意为居住于某城市支付高的房价,要么是因为能够获得更高的收入(好的经济发展质量),要么是因为愿意享受高质量的城市生活。

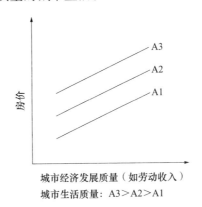

图 4-7 城市房价、经济发展质量和城市生活质量的关系

郑思齐(2008)等学者[①],利用1999年和2003年的数据,对中国35个城市的城市价值和住房价格进行了实证研究,验证了目前我国城市间住房价格水平差异,与反映城市价值的城市经济发展质量和城市生活质量之间的关系。其主要实证研究结论为:① 住房价格与收入。住房价格与城市生活质量均存在显著正相关,即收入水平越高,或者生活质量越高的城市,住房价格水平相应也越高。② 比较1999年和2003年的方程发现,尽管收入变量对于住房价格的影响一直很显著,但其贡献度在呈下降趋势,而城市生活质量指数对于房价的贡献度则显著上升,这说明居民愿意为良好的城市自然环境和公共服务质量所支付的成本(体现为住房价格的上涨)正在逐渐上升,城市生活质量溢价将成为城市住房价格的主要组成部分,其溢价的增值是住房价格上升的重要推动力。③ 城市间住房价格差异(以及其增长速度的差异)的80%左右能够被城市间的城市价值差异所解释。

---

① 郑思齐,曹洋,刘洪玉. 城市价值在住房价格中的显性及其政策会议——对中国35个城市住宅价格的实证研究,[J]. 《城市发展研究》,2008(1).

思考题

1. 简述房租、房价、地租和地价四者之间的关系。
2. 西方典型地租理论的代表人物有哪些，他们的主要思想是什么？
3. 简述李嘉图租金的定义、公式和各组成部分的含义，并作图分析。
4. 利用劳动力市场和住房市场的互动模型分析影响城市间房价差异的主要因素有哪些？

第2篇

房地产估价方法

第1篇主要讲述了房地产和房地产价格的基本概念，并从经济学的角度分析了房地产价格的形成机制和动态变化规律。这些理论和规律都较为宏观，有助于从总体上把握房地产价格及其变化的经济规律，但往往无法被直接用于估计某一个特定房地产的价值。

本篇将从技术的层面上，全面介绍房地产估价的基本方法，并利用这些方法具体地评估一个房地产的价值。与第3篇有所差异的是，房地产估价仍然是在房地产空间市场上进行分析，看重房地产的实物性质。而第3篇的房地产资产定价，则主要在房地产资产市场上进行分析，更加看重房地产的资产属性。当然这两者不是绝对孤立的，房地产估价中的收益法，已经有了资产市场中研究房地产价值的成分。

房地产估价作为一门学科，无论是在国际上，还是在国内，都已经相当成熟了。基础的估价方法日臻完善，新的估价方法也随着计算机应用的普及而不断出现。本篇以介绍基础的三大房地产估价方法为主，同时还会简要介绍其他的衍生方法和新出现的计算机辅助大宗评估方法。

在本篇中，第5章首先介绍房地产估价的概念、原则和程序，这是房地产估价学科的基础；第6~8章分别介绍三大估价方法——市场法、成本法和收益法；第9章介绍其他估价方法，主要以假设开发法和大宗评估法为主。

第 5 章 房地产估价的概念、原则和程序

本章将介绍房地产估价的基础性知识，包括房地产估价的概念、原则、程序以及估价报告的形式，为后续章节的学习提供基础。

5.1 房地产估价概念

5.1.1 房地产估价的相关定义

（1）估价的定义

顾名思义，房地产估价（Real Estate Appraisal）就是"评估房地产的价值"。如果用比较学术的语言来表达，那么房地产估价的核心，就是根据特定目的，对特定房地产在特定时间的特定价值进行分析、测算和判断并提供相关专业意见。通常把将特定目的称为"估价目的"，特定房地产称为"估价对象"，特定时间称为"估价时点"。房地产估价还需要遵循一些"估价原则"，运用一些"估价方法"。

正如第 1 篇开篇所指出的，房地产估价是揭示房地产的客观合理价值的过程。估价的主要目的是将房地产的价值表达出来，通常并不深究房地产价值的形成机制。

还需要指出的是，房地产估价的本质是评估房地产的价值而非价格。价值（Value）是房地产的内在属性，是相对客观和相对稳定的；价格是价值的外在表现，围绕着价值上下波动，它可能受定价决策、个人偏好或者交易者之间的特殊关系等原因的影响，会偏离内在价值。因此，严格地说，房地产估价中的"价"是指价值。不过，由于在实际业务中"价格"一词用得很普遍，所以在不影响本质问题的情况下，一般并不严格区分价值与价格两词。在本书中，除非有特别指明，并不区分价格与价值。

房地产估价属于一种房地产顾问业务。房地产估价提供关于房地产价值的专业意见，为相关当事人的决策提供参考依据。而当事人实际的要价、出价或成交价，由交易当事人自己决定，并不必然与估价结果相同。因此，房地产估价提供的是价值意见而不是作价格保证。同时，房地产估价存在合理范围内的误差。由于数据基础的不同，以及实际估价技术应用中参数取值的差异性，特别是房地产估价中艺术性的体现（大家会逐渐体会到这一点），使得不同的估价师对同一个估价对象的估价结果之间会存在差异。中国香港地区习惯上称为物业估值或者物业估价。中国台湾地区称为不动产估价，一般把不动产估价定义为"依据影响不动产价值之各种资料，判定对象不动产之经济价值，并以货币额表示之。换言

之，是在社会上之一连串价格秩序中，指出估价对象不动产之价格或租金额之行为。"

（2）其他国家对房地产估价的定义

国外对房地产估价的称谓及定义不尽相同。其中，美国大多称为Real Estate Appraisal，将Appraisal定义为"得出一种价值意见的行为或过程（the act or process of developing an opinion of value）"。英国和其他英联邦国家大多称为Property Valuation。日本和韩国称为不动产鉴定评价，简称不动产鉴定。其中，日本把不动产鉴定评价定义为"判定不动产的经济价值，并将其结果用货币额表示"。

5.1.2 房地产估价的要素

（1）房地产估价人员

房地产估价人员（Real Estate Appraiser，Property Valuer）简称估价人员，是指具有房地产估价专业知识和经验，取得房地产估价人员职业资格并经注册，从事房地产估价活动的专业人员。目前，中国房地产估价人员职业资格有房地产估价师执业资格和房地产估价员从业资格两种。因此，房地产估价人员有房地产估价师和房地产估价员两类。其中，房地产估价师简称估价师，是指取得房地产估价师执业资格证书，并按照《注册房地产估价师管理办法》注册，取得房地产估价师注册证书，从事房地产估价活动的专业人员。目前规定，房地产估价师应当受聘于一个房地产估价机构，在同一时间只能在一个房地产估价机构从事房地产估价业务；房地产估价师不得以个人名义承揽房地产估价业务，应当由所在的房地产估价机构接受委托并统一收费。

（2）房地产估价机构

房地产估价机构（Valuation Firm）简称估价机构，是指具备足够数量的房地产估价师等条件，依法设立并取得房地产估价机构资质，从事房地产估价活动的专业服务机构。目前规定，房地产估价机构应当由自然人出资，以有限责任公司或者合伙企业形式设立；法定代表人或者执行合伙事务的合伙人是注册后从事房地产估价工作3年以上的房地产估价师；资质等级由低到高分为暂定期内的三级、三级、二级、一级；不同资质等级房地产估价机构的业务范围按照估价目的划分，应当在其资质等级许可的业务范围内从事估价活动；房地产估价报告应由房地产估价机构出具。

（3）估价委托人

估价委托人（Client）简称委托人，俗称客户，是指直接向估价机构提出估价需求，与估价机构订立估价委托合同的单位或个人。委托人有义务向估价机构如实提供其知悉的估价所必需的资料，例如估价对象的权属证明、财务会计信息，并对所提供资料的真实性、合法性和完整性负责；有义务协助估价师搜集估价所必需的资料及对估价对象进行实地查看等工作；不得干预估价人员和估价机构的估价行为和估价结果。

（4）估价目的

估价目的（Appraisal Purpose）是指估价委托人对估价报告的预期用途，通俗地说，是估价委托人将要拿未来完成后的估价报告去做什么用，是为了满足何种涉及房地产的经济活动或者民事行为、行政行为的需要。例如，是为房地产买卖或租赁活动确定相关价格或租金提供参考依据，还是为商业银行等债权人确定房地产抵押价值提供参考依据，或者是为征收人与被征收人之间确定被征收房屋的货币补偿金额、为税务机关核定某种房地产税收的计税依据、为保险公司衡量投保房屋的保险价值、为政府掌握划拨土地使用权进入市场应当补交的出让金等费用提供参考依据。

一个估价项目通常只有一个估价目的。估价目的可以划分为：房地产抵押、税收、征收、征用、司法拍卖、损害赔偿、保险、转让、租赁、国有建设用地使用权出让、企业改制、资产重组、公司上市、产权转让、合资、合作、对外投资、合并、分立、清算等。

不同的估价目的将影响估价结果，因为估价目的不同，估价对象的范围可能不同，估价时点可能不同，评估的价值类型可能不同，估价依据可能不同，估价应考虑的因素可能不同，甚至估价方法也可能不同。例如，许多房地产在买卖、抵押之前已出租，买卖、抵押时带有租赁期间未满的租赁合同（也称为租约），购买者、抵押权人应尊重并履行这些租赁合同的各项条款，即所谓"买卖不破租赁"，这叫作有租约限制的房地产、带租约的房地产或已出租的房地产。如果为房地产买卖、抵押目的对这类房地产进行估价，就应考虑租赁合同中约定的租金（简称合同租金、租约租金）与市场租金差异的影响，特别是对于那些合同租金与市场租金差异较大和租赁期限较长的房地产；但如果为城市房屋拆迁补偿目的而估价，则不考虑房屋租赁的影响，应视为无租约限制的房地产来估价。在价值构成的各要素，例如成本、费用、税金、利润等的取舍上，也应服从于估价目的。此外，估价目的还限制了估价报告的用途。针对某种估价目的得出的估价结果，不能盲目地套用于与其不相符的用途。因此，在估价中房地产估价师应始终谨记估价目的。

（5）估价对象

估价对象（Subject Property）即估价客体，也称为被估价房地产、估价标的，当估价对象为房屋所有权和土地使用权以外的某种房地产权益时，例如租赁权、地役权、抵押权时，可称为被估价权益，是指一个估价项目中需要评估其价值的房地产或房地产权益及相关其他财产。

建筑物已开始建造但尚未建成、不具备使用条件的房地产，即通常所称的"在建工程"，可以成为估价对象；也有要求对正在开发建设或者计划开发建设、但尚未出现的房地产，例如通常所讲的"期房"（虽然称为期房，但实际上包含其占用范围内的土地）进行估价；还可能因民事纠纷或者理赔等原因，要求对已经灭失的房地产，例如已被拆除的房屋、已被损毁的房屋进行估价。估价对象也可能是房地产的某个局部，例如某幢房屋中的某个楼层，某幢住宅楼中的某套住房。估价对象还可能是现在状况下的房地产与过去状况下的房地产的差异部分，例如在预售商品房的情况下购买人提前装饰装修的部分，在房屋租赁的情况下承租人装饰装修的部分。另外，国有土地上房屋征收估价要求对被征收房屋室内自行装饰装修单独处理。房地产估价中也可能含有房地产以外的、作为房地产的一种附属财产的价值，例如为某一可供直接经营使用的旅馆（宾馆、酒店等）、餐馆、商场、汽车加油站、高尔夫球场等的交易提供价值参考依据而估价，其评估价值除了包含该旅馆、餐馆、商场、汽车加油站、高尔夫球场等的建筑物及其占用范围内的土地的价值，通常还应包含房地产以外的其他资产，例如家具、电器、货架、机器设备等的价值，甚至包括特许经营权、商誉、客户基础、员工队伍等的价值，即以房地产为主的整体资产价值评估或称企业价值评估。

概括起来，房地产估价对象有土地、房屋、构筑物、在建工程、以房地产为主的整体资产、整体资产中的房地产等。

（6）估价时点

估价时点（Valuation Date，Appraisal Date）也称为价值日期（Date of Value）、估价基准日，是指一个估价项目中由估价目的决定的需要评估的价值所对应的时间。由于同一宗房地产在不同的时间会有不同的价值，所以估价必须弄清并说明是评估估价对象在哪个特定时间的价值。这个特定时间就是估价时点，一般用公历年、月、日表示。

特别需要强调的是，估价时点不是可以随意确定的，应当根据估价目的来确定，并且估价时点的确定应在先，评估价值的确定应在后，而不是先有了评估价值之后，再把它定义为某个时间上的价值。有关估价时点的确定等内容，见本书5.2节"估价时点原则"。

（7）估价依据

估价依据（Valuation Basis）是指一个估价项目中估价所依据的相关法律、法规、政策和标准（如国家标准、行业标准、地方标准以及指导意见等），估价委托人提供的有关情况和资料，估价机构和估价师掌握、搜集的有关情况和资料。

为了使估价依据可靠，估价师应要求委托人如实提供其知悉的估价所需的估价对象权属证书、开发建设成本、运营收入和费用等情况和资料，并要求委托人声明其提供的情况和资料是真实、合法的，没有隐匿或虚报的情况；估价师还应当对委托人提供的有关情况和资料进行必要的核查。

（8）估价假设

估价假设（Valration Assumptions）是指一个估价项目中估价师对于那些估价所必需、但尚不能肯定而又必须予以明确的前提条件作出的某种假定。例如，在评估一宗房地产开发用地的价值时，在该地块的规划条件尚未确定的情况下，对规划条件作出的假定。在实际估价中要防止出现以下三种情况：一是滥用估价假设；二是不明确估价假设；三是无针对性地列举一些与本估价项目无关的估价假设。在防止滥用估价假设方面，严禁估价师为了迎合委托人的高估或者低估要求，有意编造估价假设。对于确定性因素，一般不得进行假设；对于不确定性因素，估价师应当勤勉尽责，予以必要的专业关注，针对估价项目的具体情况，合理且有依据地作出假定。这样做既体现了一名合格估价师的专业水平和能力，又反映了估价师的道德品质。

（9）估价原则

估价原则（Appraisal Principle）是指在房地产估价的反复实践和理论探索中，在认识房地产价格形成和变动客观规律的基础上，总结、提炼出的一些简明扼要的进行房地产估价所应依据的法则或标准。对房地产估价最基本的要求是独立、客观、公正，因此，独立、客观、公正不仅应当作为房地产估价的基本原则，而且可以说是房地产估价的最高行为准则。同时，在各种估价目的的房地产估价中都应遵守的技术性原则主要有合法原则、最高最佳使用原则、估价时点原则、替代原则（详见5.2节）。此外，还有仅适用于某种或某些估价目的的特殊原则，例如房地产抵押估价应当遵守的谨慎原则。

（10）估价程序

估价程序（Appraisal Process）是指完成一个估价项目所需要做的各项工作按照它们之间的内在联系排列出的先后次序。透过估价程序可以看到一个估价项目运作的全过程，可以了解到一个估价项目中各项具体工作之间的相互关系。履行必要的估价程序，是规范估价行为、避免估价疏漏、保障估价质量、提高估价效率的重要方面。有关房地产估价程序详见5.3节。

（11）估价方法

房地产估价应当采用科学的方法（Appraisal Methods）进行严谨的测算，不能单凭估价师的经验进行主观判断。有三种最基本的估价方法，也就是本章后续的第6章～第8章将要介绍的：市场法（Market Approach，Market Comparison Approach，Sales Comparison Approach）、成本法（Cost Approach）、收益法（Income Approach）。

市场法的基本思路是：看看周边类似的房地产值多少钱，估价对象的价值不应偏离周边的平均价值太远。

成本法的基本思路是，看看如果重新开发一个与估价对象相同或相似的房地产，需要多少费用，理性和精明的买者愿意支付的购买价格不会偏离重新开发成本太远。

收益法的基本思路是，看看估价对象未来能够赚多少钱，理性和精明的买者购买房地产的本质就是获得其未来现金流的收益，因此这些现金流在估价时点上的折现值可以被用来衡量估价对象的价值。

此外，还有基本估价方法衍生的一些其他估价方法，如假设开发法、长期趋势法、路线价法、基准地价修正法以及大宗评估法等。

（12）估价结果

估价结果（Valuation Results）是指估价师通过估价过程得出的估价对象价值的专业结论。由于估价结果对估价委托人十分重要，估价委托人通常会对估价结果有特别的期望。但因估价工作的客观公正性质，估价师和估价机构不能在估价结果上迁就"客户满意"；更不能在完成估价之前与估价委托人或者其他估价利害关系人讨论估价结果，因为这有可能影响估价独立、客观、公正地进行；不能在未估价之前就征求估价委托人对估价结果的意见；不得以迎合估价委托人的高估或者低估要求来争取估价业务。

5.2 房地产估价的基本原则

房地产价格虽然受许多复杂多变的因素影响，但观察其形成和变动过程，仍然存在一些基本规律。因此，房地产估价师要评估出客观合理的房地产价值，就应当遵循房地产价格形成和变动的客观规律，通过对这些规律的认识与掌握，运用科学的估价方法，把客观存在的房地产价值"发现""揭示"出来。

房地产估价师在反复实践和理论探索中，总结和提炼了一些简明扼要的、进行房地产估价所应依据的原则，这里主要介绍最核心的几条原则[①]。

（1）独立、客观、公正原则

独立、客观、公正原则要求房地产估价师站在中立的立场上，评估出对各方当事人来说均是公平合理的价值。具体而言，独立的要求是，房地产估价师不应受任何组织或者个人的非法干预，完全凭借自己的专业知识、经验和应有的职业道德进行估价。客观的要求是，房地产估价师不应带着自己的好恶、情感和偏见，而应完全从客观实际出发，反映事务的本来面目。公正的要求是，房地产估价师在估价中应当公平正直，不偏袒相关当事人中的任何一方。

（2）合法原则

合法原则要求房地产估价结果是在估价对象依法判定的权益下的价值。所谓依法，不仅要根据宪法和相关法律、行政法规、估价对象所在地的地方性法规，还要依据国务院及其各部门、估价对象所在地颁发的相关决定、命令、部门规章和政策及技术规范，估价对象的土地使用权出让合同、房屋租赁合同等。因此，合法原则中所讲的"法"是广义概念的"法"。

（3）最高最佳使用原则

在现实房地产活动中，每个房地产拥有者都试图最大限度地发挥房地产的潜力，并采取最佳的使用方式，以取得最大的经济利益。这一原则就是最高最佳使

---

① 更为详细的内容建议参阅中国房地产估价师与房地产经纪人学会编写的《房地产估价理论与方法》（柴强主编）。

用原则（Highest and Best Use）。它要求房地产估价结果是在估价对象最高最佳使用状态下的价值。最高最佳使用可以定义为，是指法律上许可、技术上可能、经济上可行，经过充分合理的论证，能够使估价对象的价值达到最大化的一种最可能的使用。

最高最佳使用包括用途（或用途组合）、规模、集约度、档次上的最佳。以龙湖地产在北京颐和园附近宗地A上开发的"颐和原著"别墅项目和在清华东门附近宗地B上开发的"唐宁ONE"普通住宅项目为例，如果两个项目对换将无法满足最高最佳原则。对于宗地A而言，因其邻近颐和园，远离喧闹的城市中心，具有得天独厚的景观优势，完全满足别墅需求者对景观和私密性的要求。虽然宗地A也可以进行类似"唐宁ONE"的普通住宅开发，但其利润空间远不及别墅项目大，无法满足开发商利润最大化的需求。同样，对于宗地B而言，因其邻近清华，具有较好的学区优势以及相对成熟的商业环境，将吸引众多三口之家的消费者以及清华、北大的教职员工，则更适于大规模普通住宅的开发。

在应该用最高最佳原则进行估价分析的时候，估价师首先需要思考"这块土地是否应该被开发，还是继续保持空地的状态"；其次是"应该在该宗地上建造什么"；对于存在地上物的宗地，估价师还应思考"是应保持现有建筑的状态还是以某种方式进行改造，使之价格更高"。

（4）替代原则

经济学中的替代原则认为，当有多个相似或相当的商品或服务可供选择时，最低价格的产品将会吸引最多的需求，同一种商品在同一个市场上具有相同的市场价格。虽然由于异质性的原因，使得不存在两个完全一样的房地产，但从效用相近的角度考虑，房地产的买方与卖方仍然拥有选择权，可以在用途相近、效用相近的房地产间进行选择。替代原则同样适用于房地产市场，即同一市场中，效用相近的房地产价格相近。任何理性的买家不会为一个房地产支付比另一个具有同样效用的房地产更高的价格，房地产的价值能够通过产生相同效用的替代性房地产的价格来确定。

因此，替代原则要求估价结果不得偏离类似房地产在同等条件下的正常价格。

（5）估价时点原则

由于影响房地产价格的因素是不断变化的，房地产市场也是不断变化的，从而使得房地产价格和价值也是不断波动的，如图5-1所示。实际上，随着时间的流逝，房地产本身也可能发生变化，例如建筑物会变得陈旧过时。因此，同一宗房地产在不同的时间往往会有不同的价值。价值与时间密不可分，每一个价值都对应着一个时间，不存在"没有时间的价值"，如果没有了对应的时间，价值也就失去了意义。反过来，不可能离开时间来评估房地产的价值，如果没有了时间这个前提，价值估算将无从下手。这个时点通常根据估价目的而定，并非委托人或房地产估价师随意假定。这个由估价目的决定的特定时间，被称为估价时点，并一般用公历年、月、日表示。

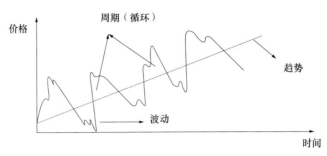

图 5-1 房地产价格波动

5.3 房地产估价程序与估价报告

5.3.1 估价程序

估价程序是估价师在解决客户关于房地产价值问题时所遵循的系统过程。它适用于与价值相关的诸多问题的解决。

估价程序开始于估价师同意接受委托，结束于估价结论提交给客户。每一房地产都是独一无二的，对同一房地产可以有多种不同类型的价值判断。估价程序包含了适用于这种委托的所有步骤。估价程序提供了一种可在任何估价委托中使用的模式，以进行市场研究和资料分析，应用估价方法，并综合研究分析的结果，形成所需的价值判断。基本的房地产估价程序如图 5-2 所示。

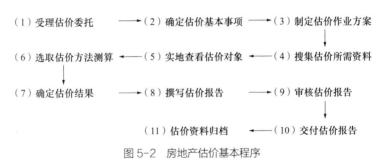

图 5-2 房地产估价基本程序

在实际估价中，上述程序中的各个工作步骤之间不是完全割裂的，相互间可以有某些交叉，有时甚至需要一定的反复，但是不得随意省略。除了帮助估价师的工作外，应用了估价程序的模式被估价客户市场所认可，帮助他们更好地理解估价结论。

5.3.2 估价报告

估价报告是指任何形式的评估沟通，一般采取书面形式。书面报告按照格式，分为叙述式报告和表格式报告。房地产估价报告通常包括以下八大部分：封面、目录、致委托方函、估价师声明、估价的假设和限制条件、估价结果报告、估价技术报告、附件。中华人民共和国国家标准《房地产估价规范》GB/T 50291—2015详细规定了上述八大部分的具体要求。

> **思考题**
>
> 1. 什么是房地产估价?
> 2. 什么是估价对象、估价目的和估价时点?
> 3. 主要的房地产估价目的包括哪些?
> 4. 房地产估价的主要原则有哪些?
> 5. 简述房地产估价的主要程序。
> 6. 房地产估价报告的主要构成包括哪些内容?

第6章 市场法

本章介绍房地产估价三大基本方法之一的市场法（Market Approach），包括其基本含义、理论依据、适用的估价对象、估价需要具备的条件、估价的操作步骤以及每个操作步骤所涉及的具体内容。

6.1 基本原理

6.1.1 市场法的概念

通常消费者在购买商品的时候，都要进行货比三家后再做出最终的选择。例如，小张要买一部华为Mate40的手机，他可能会在华为官网上查询价格，也可能会向代理询价，或者直接到门店去看看。尽管都是华为Mate40手机，但内存不同，保险条款不同，价格也有所不同，小张通过比选几种组合，也能够大致估算出来这些差异相对应的价格差别（比如多128GB的内存会贵多少钱），然后加加减减地调整一下，就能把这些不同配置的手机价格放在一起比较了。最后，他会得出一个他最中意的配置的估价，并以此为基础在各商家之间进行比选。

上述分析过程是比较分析技术的一种应用，而这一思想也被应用到房地产估价技术中。估价师将估价对象（比如住房A）与类似的房地产（比如住房B和C）进行比较，分析它们之间的差异性（比如B比A多一个房间，而C比A少一个阳台），以及这些差异性在类似房地产价格中的具体表现（比如一个房间值多少钱，一个阳台值多少钱），然后参照估价对象进行修正（从B的价格中减去一个房间的价格，在C的价格上加一个阳台的价格），进而求取估价对象的价值。这就是市场法，也称为比较法、市场比较法、交易实例比较法。

市场法更为官方的定义是，将估价对象与临近估价时点期间实际发生交易的类似房地产进行比较，对这些类似房地产的成交价格作适当的修正和调整，以此求取估价对象的客观合理价格或价值的方法。其本质是以房地产的实际交易价格为导向来求取房地产的价值。其选取的符合一定条件、发生过交易的类似房地产，通常称为可比实例，也称为可比房地产（Comparable Property），是指交易实例中交易类型与估价目的吻合、成交日期与估价时点接近、交易价格属于正常市场价格范畴或者能够修正为正常市场价格的类似房地产。

由于市场法是利用实际发生、且已被市场"检验"的可比实例的交易价格来求取估价对象的价值，其测算结果最容易被人们理解和接受，是一种最直接、最有说服力的估价方法。

6.1.2 理论依据

市场法的理论依据是房地产价格形成的替代原则，即同一种商品在同一个市场上具有相同的市场价格。根据这一原则，估价对象的未知价格（价值）可以通过可比实例的已知交易价格来求取。

当然也应注意到，在具体的一宗房地产交易中，由于交易双方可能存在着特殊的利益关系、动机或偏好、对交易对象或市场行情缺乏了解，以及讨价还价能力等的不同，成交价格可能会偏离正常市场价格。比如，如果卖方要搬到另外一个城市去，所以要把房子尽快脱手，这种快速交易往往会导致折价出售，房子的价格会低于正常市场价格。但是，在搜集了足够多的交易实例时，对其成交价格进行适当处理后所得到的价格能够代表正常的市场价格。这一点是基于"大数法则"——人们在长期的实践中发现，如果误差是随机分布的，而且样本的数量又非常多，那么其平均值可以被认为是期望。例如，在测量中，由于种种原因，每次测得的结果虽然不尽相同，但是大量重复测量结果的平均值却几乎必然接近于一个确定的数。

6.1.3 适用对象和条件

由市场法的理论依据可知，市场法的应用主要受能否找到适当可比实例的限制。因此，市场法更适用于数量较多且经常发生交易的房地产，主要包括：① 住房，包括普通住房、高档公寓、别墅等，特别是存量房（二手房），由于数量较多、可比性较好，非常适于市场法估价；② 写字楼；③ 商铺；④ 标准厂房；⑤ 房地产开发用地。相反，难以找到可比实例的房地产就不适宜采用市场法进行估价，包括：① 数量较少的房地产，例如特殊厂房、机场、码头、博物馆、教堂、寺庙、古建筑等；② 交易不频繁的房地产，例如学校、医院、行政办公楼等；③ 可比基础较差的房地产，例如在建工程等。

市场法估价需要具备的条件包括：一是在估价时点的近期有较多的类似房地产的交易。如果在房地产市场不活跃或者类似房地产交易较少的时候，就难以采用市场法估价。即使在总体上房地产市场较活跃的地区，在某些情况下市场法也可能不适用。例如，可能由于某些原因导致在一段较长的时期内很少发生房地产交易，像1994年以后一段时期内的海南房地产市场。二是需要能够尽可能翔实地掌握类似房地产的实际交易状况，为选取能够反映正常交易价格的可比实例以及后期对可比实例交易价格的修正提供依据。

还需要说明的是，市场法求得的价值有时并不一定合理、真实，因为在市场参与者群体非理性的情况下，房地产价值也可能被市场高估或低估，造成房地产市场价格偏离了房地产本身的价值。

6.2 操作程序

如图6-1所示，市场法估价一般有以下四个步骤：① 搜集交易实例，即从现实的房地产市场中搜集大量的实际成交的房地产及其具体的交易情况；② 选取可比实例，即从搜集的大量交易实例中选取一定数量、符合一定条件的交易实例；③ 对可比实例的交易价格进行修正；④ 求取比准价格，即把对多个可比实例的成交价格进行处理所得到的多个价格综合成一个价格。

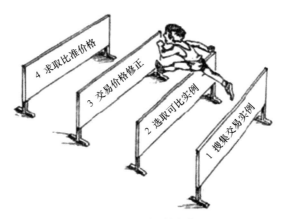

图6-1 市场法的基本步骤

6.2.1 搜集交易实例

搜集内容完整、真实的交易实例，是提高估价精度的一个基本保证。搜集交易实例及相关参考资料的途径主要有：

（1）查阅政府有关部门的房地产交易资料。例如，各地方的房地产交易中心网站上就包括了房地产的交易价格资料，各地方的土地储备中心网站则定期公布政府出让土地使用权的价格资料、基准地价等资料如图6-2（a）、图6-2（b）所示。

（2）向房地产经纪机构和房地产经纪人了解其促成交易的房地产成交价格资料和有关交易情况。现在，越来越多的房地产交易是通过专业的房地产经纪机构和房地产经纪人代理或中介完成的。国内知名的房地产经纪机构包括：贝壳找房、链家地产等。通过房地产经纪机构的专业网站（图6-3）以及房地产经纪人，可以获得大量及时、真实的交易实例。

（3）向房地产交易当事人、四邻以及相关律师、会计师等了解其知晓的房地产成交价格资料和有关交易情况。

（4）同行之间相互提供。估价机构或估价师之间可以相互提供其搜集的交易实例和经手的估价案例资料。

（5）与房地产出售者或者其代理人，如业主、房地产开发商、房地产经纪人等洽谈，获得房地产的要价等资料；查阅报刊、网络资源上有关房地产出售、出租的广告、信息等资料；参加房地产交易展示会，了解房地产市场价格行情，索取有关资料，搜集有关信息。尽管要价、标价、挂牌价、报价等不是成交价格，一般不能反映真实的市场价格行情，但其与成交价格之间有一定的关系，在一定程度上可以作为了解市场行情的参考。

图 6-2　政府相关房地产交易资料①

（a）北京市房地产交易系统；（b）北京市土地储备系统

---

① 数据来源：http://zjw.beijing.gov.cn；http://ghzrzyw.beijing.gov.cn。

图 6-3 房地产经纪机构相关房地产交易资料[1]
(a) 贝壳找房；(b) 链家

在搜集交易实例时应尽可能搜集较多的内容，一般包括：① 交易实例房地产的基本状况，例如名称、坐落、四至、面积、用途、权属、土地形状、土地使用期限、建筑物建成日期、建筑结构、周围环境和景观等；② 交易双方，例如卖方

---

[1] 数据来源：https://bj.ke.com；https://bj.lianjia.com。

和买方的名称,卖方和买方之间的关系;③ 成交日期;④ 成交价格,包括总价、单价及计价方式(例如按建筑面积计价还是按套内建筑面积计价、按使用面积计价、按套计价等);⑤ 付款方式,例如是一次性付款还是分期付款(包括付款期限、每期付款额或付款比例)、贷款方式付款(包括首付款比例、贷款期限);⑥ 交易情况,例如交易目的(卖方为何而卖,买方为何而买),交易方式(如协议、招标、拍卖、挂牌等),交易税费负担方式(如买卖双方是依照规定或者按照当地习惯各自缴纳自己应缴纳的,还是全部由卖方负担,或者全部由买方负担等),有无利害关系人之间的交易、急于出售或急于购买等特殊交易情况。

在实际工作中,估价机构通常安排有关人员专门从事交易实例搜集工作。通常根据不同房地产类型的特点,如居住、商业、办公、旅馆、餐饮、体育和娱乐、工业、农业等,将需要搜集的内容制作成相应的统一表格。表 6-1 给出了一个住宅类交易实例调查表的范本。由若干这样的表格构成了交易实例库,对纳入交易实例库中的每条信息需要进行核查,以确保搜集的交易实例及其内容的真实性。

住宅类交易实例调查表　　　　　　　　　　表 6-1

基本情况	项目名称:						
	坐落:						竣工时间:
	成交日期:		建筑面积:		成交价格:		成交单价:
	用途:		交易情况:		付款方式:		地段等级:
个别因素	结构形式:		折旧程度:		楼宇外观:		楼宇朝向:
	面积户型:		所在层数/总层数:		平面布置:		单元位置:
	小区档次:		小区配套:		物业管理:		室内装修:
	有否温泉:		土地类型:		名校:		房屋性质:
	其他:						
	四至范围:						
区位因素	繁华程度总评价:						
	繁华情况说明:						
	交通便捷度总评价:						
	至公交车站点距离:				公交线路:		
	公交线路顺畅情况:				公交辐射情况:		
	交通限制情况:						
	公共配套设施完备度评价:						
	学校:				医院:		
	银行网点:				邮政网点:		
	超市:				农贸市场:		
	公园:				体育:		
	其他:						
	周围景观环境总评价:						
	住宅聚集度评价:				入住率评价:		
权益情况							
位置图:			外观照片:			其他照片:	

6.2.2 选取可比实例

可比实例选取是否恰当，将直接影响到市场法评估结果的准确性。可比实例的选取应符合以下四方面要求：

（1）可比实例房地产应是估价对象房地产的类似房地产。类似房地产是指与估价对象处在同一供求范围（有时也称为"同一供求圈"，在房地产经济学上是同一子市场的概念）内，并在用途、规模、建筑结构、档次、权利性质等方面与估价对象相同或者相似的房地产，如表6-2所示。

可比实例选取举例　　　　　　　　　　　表6-2

	估价对象	类似房地产	能否称为可比实例
同一供求圈	双安商场	当代商厦	是
		王府井新东安商场	否
用途相似	中关村海龙大厦	中关村太平洋大厦	是
		中关村家乐福	否
规模相似	建筑面积60m²	建筑面积70m²	是
		建筑面积120m²	否
建筑结构相似	砖混结构	砖混结构	是
		钢筋混凝土结构	否
档次相似	希尔顿酒店	凯宾斯基酒店	是
		如家酒店	否
权利性质相同	预售商品房	存量商品房	是
		保障性住房	否

（2）可比实例的交易类型应与估价目的吻合。交易类型主要包括：房屋买卖、拍卖、租赁、土地使用权出让等。获得形式又可分为招标、拍卖、挂牌等方式。如果是为买卖目的估价，则应选取买卖实例为可比实例；如果是为租赁目的估价，则应选取租赁实例为可比实例。在实际估价中，包括为抵押、折价、变卖、房屋拆迁补偿等目的的估价，多数是要求选取买卖实例为可比实例。

（3）可比实例的成交日期应尽量接近估价时点。一般认为，交易实例的成交日期与估价时点相隔一年以上的不宜采用，因为在这种情况下难以进行市场状况调整。有时即使勉强进行市场状况调整，也可能会出现较大的偏差。在中国目前房地产市场变化较快的情况下，这一点尤为重要。

（4）可比实例的成交价格应尽量为正常市场价格。这是要求可比实例的成交价格是正常市场价格，或者能够修正为正常市场价格。

由于房地产的位置固定性、异质性以及价值量大等特性，使得房地产的交易价格会因受到特殊因素的影响而偏离市场真实价格。如在为了结婚而在短时间内买房时，就会因为迫于时间压力，未能充分地进行选择，而支付高于正常市场价格的交易价格；或者子公司与母公司之间的房地产转让，其交易价格也会因为公司间的附属关系而高于或低于正常市场价格。

6.2.3 交易价格修正

虽然房地产具有很强的异质性，以至于几乎没有完全一样的房地产存在，但特征价格理论阐述了房地产的价格可以看作是该房地产所包含的各种特征属性的数量与其价格乘积后的加总。也就是说，构成房地产的特征属性具备同质可比的基础，而异质性的房地产是由特征属性的不同组合方式构成，其价格的差异可以表现为构成房地产的特征属性的差异。

市场法的交易价格修正是基于这一思想而进行的。如图 6-4 所示，估价对象是一个带有车库的独栋住房，而可比实例A与之相比仅缺少车库，那么需要在可比实例A的交易价格中加上车库的价值。对于可比实例B而言，则比估价对象多了一个车库上方的房间，那么在对可比实例B的交易价格修正中，就需要扣除该房间的价值影响量。交易价格修正的核心思想就是使可比实例"越来越像"估价对象，修正后的可比实例价格也就更接近估价对象的正常市场价格。尽管引起价格差异的因素有很多，但总体而言，影响可比实例与估价对象间价格差异的因素主要表现为三大类：一是交易情况的差异；二是不同时间点上，市场环境的不同；三是房地产本身各种特征属性的不同。因此，在建立一定可比基础后，市场法中交易价格的修正也应从这三方面入手。

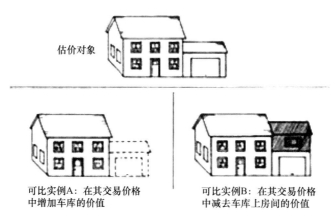

图 6-4 交易价格修正的思路

1. 建立可比基础

选取了可比实例之后，一般应先对这些可比实例的成交价格进行换算处理，为后续比较、修正和调整建立一个共同的基础。建立比较基准一般要做以下三项工作，包括统一付款方式、统一价格单位及统一面积内涵和单位。

（1）统一付款方式

由于房地产价值量大，其成交价格的付款方式往往采取分期付款。而且付款期限长短、付款次数、每笔付款金额在付款期限内分布等的不同，导致实际价格也会有所不同。估价中为了便于比较，价格通常以一次性付清所需支付的金额为基准，因此，需要将分期支付的可比实例成交价格折算为在其成交日期一次性付清的金额，也就相当于进行资金的等值计算（3.1.2节所述）。

如3.1.1节的案例所示，房地产成交总价为699万元，其中首付款40%，余款于两年后一次性支付，假设年贷款利率为4.9%，则该宗房地产在其成交日期一次性付清的价格为：

$$699 \times 40\% + \frac{699 \times (1-40\%)}{(1+4.9\%)^2} = 660.73 \text{万元}$$

（2）统一价格单位

房地产的价格可以表示为单元总价和单价。在估价中通常采用单价，即单位面积的价格。例如，房地产和建筑物通常采用单位建筑面积或者单位套内建筑面积、单位使用面积的价格；土地除了单位土地面积的价格，还可为单位建筑面积的价格，即楼面地价。在这些情况下，单位面积是一个比较单位。根据估价对象的具体情况，还可以有其他的比较单位，例如，仓库通常以单位体积为比较单位，停车场通常以每个车位为比较单位，旅馆通常以每个客房或床位为比较单位，影剧院通常以每个座位为比较单位，医院通常以每个床位为比较单位，保龄球馆通常以每个球道为比较单位等。

在不同币种价格之间的换算，应采用该价格所对应的日期时的汇率。在通常情况下，是采用成交日期的汇率。但如果先按照原币种的价格进行市场状况调整，则对进行了市场状况调整后的价格，应采用估价时点时的汇率进行换算。汇率的取值，一般采用国家外汇管理部门公布的外汇牌价的卖出、买入中间价。

在统一货币单位方面，按照使用习惯，人民币、美元、港币等，通常都采用"元"或"万元"。

（3）统一面积内涵和单位

在现实的房地产交易中，有按建筑面积计价、有按套内建筑面积计价，也有按使用面积计价的。它们之间的换算如式（6-1）～式（6-3）所示：

$$\text{建筑面积下的价格} = \text{套内建筑面积下的价格} \times \frac{\text{套内建筑面积}}{\text{建筑面积}} \quad (6\text{-}1)$$

$$\text{建筑面积下的价格} = \text{使用面积下的价格} \times \frac{\text{使用面积}}{\text{建筑面积}} \quad (6\text{-}2)$$

$$\text{套内建筑面积下的价格} = \text{使用面积下的价格} \times \frac{\text{使用面积}}{\text{套内建筑面积}} \quad (6\text{-}3)$$

[例6-1] 现选取A、B两个二手房的可比实例。可比实例A的建筑面积为

50m²,交易总价为210万元人民币,分3期付款,首付款70万元人民币,第二期于半年后付70万元人民币,余款70万元人民币于1年后付清。可比实例B的使用面积为500ft²,得房率为85%,交易总价24万美元,于成交时一次性付清。请进行初步的"建立可比基础"处理。

[解] 对该两个交易实例进行建立比较基准处理,包括统一付款方式和统一价格单位。具体的处理方法如下:

(1)统一付款方式。如果以成交日期一次性付清为基准,按现行人民币的一年期贷款利率为4.35%,则:

$$可比实例A的总价 = 70 + \frac{70}{(1+4.35\%)^{0.5}} + \frac{70}{1+4.35\%} = 205.607 万元$$

(2)统一采用单价:

$$可比实例A的单价 = \frac{205.607}{50} = 4.11 万元/m^2 建筑面积$$

$$可比实例B的单价 = \frac{24}{500} = 0.048 万美元/ft^2 使用面积$$

(3)统一币种和货币单位。以人民币为基准,假设可比实例B成交时人民币与美元的市场汇率为1美元等于6.9364元人民币,则有:

$$可比实例B的单价 = 0.048 \times 6.9364 = 0.333 万元/ft^2 使用面积$$

(4)统一面积内涵。以建筑面积为基准,可比实例B的得房率为85%,即建筑面积与使用面积的关系为1ft²建筑面积等于0.85ft²使用面积,则有:

$$可比实例B的单价 = \frac{0.333}{0.85} = 0.392 万元/ft^2$$

(5)统一面积单位。以平方米为基准,1ft²等于0.0929m²,则有:

$$可比实例B的单价 = \frac{0.392}{0.0929} = 4.22 万元/m^2$$

(6)"建立可比基础"后,可比实例A的单价为4.11万元/m²,可比实例B的单价为4.22万元/m²。

2. 交易情况修正

虽然可比实例的交易价格是实际发生的,但它可能是正常的,也可能是不正常的。由于房地产估价以评估估价对象客观合理的价值为目的,所以,对于非正常的可比实例交易价格需要进行修正,使之成为正常价格。这种对可比实例交易价格的修正,称之为交易情况修正。因此,经过交易情况修正之后,就将可比实例的实际而可能是不正常的成交价格,变成了正常市场价格。

交易情况修正涉及的方面有很多,包括一切能够影响交易价格代表正常市场价格的因素,如6.2.2节提及的非正常交易的情况。这就需要估价师能够了解正常市场价格的水平,并根据对实际交易情况的全面掌握,判断有哪些特殊因素影响了交易价格，并测定这些特殊因素造成交易价格偏离正常市场价格的程度。但由于缺乏客观、统一的尺度，这种测定通常以房地产估价师的估价实践经验以及对当地房地产市场行情、交易习惯等的深入调查了解为依据。

实际操作中较为常见的交易情况修正，主要在于交易双方关于正常税费的负担。交易税费的调整，可以通过比较分析实际交易情况与国家或地方相关规定间的差异，并对其进行修正即可。

在房地产交易环节往往需要缴纳一些税费，例如营业税、城市维护建设税、教育费附加、所得税、土地增值税、契税、印花税、交易手续费、公证费、补交土地使用权出让金等费用。根据税法及中央和地方政府的有关规定，有的税费应由卖方缴纳，例如营业税、城市维护建设税、教育费附加、所得税、土地增值税；有的税费应由买方缴纳，例如契税、补交土地使用权出让金等费用；有的税费则买卖双方都应缴纳或者各负担一部分，例如印花税、交易手续费。以北京市为例，各税种的征收额度，见表6-3所列。如式（6-4）所示，正常成交价格是指在买卖双方各自缴纳自己应缴纳的交易税费下的价格，即在此价格下，卖方缴纳卖方应缴纳的税费，买方缴纳买方应缴纳的税费。需要评估的估价对象价值，也是基于买卖双方各自缴纳自己应缴纳的交易税费。但在实际的房地产交易中，根据买卖双方议价能力的不同，通常会协议商定具体税费的承担情况。这就会出现与表6-3所列不同的实际税费负担情况。

$$\begin{aligned}\text{正常交易价格}&=\text{卖方实际得到价格}+\text{卖方负担的税费}\\&=\text{买方实际支付价格}-\text{买方负担的税费}\end{aligned} \quad (6\text{-}4)$$

北京市商品住房房地产交易税费表　　　　表6-3

	税种	卖方	买方
增值税及其附加	2年以上（含）的普通商品住房	免征	
	2年以上（含）的非普通商品住房	（出售价格－购买价格）×5.3%或5.25%	
	不足2年的商品住房	（出售价格－购买价格）×5.3%或5.25%	
个人所得税	5年以上自用且唯一住房	免征	
	其他	（出售价－购买价格）×20%或出售价×1%	
土地增值税	个人出售住房	免征	
	非普通住宅	交易价格×1%	
契税	90m²及以下普通且家庭唯一住房		出售价格×1%
	普通且家庭唯一住房		出售价格×1.5%
	二套且90m²以上住房		出售价格×2%
	三套及其以上		出售价格×3%

[例6-2] 假设有一宗北京的房地产在交易，按市场规定，该地区房地产交易中，卖方应缴纳的税费为正常成交价格的8%，买方应缴纳的税费为正常成交价

格的5%，请计算下列几种情况：(1) 如果买卖双方在该宗房地产交易合同中的交易价格为8740元/m²，且由买方负担交易中涉及的所有税费，则该宗房地产的正常成交价格是多少？(2) 如果买卖双方在该宗房地产交易合同中的交易价格为9975元/m²，且由卖方负担交易中涉及的所有税费，则该宗房地产的正常成交价格是多少？

[解] (1) 由买方支付所有税费时，该宗房地产正常成交价格为：

$$正常交易价格 = \frac{卖方实际得到的价格}{1-应由卖方缴纳的税费比率}$$

$$= \frac{8740}{1-8\%} = 9500 元/m^2$$

(2) 由卖方支付所有税费时，该宗房地产正常成交价格为：

$$正常交易价格 = \frac{买方实际支付的价格}{1+应由买方缴纳的税费比率}$$

$$= \frac{9975}{1+5\%} = 9500 元/m^2$$

3. 交易日期调整

可比实例的交易价格是其成交日期时的价格，是在其成交日期房地产市场状况下形成的。需要评估的估价对象的价值则是估价时点时的价值，是在估价时点时的房地产市场状况下形成的。两个时间点上房地产市场状况的差异，如政府相关政策、利率、消费观念等的改变，都会导致房地产市场供求关系的变化，进而引起价格差异。因此，应将可比实例在其成交日期时的价格调整到在估价时点时的价格，即交易日期调整。需要注意的是，交易日期调整时考虑的是两个时间点间估价对象所属类型的房地产子市场的变化情况，而非整体市场的变化，前者的变化蕴含在后者的变化之中。其基本公式如式（6-5）所示：

$$可比实例交易价格 \times 交易日期调整系数 = 可比实例在估价时点的价格 \quad (6-5)$$

交易日期调整的关键在于掌握估价对象或可比实例这类房地产的市场价格在某个时期内的变化情况，而房地产价格指数正是表征一段时间内房地产价格变动情况的指标。因此，交易日期调整中的调整系数通常为房地产价格指数。

常用的价格指数（Prince Index，PI）通常包括：同比指数，定基比指数和环比指数三大类。同比指数是我国描述各类反映经济变化情况中经常使用的一种指标，是指某一经济指标本年与去年同期相比的变化情况。例如"2018年一季度全国商品房销售面积30088万m²，同比增长3.6%"，其含义是，与2017年一季度的商品房销售面积相比，2018年一季度增加了3.6%。

定基比价格指数和环比价格指数间存在一定的换算关系。表6-4的第二列为2018年1~8月某区域的住房价格，当选择2018年1月为基期并记作100时，此后每月的价格均以2018年1月为参照物计算，就得到定基比价格指数（表6-4第三列）。

仍然以2018年1月为基期，此后每月以上月价格为100，进行计算就得到了环比价格指数（表6-4第四列）。

房地产价格指数计算 表6-4

时间	价格（元/m²）	定基比价格指数	环比价格指数
2018年1月	8951	100	100
2018年2月	8347	93	93
2018年3月	10725	120	128
2018年4月	10488	117	98
2018年5月	10427	116	99
2018年6月	10711	120	103
2018年7月	12387	138	116
2018年8月	11661	130	94

如图6-5所示，某宗房地产在2018年2月的交易价格为9800元/m²，折算到估价时间2018年8月的价格为13698元/m²。采用定基比价格指数进行交易日期调整的公式如式（6-6a）所示。式（6-6b）至式（6-6d）为其他类型的交易日期调整情况。

图6-5 交易价格修正的思路

$$\text{定基比} \quad \text{可比实例在成交日期的价格} \times \frac{PI_{\text{估价时点}}}{PI_{\text{成交日期}}} = \text{可比实例在估价时点的价格} \quad (6\text{-}6a)$$

$$\text{环比} \quad \text{可比实例在成交日期的价格} \times (P_{t+1} \times \cdots \times P_n) = \text{可比实例在估价时点的价格} \quad (6\text{-}6b)$$

$$\text{逐期递增} \quad \text{可比实例在成交日期的价格} \times (1 \pm \theta)^{n-t} = \text{可比实例在估价时点的价格} \quad (6\text{-}6c)$$

$$\text{平均上升} \quad \text{可比实例在成交日期的价格} \times [1 \pm \gamma \times (n-t)] = \text{可比实例在估价时点的价格} \quad (6\text{-}6d)$$

式中 t——可比实例的成交日期；

n——估价时点；

θ——逐期递增过程中每期的变化率；

γ——平均上升过程中每期的变化率。

4. 房地产状况调整

根据3.3.3节的分析，房地产各特征属性的情况对其交易价格产生直接的影响，因此交易价格修正的第三部分是进行房地产状况调整。房地产状况调整，是把可比实例在其自身状况下的价格，调整为在估价对象状况下的价格，即把可比实例向估价对象调整，使其"越来越像"估价对象。经过房地产状况调整后，可比实例在其自身房地产状况下的价格变成了在估价对象房地产状况下的价格。

根据2.1.1中房地产的定义，房地产是实物、区位和权益的综合体，房地产状况调整也是从这三方面着手，分别将可比实例房地产在三种状况下的价格，调整为估价对象房地产在三种状况下的价格。三种状况调整的具体内容如表6-5所示。

房地产状况调整因素　　　　　　　表6-5

类别	内容
实物因素	建筑类型、宗地大小、建筑面积、房间（卧室、浴室）数量、建筑年限、地下室、阁楼、庭院、空调系统、暖气系统、装修、建筑材料、建筑质量、建筑外观
	土地面积（大小）、形状（规则与否）、进深、宽深比、地势（高低）、土层及地基状况、基础设施完备程度、场地平整程度等
区位因素	与CBD（或就业中心）距离、公共交通服务（轨道交通、高速公路、公共汽车站等）、景观、周边商业情况
权益因素	土地使用期限，城市规划限制条件

由于可比实例在选取时就要求应与估价对象具有相同的权利性质，因此，基于这一前提，权益状况调整的重点在于权益具体应用情况的差异，而非权益本身。在实际估价操作中，又以对土地使用期限的调整为主。比如估价对象是一个70年土地使用权的新房，而可比实例的土地使用权年限只剩下60年了，那么在其他因素都相同的情况下，可比实例的价格自然要低于估价对象价格。那么，把可比实例的价格往上加多少呢？这10年的土地使用权值多少钱呢？这实际上是个资金时间价值的估算问题。

房地产状况的调整方法主要有百分率法和差额法，见式（6-7）和式（6-8），其中，又以百分率法较为常见。

$$\text{可比实例房地产状况下的价格} \times \text{房地产状况调整系数} = \text{估价对象房地产状况下的价格} \quad (6\text{-}7)$$

$$\text{可比实例房地产状况下的价格} \pm \text{房地产状况调整数额} = \text{估价对象房地产状况下的价格} \quad (6-8)$$

房地产状况调整系数的求取方法，分为直接调整和间接调整两种。二者的区别在于，直接法中以估价对象房地产状况为基准，将可比实例房地产状况与估价对象房地产状况的各项因素进行逐一比较、评分。而间接法中则引入"标准房地产"概念，以"标准房地产"为基础，然后分别将可比实例房地产状况和估价对象房地产状况与"标准房地产"的各项因素进行逐一比较、评分。当某个因素方面的房地产状况比基准的房地产状况差，则所得的分数就低于100分；反之，就高于100分。具体的调整方法如表6-6所示。

房地产状况调整系数　　　　　表6-6

房地产状况	估价对象	可比实例A	可比实例B	可比实例C
结构因素	100	98	101	100
户型因素	100	100	103	99
⋮	⋮	⋮	⋮	⋮
交通因素	100	99	99	101
商业因素	100	103	99	100

表6-6采用的是直接调整。以可比实例A为例，其房地产状况调整系数如式（6-9a）所示，对结构因素而言，估价对象的分值为100，可比实例A的分值为98，记作 $\frac{100}{98}$；采用直接调整进行房地产状况调整的公式也可以记作式（6-10）。式（6-9a）适用于各房地产状况因素之间无权重差异的条件，式（6-9b）则考虑了各因素之间存在权重差异的情况。

$$\text{可比实例A的房地产状况调整系数} = \frac{100}{98} \times \frac{100}{100} \times \cdots \times \frac{100}{99} \times \frac{100}{103} \quad (6-9a)$$

$$\text{可比实例A的房地产状况调整系数} = \frac{100}{\sum_{i=1}^{n} f_i \times V_i} \quad (6-9b)$$

$$\text{可比实例房地产状况下的价格} \times \frac{100}{V_i} = \text{估价对象房地产状况下的价格} \quad (6-10)$$

式中　f_i——第i个房地产状况因素的权重；
　　　V_i——第i个房地产状况因素的取值。

6.2.4　求取比准价格

1. 单个可比实例的比准价格

由6.2.3的内容可知，市场法估价需要进行交易情况、交易日期以及房地产状况三方面的修正和调整。交易情况调整的目的在于将可比实例的实际而可能非正常的交易价格变成正常市场价格;交易日期调整的目的则在于将可比实例在其成交日期时的价格变成估价时点的价格;而房地产状况调整是将可比实例在其自身房地产状况下的价格变成为在估价对象房地产状况下的价格。经过这三方面调整后,可比实例的交易价格就变成了估价对象在估价时点时的价值。

当采用百分率法和直接调整进行交易价格调整时,单个可比实例的比准价格公式如式(6-11)所示:

$$\text{可比实例A比准价格} = \text{可比实例价格} \times \frac{100}{f_i} \times \text{交易日期调整} \times \frac{100}{V_i} \quad (6-11)$$

其中 $\frac{100}{f_i}$ 为交易情况调整,$\frac{100}{V_i}$ 为房地产状况调整。

2. 综合后的估价对象价格

按式(6-11)可以得到每个可比实例经过调整后的比准价格,然而这些比准价格往往是不同的,需要把它们综合成一个比准价格,以作为市场法的测算结果。常用的综合方法有简单算术平均和加权算术平均两种。

(1) 简单算术平均数是把修正和调整出的各个价格直接相加,再除以这些价格的个数,所得的数即为综合出的一个价格。设 V_1, V_2, V_3, $\cdots$, V_n 为调整后的 n 个可比实例的比准价格,则简单算术平均的计算公式如式(6-12)所示:

$$V = \frac{V_1 + V_2 + V_3 + \cdots + V_n}{n} = \frac{1}{n}\sum_{i=1}^{n} V_i \quad (6-12)$$

(2) 加权算术平均数则是考虑到每个价格的重要程度不同,先赋予每个价格不同的权数或权重,然后综合出一个价格。通常,权数的大小与可比实例同估价对象房地产的相似程度正相关,相似程度越大的,权数越大。设 f_1, f_2, f_3, $\cdots$, f_n 依次为 V_1, V_2, V_3, $\cdots$, V_n 的权数,则加权算术平均数的计算公式如式(6-13)所示:

$$V = \frac{V_1 f_1 + V_2 f_2 + V_3 f_3 + \cdots + V_n f_n}{f_1 + f_2 + f_3 + \cdots + f_n} = \frac{\sum_{i=1}^{n} V_i f_i}{\sum_{i=1}^{n} f_i} \quad (6-13)$$

[**例6-3**] 评估某住宅2019年7月18日的正常市场价格。在该住宅附近地区调查选取了A、B、C三宗类似住宅交易实例作为可比实例,有关资料如表6-7所示。

可比实例资料　　　　表6-7

项目	可比实例A	可比实例B	可比实例C
可比实例权重	0.2	0.3	0.5
成交价格(元/m²)	15000	16500	16000
成交日期	2018.12.1	2019.3.1	2019.7.1

续表

项目		可比实例A	可比实例B	可比实例C
交易情况		2%	0	-3%
房地产状况	区位状况	-1%	3%	0
	权益状况	-2%	2%	-1%
	交易实物	-4%	-2%	1%

该类住宅2018年11月至2019年7月的定基比价格指数如表6-8所示。

定基比价格指数（2018年11月～2019年7月）　　　表6-8

月份	2018年11月	2018年12月	2019年1月	2019年2月	2019年3月	2019年4月	2019年5月	2019年6月	2019年7月
指数	100	100.3	98.5	102.6	101.3	102.8	103.5	103.3	104.8

[解]（1）交易情况修正系数

1）可比实例A交易情况系数 $= \dfrac{1}{1+2\%} = \dfrac{100}{102}$

2）可比实例B交易情况正常，可比实例B的交易情况系数为1

3）可比实例C交易情况系数 $= \dfrac{1}{1-3\%} = \dfrac{100}{97}$

（2）交易日期调整系数

1）可比实例A的交易日期调整系数 $= 104.8/100.3$

2）可比实例B的交易日期调整系数 $= 104.8/101.3$

3）可比实例C的交易日期调整系数 $= 1$

（3）房地产状况调整

1）可比实例A的房地产状况调整 $= \dfrac{100}{99} \times \dfrac{100}{98} \times \dfrac{100}{96}$

2）可比实例B的房地产状况调整 $= \dfrac{100}{103} \times \dfrac{100}{102} \times \dfrac{100}{98}$

3）可比实例C的房地产状况调整 $= \dfrac{100}{100} \times \dfrac{100}{99} \times \dfrac{100}{101}$

（4）可比价格求取

可比实例比准价格＝可比实例交易价格×交易情况修正系数×交易日期调整系数×房地产状况调整系数

1）可比实例A的比准价格 $= 1.5 \times \dfrac{100}{102} \times \dfrac{104.8}{100.3} \times \dfrac{100}{99} \times \dfrac{100}{98} \times \dfrac{100}{96} = 1.65$万元

2）可比实例B的比准价格 $= 1.65 \times 1 \times \dfrac{104.8}{101.3} \times \dfrac{100}{103} \times \dfrac{100}{102} \times \dfrac{100}{98} = 1.658$万元

3) 可比实例C的比准价格 $= 1.6 \times \dfrac{100}{97} \times 1 \times 1 \times \dfrac{100}{99} \times \dfrac{100}{101} = 1.6496$ 万元

（5）估价对象的比准价格 $= 0.2 \times 1.65 + 0.3 \times 1.658 + 0.5 \times 1.6496 = 1.65$ 万元

[例6-4] 为评估某写字楼2018年9月30日的正常市场价格，在该写字楼附近地区调查选取了A、B、C三宗类似写字楼的交易实例作为可比实例，有关资料如下，测算该写字楼的比准价格。

（1）可比实例的成交价格与成交日期及交易情况，如表6-9所示。

可比实例资料　　　　　　　　　　　　　　　表6-9

项目	可比实例A	可比实例B	可比实例C
成交价格（元/m²）	16000	15800	16100
成交日期	2018.4.2	2018.2.2	2018.6.2
交易情况	急卖，3%	急买，2%	急卖，1%

（2）调查显示该类住宅的价格，2018年1月1日到2018年5月31日平均每月比上月上涨1.6%；2018年6月1日到2018年11月30日平均每月比上月上涨1.2%。

（3）房地产状况的比较判定，如表6-10所示。

房地产状况调整因素系数　　　　　　　　　　表6-10

房地产状况	权重	可比实例A	可比实例B	可比实例C
因素1	0.5	2%	4%	0
因素2	0.2	−3%	−1%	5%
因素3	0.3	6%	2%	−3%

[解]（1）交易情况修正系数

1) 可比实例A交易情况系数 $= \dfrac{100}{100-3}$

2) 可比实例B交易情况系数 $= \dfrac{100}{100+2}$

3) 可比实例C交易情况系数 $= \dfrac{100}{100-1}$

（2）交易日期调整系数

1) 可比实例A交易日期修正 $= (1+1.6\%) \times (1+1.2\%)^4$

2) 可比实例B交易日期修正 $= (1+1.6\%)^3 \times (1+1.2\%)^4$

3) 可比实例C交易日期修正 $= (1+1.2\%)^3$

（3）房地产状况调整

1) $\dfrac{\text{可比实例A房地产}}{\text{状况调整系数}} = \dfrac{100}{0.5\times102+0.2\times97+0.3\times106} = \dfrac{100}{102.2}$

2) $\dfrac{\text{可比实例B房地产}}{\text{状况调整系数}} = \dfrac{100}{0.5\times104+0.2\times99+0.3\times102} = \dfrac{100}{102.4}$

3) $\dfrac{\text{可比实例C房地产}}{\text{状况调整系数}} = \dfrac{100}{0.5\times100+0.2\times105+0.3\times97} = \dfrac{100}{100.1}$

（4）可比价格求取

可比实例比准价格＝可比实例交易价格×交易情况修正系数×交易日期调整系数×房地产状况调整系数

1) $\dfrac{\text{可比实例A}}{\text{比准价格}} = 1.6\times\dfrac{100}{97}\times\dfrac{100}{102.2}\times(1+1.6\%)\times(1+1.2\%)^4 = 1.720\,\text{万元/m}^2$

2) $\dfrac{\text{可比实例B}}{\text{比准价格}} = 1.58\times\dfrac{100}{102}\times\dfrac{100}{102.4}\times(1+1.6\%)^3\times(1+1.2\%)^4 = 1.664\,\text{万元/m}^2$

3) $\dfrac{\text{可比实例C}}{\text{比准价格}} = 1.61\times\dfrac{100}{99}\times\dfrac{100}{100.1}(1+1.2\%)^3 = 1.684\,\text{万元/m}^2$

（5）估价对象住宅2018年9月30日的正常单价

$$(1.720+1.664+1.684)\times\dfrac{1}{3} = 1.69\,\text{万元/m}^2$$

思考题

1. 市场法的基本概念是什么？
2. 运用市场法进行估价的理论基础是什么？
3. 运用市场法进行估价的主要步骤有哪些？
4. 市场法的适用范围是什么？
5. 交易时间修正系数有哪几种？
6. 简述市场法的优缺点。

第7章 成本法

本章介绍房地产估价三大基本方法之一的成本法（Cost Approach），包括其含义、理论依据、适用的估价对象、估价需要具备的条件、估价的操作步骤以及每个操作步骤所涉及的具体内容。

7.1 基本原理

7.1.1 成本法的概念

通常，消费者在购买二手商品的时候，都要对商品价值进行重新估量。例如，小王要买一台二手笔记本电脑（2016年上市），他可能首先会在网上查询现在与该款电脑配置相当的新电脑的价格，然后仔细分析一下这台二手电脑的当前状况，CPU速度、内存容量、硬盘容量、电池寿命、光驱运转速度等各种配件的功能损失情况，以及对价值的影响，然后加加减减地调整一下，就能把这台二手笔记本的当前价格估计出来，并以此为基础和卖方进行讨价还价。

上述分析过程是基于价格构成出发的，而这一思想也被引入到房地产估价技术中。估价师首先考虑，依据当前的技术水平，在同一宗地上重新建造一个新的估价对象（比如一套使用过一年的精装修住房A）需要的成本支出情况，然后再分析当前住房A的功能损失情况（地板的磨损情况），以及这些损坏在价格中的具体表现（比如用了一年以后的地板比原有价格减少了多少钱），最后在重新建造的成本支出中减去因功能损失而造成的价格减少量，就得到了当前这套住房A的价值。这就是成本法，也称为积算法，其测算出的价值被称为积算价格。

成本法更为严格的定义是，求取估价对象在估价时点的重新购建价格，然后扣除折旧，以此求取估价对象的客观合理价格或价值的方法。所谓重新购建价格，是指假设在估价时点重新取得全新状况的估价对象的必要支出，或者重新开发建设全新状况的估价对象的必要支出及应得利润。所谓折旧，是指各种原因造成的房地产价值减损，其金额为房地产在估价时点的市场价值与在估价时点的重新购建价格之差。

成本法也可以说是以房地产价格的各个构成部分的累加为基础来求取房地产价值的方法，因此成本法中的"成本"并不是通常意义上的成本（不含利润），而是广义的经济成本，即价格（包含利润）。形成房地产价值的主要四种投入要素包括：购置土地使用权的价格、建造建筑物的建筑材料价格、人员的工资（包括设计人员、施工人员、管理人员等）以及企业的正常利润。成本法测算出的价值一般是房地产所有权的价值，在中国可视为房屋所有权和在估价时点剩余使用期限的土地使用权的价值。

成本法的优点在于人们可以直观地看到房地产价值具体是由哪些部分组成的；较容易发现其中哪些构成被高估或低估，而哪些构成是不必要的，甚至重复估价。

7.1.2 理论依据

成本法的理论依据是生产费用价值论——商品的价格依据其生产所必需的费用而决定。对于卖方而言，房地产价格是基于整个房地产建造过程中的"生产费用"，重在建设过程中的投入，因此卖方愿意接受的最低价格不能低于他为开发建设该房地产已经支出的费用，如果低于该代价，他就要亏本。根据1.3节的供给分析，当一种商品（房地产）的市场价格低于它的成本（包含利润）时，它就不会被生产（开发建设），直至它的市场价格升高。

从买方的角度看，房地产的价格是基于其社会的"生产费用"，类似于"替代原理"，买方愿意支付的最高价格不能高于他预计重新开发建设该房地产的必要支出及应得利润，如果高于重新开发建设成本，则不如自己开发建设（或者委托别人开发建设）。例如，买方在确定其购买一个包含土地和建筑物的房地产价格时，通常会这样考虑：在当前条件下，自己另外购买一块区位相近的类似土地的价格是多少，然后在该宗土地上建造类似建筑物的费用又是多少，此两者之和便是自己所愿意支付的最高价格。当然，如果该房地产中的建筑物是旧的或者在质量、功能方面存在缺陷等问题，则买方在确定其愿意支付的最高价格时通常还会考虑建筑物折旧，还要再进行减价。

根据均衡原理（1.4节），卖方的定价不能低于开发建设已花费的支出及应得利润，而买方的定价则不能高于预计重新开发建设的必要支出及应得利润，达到均衡状态的均衡价格应是正常的开发建设成本（包含开发建设的必要支出及应得利润）。因此，房地产估价师便可以根据重新开发建设估价对象的必要支出及应得利润来求取估价对象的价值。

7.1.3 适用对象和条件

由成本法的理论依据可知，一方面，其主要适用于评估建筑物是新的或者比较新的房地产的价值，不适用于评估建筑物过于老旧的房地产的价值，包括：① 新近开发建设完成的房地产（简称新开发的房地产）；② 可以假设重新开发建设的现有房地产（简称旧的房地产）；③ 正在开发建设的房地产（即在建工程）；④ 计划开发建设的房地产等。另一方面，成本法也适用于因很少发生交易而不能采用市场法的运用，以及因为没有经济收益或潜在经济收益而不能采用收益法（见第8章）的房地产，主要包括：① 公益和公用性质的房地产，如学校、医院、图书馆、体育场馆、公园、行政办公楼、军队营房等；② 仅供个别使用者设计的特殊房地产，如化工厂、钢铁厂、发电厂、油田、码头、机场等；③ 局部估价，如单纯的建筑物或者其装饰装修部分。

成本法估价应用的理论条件是，同时具备自由竞争（即可以自由进退的市场）和商品本身可以大量重复生产。只有同时具备了这两个条件，才能使得均衡价格正好等于成本加平均利润。

上述理论条件通常在现实中难以实现，因此，在实际操作中应用成本法更需要注意以下三个问题：

（1）"成本"是客观成本而非实际成本。其中，客观成本也称为正常成本，是指假设重新开发建设时大多数房地产开发商的一般花费，是行业平均成本的概念。而实际成本则指某个具体的房地产开发商的实际花费，也被称为个别成本。

（2）房地产的异质性使得特殊属性对具体房地产的价格影响较大，因此，在应用成本法的时候，需要在客观成本的基础上考虑房地产的特征属性，即结合选址、规划设计等的分析进行调整。

（3）虽然房地产存在异质性，但其仍然具备一般商品的基本经济特性，价格由供给与需求共同决定，因此，在考虑客观成本的基础上需要结合市场供求分析进行调整。当房地产市场供大于求时，在客观成本的基础上应调低评估价值；反之亦然。

7.2 房地产价格构成

某房地产项目F，坐落于某二线城市，距离最近的地铁站仅150m，总建筑面积171105m^2。业态构成包括国际化公寓、酒店和近百万平方米的商业配套，物业管理由国际知名公司担当。从开工到销售完毕的整个过程中，涉及的费用支出包括七个部分：取得土地使用权的成本（简称土地取得成本）、开发成本、管理费用、投资利息、销售费用、销售税费以及开发利润。根据成本法的原理，这七项支出也就是构成该项目房地产价值的组成部分。其中，将土地取得成本和开发成本称为直接成本，而其余五项（管理费用、投资利息、销售费用、销售税费以及开发利润）称为间接成本。

（1）土地取得成本

土地取得成本是指取得房地产开发用地使用权的必要支出。由2.3.2可知，在我国，土地市场的供应主要来自两个方面：一是政府按计划的土地使用权出让，获取方式以拍卖、招标或挂牌为主；二是土地一级开发企业的存量供应，获取方式完全由市场价格决定。不同交易性质土地的土地取得成本如表7-1所示。房地产项目F的土地成本为54699.3万元，按171105m^2的建筑面积折算，楼面地价为3197元/m^2（每平方米建筑面积的土地成本）。

（2）开发成本

开发成本是指在取得的房地产开发用地上进行基础设施建设、房屋建设所必需的直接费用、税金等，主要包括项目如表7-2所示。房地产项目F的开发成本总计为63109万元，分摊到每平方米的开发成本为3688元。

不同交易性质土地的土地取得成本　　　　　表 7-1

交易类型	交易双方	费用构成
城市用地出让	买方→政府	地价款＝土地出让金＋土地开发费
	政府→买方	土地开发费＝城市基础设施配套建设费＋拆迁安置补偿费
农地征用	买方→政府	地价款＝土地出让金＋征地费
	政府→买方	土地开发费＝土地补偿费＋人员安置费＋拆迁费
市场交易	买方→卖方	协商地价款

房地产 F 的开发成本构成（万元）　　　　　表 7-2

费用项目	费用支出	单价（元/m²）	费用项目	费用支出	单价（元/m²）
（1）勘察设计和前期工程费	2603.7	152	（3）公共配套设施费	14465.7	845
咨询调研费	35.0		独立幼儿园	300.0	
勘察、设计费	1711.3		独立商业楼	1519.8	
前期及后期手续费	231.3		独立车库	12146.3	
前期工程费	335.0		其他独立配套设施	300.0	
前期其他费	291.1		配套补偿	199.6	
（2）建筑安装工程费	38804.6	2268	（4）基础设施费	7235.0	423
土建工程	11524.4		市政前期费	162.0	
外窗、幕墙及外装饰工程	6359.0		红线内市政工程费	1194.0	
门类工程	1518.3		热力站点	500.0	
精装修工程	9195.9		燃气站点	65.0	
机电工程	7036.8		电力站点	1125.0	
消防报警工程	292.9		雨污水独立泵站	40.0	
弱电工程	796.2		中水站点	100.0	
燃气工程	135.0		环境景观工程费	1862.0	
电梯工程	1040.0		红线外市政工程费	2137.0	
标识工程	191.4		基础其他费	50.0	
其他工程	714.8		开发成本总计	63109.0	3688

（3）管理费用

管理费用是指房地产开发商为组织和管理房地产开发经营活动的必要支出，包括房地产开发商的人员工资及福利费、办公费、差旅费等。通常按照土地取得成本与开发成本之和，即直接成本的一定比例来测算。以房地产F为例，该项目的直接成本费为117808.3万元（土地取得成本54699.3万元＋开发成本63109万元），按直接成本的1%取费，则管理费用支出应为1178.08万元。平均到每平方米建筑面积的管理费用为69元。

（4）销售费用

销售费用也称为销售成本，是指预售未来开发完成的房地产或者销售已经开发完成的房地产的必要支出，包括广告费、销售资料制作费、样板房或样板间建设费、售楼处建设费、销售人员费用或者销售代理费等。为便于投资利息的测算，销售费用通常分为销售之前发生的费用和与销售同时发生的费用。广告费、销售资料制作费、样板房或样板间建设费、售楼处建设费一般是在销售之前发生的，销售代理费一般是与销售同时发生的。销售费用通常按照售价的一定比例来测算。以房地产F为例，假设其预售价格为P万元，按销售额的3%取费，则有销售费用为$3\%\times P$万元。

（5）投资利息

房地产开发涉及的资金量较大，通常以千万计算。根据3.1.2节的内容可知，无论是自有资金还是借贷资金，均具有一定的时间价值。房地产开发过程中所涉及的这一问题，被称为投资利息。它是指在房地产开发完成或者实现销售之前发生的所有必要费用的应计利息。因此，对于土地取得成本、开发成本、管理费用和销售费用，无论它们是来自借贷资金还是自有资金，都应计算利息。这一点正是投资利息与财务费用中利息计算的主要区别，后者仅计算借款利息和手续费，而不考虑自有资金的时间价值。

对自有资金的占用，其实是放弃了该笔资金其他用途的收益，例如存款利息，即机会成本。机会成本（其他投资机会的相对吸引力）是指在互斥的选择中，选择其中一个而非另一个时所放弃的收益。此时，机会成本就是自有资金的时间价值。同时，在估价中，为了使评估出的价值客观合理，要把房地产开发企业自有资金应获得的利息与其应得的利润分开，自有资金利息不能作为开发利润。

对于房地产F而言，其投资总额为（1）～（4）项的和（土地取得成本54699.3万元＋开发成本63109万元＋管理费用1178.08万元＋销售费用$3\%\times P$万元）。在计算投资利息的时候，需要考虑每项成本的实际发生时间，如土地取得成本发生在第一年的年初，其余三项则可以近似认为是在三年投资期内均匀分布，并按每年年中投入计算。按1年期贷款利率7.56%、投资期为3年计算，投资利息应为$20920.584+0.35\%P$[①]。

（6）销售税费

销售税费是指销售已经开发完成的房地产或者预售未来开发完成的房地产应由卖方（在此为房地产开发商）缴纳的税费。自2016年5月1日起，房地产业纳入营业税改征增值税试点后，销售税费由增值税、城市维护建设税、教育费附加和

---

① $I_n=54699.3\times[(1+7.56\%)^3-1]+\left(\dfrac{63109+1178.08+3\%P}{3}\right)\times$
$\{[(1+7.56\%)^{2.5}-1]+[(1+7.56\%)^{1.5}-1]+[(1+7.56\%)^{0.5}-1]\}$
$=20920.584+0.35\%P$

地方教育附加构成（通常简称"两税一费"）。

1）增值税是指对销售货物或者提供加工、修理修配劳务以及进口货物的单位和个人就其实现的增值额征收的一个税种，其税率包括13%、9%和6%三档。按照《国家税务总局关于统一小规模纳税人标准等若干增值税问题的公告》（2018年第18号公告）规定，房地产开发企业属于一般纳税人，对应预售房地产项目，应在收到预收款时按照3%的预征率预缴增值税；对于现售房地产项目，按计算销售额9%的税率征收增值税。

2）城市维护建设税以纳税人实际缴纳的增值税税额为计税依据，征收率为7%、5%和1%，按纳税人所在地不同而取率。

3）教育费附加是对缴纳增值税的单位和个人征收的一种附加费，以纳税人实际缴纳的增值税额为计税依据，教育费附加的征收率为3%，地方教育附加的征收率为2%。

对于房地产项目F而言，因全部采用预售，其增值税为$3\%P$；因纳税人所在地为市区，按7%征收城市维护建设税，故销售税费合计为$3.36\%\times P$万元[①]。

（7）开发利润

开发利润是指房地产开发企业的利润。现实中的开发利润是开发完成后的一种结果，是由销售收入（售价）减去各项成本、费用、税金后的余额。而在成本法中，"售价"是未知的，是需要求取的，开发利润则是典型房地产开发企业进行特定房地产开发所期望获得的利润，需要事先估算。开发利润通常按照一定基数乘以相应的利润率来估算，根据计算基数和相应利润率的不同，开发利润率主要有3种形式，如式（7-1）、式（7-2）和式（7-3）所示。从理论上讲，同一个房地产开发项目的开发利润，无论是采用哪种利润率和与之相对应的计算基数来估算，所得出的结果都是相同的。

房地产估价的宗旨是评估考虑普遍适用性的房地产客观价值，因此，正常合理的开发利润应是代表行业普遍情况的平均利润，而非单个企业的个别利润。此处取7.77%。

$$直接成本利润率 = \frac{开发利润}{土地取得成本+开发成本} \quad (7-1)$$

$$成本利润率 = \frac{开发利润}{土地取得成本+开发成本+管理费用+投资利息+销售费用} \quad (7-2)$$

$$销售利润率 = \frac{开发利润}{开发完成后的房地产价值} \quad (7-3)$$

对于房地产F，其在全部预售完成时点（2017年3月）的房地产价格P应由上

---

① 销售税费＝增值税＋城市维护建设税＋教育费附加＋地方教育附加＝$3\%\times P + 7\%\times 3\%\times P + 3\%\times 3\%\times P + 3\%\times 2\%\times P = 3.36\%P$

述七项构成，如式（7-4）所示。式（7-4）是一个关于P的一元代数方程，经计算可求得房地产价格P，以及各构成部分的具体值。由图7-1可知，对于房地产F的价格构成中，开发成本的费用最高，占38.58%，土地取得成本为33.44%，而这两项的和达到了房地产价格的72%。

$$P = 土地取得成本 + 开发成本 + 管理费用 + 销售费用 + \\ 投资利息 + 销售税费 + 开发利润 \\ = 54699.3 + 63109 + 1178.08 + P \times 3\% + \\ (20920.584 + 0.35\%P) + P \times 3.36\% + P \times 7.77\% \quad (7\text{-}4)$$

构成	总价（万元）	单价（元/m²）	比例
（1）土地取得成本	54699.3	3197	33.43%
（2）开发成本	63109	3688	38.58%
（3）管理费用	1178.08	69	0.72%
（4）销售费用	4907.87	287	3.00%
（5）投资利息	21493.17	1256	13.14%
（6）销售税费	5496.81	321	3.36%
（7）开发利润	12711.38	743	7.77%
房地产价格	163595.61	9561	

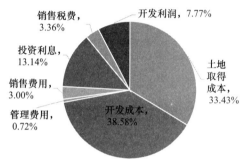

图7-1 房地产F的价格

房地产项目F属于精装修住房，其项目成本、住房销售价格与根据成本法得到的积算价格间的关系如图7-2所示。由图可知，该项目的实际成本支出与最终的销售价格相差甚远。这也进一步说明了对于房地产这种特殊的商品而言，其成本并不等于价格。成本仅代表开发企业为建造住房而投入的各种要素支出，而房地产价格是交易双方经过市场经济资源配置后共同达成的交易价格。因此，根据成本法得到的积算价格也必然存在低估房地产价值的问题。

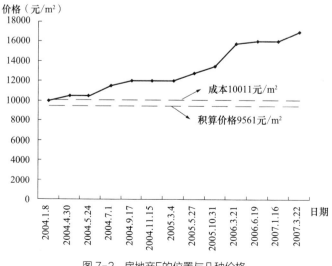

图7-2 房地产F的位置与几种价格

7.3 操作步骤

成本法估价一般有以下四个步骤：① 弄清估价对象房地产的价格构成，搜集相关资料；② 测算估价对象重新购建价格；③ 测算建筑物折旧；④ 求取估价对象的积算价格。

7.3.1 重新购建价格

1. 重新购建价格的定义

重新购建价格也称为重新购建成本，是指假设在估价时点重新取得全新状况的估价对象的必要支出，例如购置土地的价款、税费，或者重新开发建设全新状况的估价对象的必要支出及应得利润。其中，重新取得可以简单地理解为重新购买，重新开发建设可以简单地理解为重新生产。对于重新购建价格的定义，需要注意以下几点：

（1）重新购建价格应当是估价时点时的价格，是在估价时点时的国家财税制度和市场价格体系下，按照估价时点时的房地产价格构成来测算的价格。估价时点可能是"现在"，也可能为"过去"或"未来"。

（2）重新购建价格应当是客观的价格。具体地说，重新取得的支出或者重新开发建设的支出和利润，不是个别企业或项目的支出和利润，而是必须付出的成本、费用、税金和应当获得的利润，是相同或者相似房地产开发建设活动的平均水平，即重新购建价格应是客观成本而不是实际成本。

（3）建筑物的重新购建价格应当是在全新状况下的价格，不考虑折旧问题。需要注意的是，土地的重新购建价格应当是估价时点状态下，主要涉及土地使用权年限和交通区位的变化。例如，估价对象中的土地是8年前取得的40年商业用地使用权，在求取其重新购建价格时，其土地的价格就应是剩余32年土地使用权的价格，而非40年土地使用权的价格。同时，随着城市的发展，该土地当前的区位条件与8年前获得土地使用权出让时肯定有了很大变化，因此，求取该土地的重新购建价格时应基于当前，也就是估价时点的区位状况，而非8年前的。

按照建筑物重新建造方式的不同，可将建筑物重新购建价格分为重建价格和重置价格。这两种重新购建价格也可以说是两种重新购建价格基准，分别称为重建价格基准和重置价格基准。

重建价格也称为重建成本（Reproduction Cost），是指采用与估价对象建筑物相同的建筑材料、建筑构配件、建筑设备和建筑技术及工艺等，在估价时点时的国家财税制度和市场价格体系下，重新建造与估价对象建筑物相同的全新建筑物的必要支出及应得利润。可以把这种重新建造方式理解为对估价对象的"复制"。即，重建价格是在原来的地址上，按照原有规格和建筑形式，使用与原有建筑材料、建筑构配件和建筑设备相同的新的建筑材料、建筑构配件和建筑设备，采用原有建筑技术和工艺等，在估价时点时的国家财税制度和市场价格体系下，重新建造与原有建筑物相同的全新建筑物的必要支出及应得利润。

重置价格也称为重置成本（Replacement Cost），是指采用估价时点时的建筑材料、建筑构配件、建筑设备和建筑技术及工艺等，在估价时点时的国家财税制度和市场价格体系下，重新建造与估价对象建筑物具有同等效用的全新建筑物的必要支出及应得利润。重建价格与重置价格间的区别在于，前者是对估价对象的"完全复制"，而后者是基于效用等同下的"部分复制"，是"替代原理"的一种体现。

在实际工程建设中，随着技术进步，原有的材料、设备、结构、技术、工艺必然会被新的材料、设备、结构、技术、工艺所替代，且能够在完善功能的同时降低成本。重置价格的估计方法能够较好地体现这一技术进步的动态变化，因而更受估价师的青睐。

2. 重新购建价格的计算

求取建筑物重新购建价格的具体方法，根据求取其中的建筑安装工程费的方法来区分，有单位比较法、分部分项法、工料测量法和指数调整法。

（1）单位比较法

单位比较法（Comparative-unit Method）是以估价对象建筑物为整体，选取某种与该类建筑物的建筑安装工程费密切相关的计量单位（如单位建筑面积、单位体积、延米等）作为比较单位，然后调查、了解在估价时点近期建成的类似建筑物的这种单位建筑安装工程费，并对其进行适当的修正、调整，再加上相应的专业费用、管理费用、销售费用、投资利息、销售税费和开发利润，来求取估价对象建筑物重新购建价格的方法。单位比较法实质上是一种市场法，并因方法简单、实用，而广泛使用，但这种方法比较粗略。

单位比较法主要有单位面积法（Square-foot Method）和单位体积法（Cubic-foot Method）。前者以建筑面积为单位计算各种费用并求取积算价格，主要适用于单位建筑面积建筑安装工程费基本相同的同类型建筑物估价，如住房、办公楼等。后者顾名思义是以体积为单位计算相关费用和求取估算结果的，主要适用于单位体积建筑安装工程费基本相同的建筑物，如储油罐、地下油库等。

（2）分部分项法

分部分项法（Unit-in-place Method）是先假设将估价对象建筑物分解为各个独立的构件或分部分项工程，并测算每个独立构件或分部分项工程的数量，然后调查、了解估价时点时的各个独立构件或分部分项工程的单位价格或成本，最后将各个独立构件或分部分项工程的数量乘以相应的单位价格或成本后相加，再加上相应的专业费用、管理费用、销售费用、投资利息、销售税费和开发利润，来求取建筑物重新购建价格的方法。

（3）工料测量法

工料测量法（Quantity Survey Method）是先假设将估价对象建筑物还原为建筑材料、建筑构配件和建筑设备，并测算重新建造该建筑物所需要的建筑材料、建筑构配件、建筑设备的种类、数量和人工时数,然后调查、了解估价时点时相应的建筑材料、建筑构配件、建筑设备的单价和人工费标准,最后将各种建筑材料、建筑构配件、建筑设备的数量和人工时数乘以相应的单价和人工费标准后相加,再加上相应的专业费用、管理费用、销售费用、投资利息、销售税费和开发利润,来求取建筑物重新购建价格的方法。

工料测量法的优点是详细、准确,缺点是比较费时、费力并需要其他专家(如建筑师、造价工程师)的参与,它主要用于求取具有历史价值建筑物的重新购建价格。

(4)指数调整法

指数调整法也称为成本指数趋势法(Index Method,Cost Index Trending),是利用有关成本指数的变动率,将估价对象建筑物的历史成本调整到估价时点的成本来求取建筑物重新购建价格的方法。这种方法主要用于检验其他方法的测算结果。

7.3.2 建筑物折旧

1. 建筑物折旧的含义

估价上的折旧与会计上的折旧,虽然都称为折旧并且有一定的相似之处,但由于两者的内涵不同而有着本质区别。估价上的建筑物折旧是指各种原因造成的建筑物价值减损,其金额为建筑物在估价时点的市场价值与在估价时点的重新购建价格之差,如式(7-5)所示:

$$建筑物折旧 = 建筑物重新购建价格 - 建筑物市场价值 \quad (7-5)$$

引起建筑物折旧的原因有很多种。一类是因建筑物实体上的老化、磨损、损坏造成的建筑物价值减损。例如,在对一幢建于1980年的房屋进行维修的时候,技术人员发现由于长年累月的风吹日晒,建筑物表面的外墙皮出现了大面积的脱落,这就属于自然老化,它与建筑物的楼龄有关,年代越久远的房屋,其程度越严重。同时,在房屋内部的地板,由于经常被踩踏原本的红色也泛起了白斑,这是因人工使用所造成的正常使用磨损。它与建筑物的使用性质、使用强度和使用时间正相关,通常居住用房的磨损要小于工业用房。进一步对该房屋进行内部检查时发现,还存在多处的墙体裂缝。这些裂缝如果能在开裂初期得到较好的修缮,将不会发展到今天的程度。这类因没有及时采取措施修理的损耗被称为延迟维修的损坏残存。而正在技术人员对该房屋的修缮制定维修方案的时候,该地区发生8.0级地震,地震后该房屋出现了部分的坍塌,这属于意外损毁。对于这类型损毁即使进行修复,仍然对建筑留有伤害。

第二类原因是因建筑物在功能上的缺乏、落后或过剩造成的建筑物价值减损,统称为功能折旧。下面以一栋20世纪90年代建造的办公楼为例来说明。与现代写字楼相比,该大厦并不具备中央空调和预埋的网络设施。这些基本设施的缺乏就属于功能缺乏。功能折旧的范畴通常以技术水平和社会进步的发展而变更。

同样，对于一些已有的设备，其标准也远低于近年办公楼的正常标准，如小开间的布局就不能符合当前大开间敞开式办公的要求。这类损失被称为功能落后。该办公楼的这种现状使得它的出租率和租金水平都低于同地区的其他办公楼。为提高经营收益，办公楼的所有者决定追加资金对其进行全面改造。为了延迟功能折旧和功能落后的问题出现，在改造中办公楼所有者大胆地尝试了各种最先进的技术和装饰，如在整个楼内部铺设了地毯。然而在改造后的重新招租中，办公楼的所有者发现，地毯的增设并没有使其租金超出该地区的正常水平。这说明，地毯的增设不能被市场接受而使其多花的成本成为无效成本。这就是功能过剩。

第三类原因是指因建筑物以外的各种不利因素造成的建筑物价值减损，这同时也被称为外部折旧。不利因素可能是区位因素（如周围环境和景观改变，包括景观被破坏、自然环境恶化、环境污染、交通拥挤、城市规划改变等）、经济因素（如市场供给过量或需求不足），也可能是其他因素（如政府政策变化、采取宏观调控措施等）。例如，一个高级居住区附近兴建了一座工厂，该居住区的房地产价值下降，这就是一种外部折旧，这种外部折旧一般是永久性的。再如，在经济不景气时期房地产价值下降，这也是一种外部折旧，但这种现象不会永久下去，当经济复苏之后，这种外部折旧也就消失了。

2. 建筑物折旧的计算

求取建筑物折旧的方法主要有年限法、市场提取法和分解法，其中，又以年限法为主。本节将主要介绍应用年限法的建筑物折旧计算。

年限法也称为年龄—寿命法（Age-life Method），是根据建筑物的经济寿命、有效年龄或剩余经济寿命来求取建筑物折旧的方法。表 7-3 列出了六个与建筑物有关的寿命与年龄概念。

建筑物寿命与年龄的相关概念　　　表 7-3

类别	名词	概念
寿命	自然寿命	自竣工日期起至其主要结构构件和设备自然老化或损坏而不能保证建筑物安全使用之日
	经济寿命	自竣工日期起至其对房地产价值不再有贡献之日
年龄	实际年龄	自竣工日期起至估价时点止的日历年数
	有效年龄	估价时点时的建筑物状况和效用所显示的年龄
剩余寿命	剩余自然寿命	自然寿命减去实际年龄后的寿命
	剩余经济寿命	经济寿命减去有效年龄后的寿命

这六个名词间的关系如图 7-3 所示。对于收益性房地产来说，建筑物经济寿命，顾名思义是从经济的角度来定义建筑物的使用期限，它起始于建筑物竣工之日，截止于正常市场和运营状态下，房地产产生的收入等于运营费用，即净收益大于零之时，建筑物的经济寿命短于其自然寿命，相同类型的建筑物在不同地区

的经济寿命可能不同。建筑经过了翻修、改造等，其自然寿命和经济寿命都有可能得到延长。

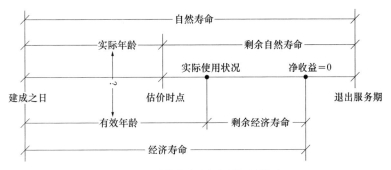

图 7-3　建筑物寿命与年龄间的关系

需要注意的是，建筑物有效年龄与实际年龄之间的关系，可能是小于、等于或者大于。例如，同时购买的相同型号的笔记本电脑（华为MateBook），因为个人使用情况的不一样，有的电脑看上去比实际使用年限短，而有的则比实际使用年限长。对建筑物而言，也同样存在类似的情况：当建筑物的维修养护为正常时，其有效年龄与实际年龄相当；当建筑物的维修养护比正常维修养护好或者经过更新改造的，其有效年龄小于实际年龄；而当建筑物的维修养护比正常维修养护差的，其有效年龄大于实际年龄。

由表 7-3 的定义和图 7-3 的相互关系可知，能够从经济意义上反映建筑物的使用情况和剩余情况的概念是经济寿命、有效年龄与剩余寿命间的关系，如式（7-6）所示。年限法正是利用这三者间的关系来求取建筑物折旧。

$$剩余经济寿命 = 经济寿命 - 有效年龄 \quad (7\text{-}6)$$

年限法在实际操作中，主要采用直线法来进行折旧的求取。直线法（Straight-line Method）是最简单和迄今应用得最普遍的一种折旧求取方法，它假设在建筑物的经济寿命期间每年的折旧额相等。直线法的年折旧额计算公式如式（7-7）所示：

$$D_i = D = \frac{C-S}{N} = \frac{C(1-R)}{N} \quad (7\text{-}7)$$

式中　D_i——第 i 年的折旧额，或称做第 i 年的折旧，在直线法的情况下，每年的折旧额 D_i 是一个常数，记作 D；

　　　C——建筑物的重新购建价格；

　　　S——建筑物的净残值，是建筑物的残值减去清理费用后的余额。建筑物的残值是预计建筑物达到经济寿命后，不宜继续使用时，经拆除后的旧料价值；清理费用是拆除建筑物和搬运废弃物所发生的费用；

　　　N——建筑物的经济寿命；

　　　R——建筑物的净残值率，简称残值率，是建筑物的净残值与其重新购建价格的比率，如式（7-8）所示：

$$R = \frac{S}{C} \times 100\% \tag{7-8}$$

另外，$C-S$ 称为折旧基数；年折旧额与重新购建价格的比率称为年折旧率，如果用 d 来表示，如式（7-9）所示：

$$d = \frac{D}{C} \times 100\% = \frac{C-S}{C \times N} \times 100\% = \frac{1-R}{N} \times 100\% \tag{7-9}$$

有效年龄为 t 年的建筑物折旧总额的计算公式如式（7-10）所示：

$$E_t = D \times t = (C-S)\frac{t}{N} = C(1-R)\frac{t}{N} \tag{7-10}$$

式中　E_t——建筑物的折旧总额。

采用直线法折旧下的建筑物现值的计算公式如式（7-11）所示：

$$V = C - E_t = C - (C-S)\frac{t}{N} = C\left[1-(1-R)\frac{t}{N}\right] \tag{7-11}$$

当用 q 表示建筑物的成新率，式（7-11）则可以记作式（7-12），成新率 q 的计算公式则如式（7-13）所示：

$$V = C \times q \tag{7-12}$$

$$q = 1 - (1-R)\frac{t}{N} \tag{7-13}$$

[例 7-1] 某幢平房的建筑面积 $120m^2$，单位建筑面积的重置价格为 600 元$/m^2$，判定其有效年龄为 15 年，经济寿命为 25 年，残值率为 6%。请用直线法计算该房屋的年折旧额、折旧总额，并计算其现值。

[解] 已知：$C = 600 \times 120 = 72000$ 元；$R = 6\%$；$N = 25$ 年；$t = 15$ 年。则有：

$$\begin{aligned}
年折旧额 D &= \frac{C(1-R)}{N} \\
&= \frac{72000 \times (1-6\%)}{25} = 2707.2 \text{元}
\end{aligned}$$

$$\begin{aligned}
折旧总额 E &= C(1-R)\frac{t}{N} \\
&= 72000 \times (1-6\%) \times \frac{15}{25} = 40608 \text{元}
\end{aligned}$$

$$\begin{aligned}
房屋现值 V &= C\left[1-(1-R)\frac{t}{N}\right] \\
&= 72000 \times \left[1-(1-6\%) \times \frac{15}{25}\right] = 31392 \text{元}
\end{aligned}$$

3. 土地使用期限对建筑物经济寿命的影响

在土地是有期限的使用权下，建筑物经济寿命与土地使用期限可能不是同时结束，因此，在求取建筑物折旧时应注意土地使用期限对建筑物经济寿命的影响。计算建筑物折旧所采用的建筑物经济寿命遇到下列情况的处理为：

（1）建筑物经济寿命早于土地使用期限结束的，应按照建筑物经济寿命计算建筑物折旧。如图7-4（a）所示，假设是在出让土地上建造的普通商品住宅，土地使用权出让年限为70年，建设期为3年，建筑物经济寿命为50年。在这种情况下，应按照50年的建筑物经济寿命计算建筑物折旧。如图7-4（b）所示，假设是一幢旧办公楼，在其建成15年后补办了土地使用权出让手续，土地使用权出让年限为40年，建筑物经济寿命为50年。在这种情况下，应按照50年（建筑物经济寿命）计算建筑物折旧。

（2）建筑物经济寿命晚于土地使用期限结束的，应按建筑物的实际经过年数加上土地使用权剩余年限计算建筑物折旧。如图7-4（c）所示，假设是一幢在出让土地上建造的商场，土地使用权出让年限为40年，建设期为3年，建筑物经济寿命为60年。在这种情况下，建筑物经济寿命中晚于土地使用期限的那部分寿命为23年（3+60-40=23年），因此，应按照37年（60-23=37年）计算建筑物折旧。如图7-4（d）所示，假设是一幢旧厂房改造的超级市场，在该旧厂房建成4年后补办了土地使用权出让手续，土地使用权出让年限为40年，建筑物经济寿命为50年。在这种情况下，建筑物经济寿命中晚于土地使用期限的那部分寿命为6年（50-4-40=6年），因此，应按照44年（50-6=44年）计算建筑物折旧。

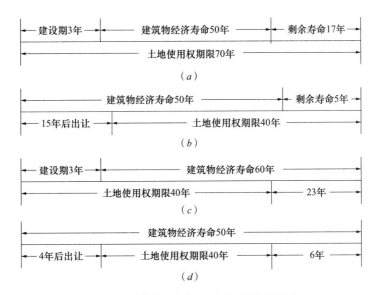

图7-4 建筑物经济寿命与土地使用年限关系

[例7-2] 某宗房地产占地2000m²，容积率为3.0，土地在2010年11月通过出让方式取得，土地使用权年限是40年。建筑物是于2012年11月建成使用的，经济寿命为50年。经调查，现在该类土地40年使用权的市场价格为5000元/m²，同类建筑物重置价格是4000元/m²。通过估价师对该建筑物观察鉴定，对门窗等可修复部分进行修复花费6万元，装修重置价格为60万元，经济寿命10年；设备的重置价格100万元，经济寿命20年，残值率为零。报酬率为10%，求该房地产在2018年11月的市场价格（已知土地的重置价格为974.15万元）。

[解]（1）求在估价时点建筑物重置价格V_B：2000×3.0×0.4＝2400万元

（2）折旧

1）门窗可修复部分折旧额6万元。

2）装修部分折旧额：60×6/10＝36万元。

3）设备部分折旧额：100×6/20＝30万元。

4）结构部分折旧额：（2400－6－60－100）×6/38＝352.742万元。

5）总折旧额：6＋36＋30＋352.74＝424.737万元。

（3）积算价值＝土地重置价格＋建筑物重置价格 － 折旧

＝974.152＋2400－424.737＝2949.43万元

7.4 相关规定

7.4.1 房屋完损等级评定

房屋完损等级是用来检查房屋维修养护情况的一个标准，是确定房屋真实新旧程度和测算房屋折旧的一个重要依据。房屋的完好程度越高，其现值就越接近于重新购建价格。

1984年11月8日，城乡建设环境保护部发布了《房屋完损等级评定标准（试行）》，同年12月12日发布了《经租房屋清产估价原则》。现将有关内容综合如下。

（1）房屋完损等级是根据房屋的结构、装修、设备三个组成部分的各个项目完好、损坏程度来划分的，分为下列五类：① 完好房；② 基本完好房；③ 一般损坏房；④ 严重损坏房；⑤ 危险房。

（2）房屋结构、装修、设备三个组成部分的各个项目为：

1）房屋结构组成有地基基础、承重构件、非承重墙、屋面及楼地面。

2）房屋装修组成有门窗、外抹灰、内抹灰、顶棚及细木装修。

3）房屋设备组成有水卫、电照、暖气及特种设备（如消火栓、避雷装置等）。

（3）房屋完损等级的判定依据是：

1）完好房。结构构件完好，装修和设备完好、齐全完整，管道畅通，现状良好，使用正常。或虽然个别分项有轻微损坏，但一般经过小修就能修复的。

2）基本完好房。结构基本完好，少量构部件有轻微损坏，装修基本完好，油漆缺乏保养，设备、管道现状基本良好，能正常使用，经过一般性的维修能恢复的。

3）一般损坏房。结构一般性的损坏，部分构部件有损坏或变形，屋面局部漏雨，装修局部有破损，油漆老化，设备、管道不够畅通，水卫、电照管线、器具和零件有部分老化、损坏或残缺，需要进行中修或局部大修更换部件的。

4）严重损坏房。房屋年久失修，结构有明显变形或损坏，屋面严重漏雨，装修严重变形、破损，油漆老化见底，设备陈旧不齐全，管道严重堵塞，水卫、电照管线、器具和零部件残缺及严重损坏，需进行大修或翻修、改建的。

5）危险房。承重构件已属危险构件，结构丧失稳定及承载能力，随时有倒塌可能，不能确保住用安全的。

（4）房屋新旧程度的判定标准是：

1）完好房为十、九、八成。

2）基本完好房为七、六成。

3）一般损坏房为五、四成。

4）严重损坏房及危险房为三成以下。

7.4.2 房屋折旧

1992年6月5日，建设部、财政部制定的《房地产单位会计制度——会计科目和会计报表》对经租房产折旧作了有关规定。这些规定虽然是针对会计上的折旧和"经租房产"的，但其中的房屋分类分等和一些参数，如房屋的耐用年限（寿命）、残值率等，对于估价上求取建筑物的折旧有一定的参考价值。经租房产折旧的有关规定如下。

（1）计算折旧必须确定房产的价值、使用年限、残值和清理费用，计算公式如式（7-14）所示：

$$年折旧率 = 原价 \times (1 - 残值率) \div 耐用年限 \qquad (7-14)$$

（2）经租房产根据房屋结构的分类如表7-4所示。

（3）各种结构房屋的耐用年限如表7-5所示。

（4）房屋残值是指房屋达到使用年限，不能继续使用，经拆除后的旧料价值；清理费用是指拆除房屋和搬运废弃物所发生的费用；残值减去清理费用，即为残余价值，其与房屋造价的比例为残值率。各种结构房屋的残值率如表7-6所示。

房屋结构分类表 表7-4

结构形式		规定
钢筋混凝土结构		全部或承重部分为钢筋混凝土结构，包括框架大板与框架轻板结构等房屋。这类房屋一般内外装修良好，设备比较齐全
砖混结构	一等	部分钢筋混凝土，主要是砖墙承重的结构，外墙部分砌砖、水刷石、水泥抹面或涂料粉刷，并设有阳台，内外设备齐全的单元式住宅或非住宅房屋
	二等	部分钢筋混凝土，主要是砖墙承重的结构，外墙是清水墙，没有阳台，内部设备不全的非单元式住宅或其他房屋
砖木结构	一等	材料上等、标准较高的砖木（石料）结构。这类房屋一般是外部有装修处理、内部设备完善的庭院式或花园洋房等高级房屋
	二等	结构正规，材料较好，一般外部没有装修处理，室内有专用给水、排水等设备的普通砖木结构房屋
	三等	结构简单，材料较差，室内没有专用给水、排水等设备，较低级的砖木结构房屋
简易结构		如简易楼、平房、木板房、砖坯房、土草房、竹木捆绑房等

房屋耐用年限表 表 7-5

结构形式	钢筋混凝土结构	砖混结构一等	砖混结构二等	砖木结构一等	砖木结构二等	砖木结构三等	简易结构
生产用房	50	40	40	30	30	30	10
受腐蚀的生产用房	35	30	30	20	20	20	10
非生产用房	60	50	50	40	40	40	10

房屋残值率表 表 7-6

房屋结构类型	钢筋混凝土结构	砖混结构一等	砖混结构二等	砖木结构一等	砖木结构二等	砖木结构三等	简易结构
残值率	0	2%	2%	6%	4%	3%	0

思考题

1. 成本法的基本概念是什么？
2. 运用成本法进行估价的理论基础是什么？
3. 运用成本法进行估价的主要步骤有哪些？
4. 成本法的适用范围是什么？
5. 试分析同一房地产物业的市场交易价格、积算价格和重置价格三者之间存在差异的原因。
6. 建筑物折旧的种类有哪些，并举例说明。
7. 利用年限法计算折旧时，试分析各种建筑物寿命与年龄之间的关系。

第8章 收益法

8.1 基本原理

本章介绍房地产估价三大基本方法之一的收益法（Income Approach），包括其含义、理论依据、适用的估价对象、估价需要具备的条件、估价的操作步骤以及每个操作步骤所涉及的具体内容。

8.1.1 收益法的概念

通常，商人在选择是否开始一项生意（投资）的时候，都要对其未来的收益情况进行预测。例如，赵女士一家已经在成府路中关园拥有一套三室一厅的房子自住。当北京的房价越涨越高，他们想投资一套小户型的房子用于出租，并看上了小区内一套52m^2的一室一厅的二手房（3.1.1节中的[例3-1]），正在和卖家谈价钱。赵女士怎么决定自己的出价呢？她首先到小区底商里的几个房地产经纪公司门店调查了一下这个小区内类似的一室一厅房子一般一个月能租多少钱，还要了解一下租赁市场是否红火——有没有可能找不到合适的租客而使得房子空置，然后还要看看房子租出去后自己还需要支付多少成本（一般物业管理费是由房东来交的）。这样初步地计算一下，就能够大概估算出，这样一套房子，以后每个月能给她带来多少收入，根据一系列的测算，决定自己现在愿意出多少钱买下它。这一系列的测算，就是收益法的核心。

收益法的适用对象是在未来有持续性现金流入（通常为租金收入）的收益性房地产（Income-producing Properties），也称商业房地产（Commercial Real Estate），例如出租型公寓、写字楼、酒店等。自住型的住宅就不属于收益性房地产，因为它没有持续性的现金流入。对于一个收益性物业而言，估价师首先要考虑收益性物业的当前收益（现金流）情况，并以此推测其未来的收益情况，比如一个出租的店铺当前的租金和未来的租金变化情况。同时，鉴于资金具有时间价值这一特性，相同额度的资金在不同的时间点上具有不同的价值，因此不能把未来的现金流直接相加，而是需要按照资金等值计算的方法将未来不同时间点上该店铺的租金收入折算到当前时点，这就是这个房地产的总价值。这个测算出的价值通常被称为收益价格。

收益法，也称为收益资本化法、收益还原法，其严格定义是，通过预测估价对象的未来收益，然后将其转换为价值来求取估价对象价值的估价方法。通常将预测的未来收益转换为价值的过程称为资本化，与前文3.1.2节中介绍的资金等值计算中对现值求取的本质是相同的。根据将预测的未来收益转换为价值方式的不同,即资本化方式的不同,收益法可分为报酬资本化法(Yield Capitalization)和直接资本化法(Direct Capitalization)。

8.1.2 理论依据

收益法是以预期原理为基础——决定房地产当前价值的主要因素是未来预期而非历史事件。具体地说,房地产当前的价值,通常不是基于其历史价格、开发建设已花费的成本或者过去的房地产市场状况,而是基于市场参与者对房地产未来所能带来的收益以及能够获得的效用预期。

收益法的基本思想是:将购买收益性房地产视为一种投资。投资者购买收益性房地产的目的,不在于购买房地产本身,而在于房地产未来所能产生的收益。其行为可以理解为,以当前一笔资金的支出换取未来一系列资金的收入。

由[例3-1]可知,这套52m²的房子年租金收入为9.72万元(8100元/月×12月)。如果折现率为6.75%,且假设这个年租金收入永续存在,则这笔持续的现金流在当前的价值(净现值NPV)就是9.72/6.75%=144万元。这时,赵女士购买该套住房的144万元就是收益价格,而这笔投资的年收益率就是6.75%。也就是说,收益性房地产的价格等于,未来每个期间(年、季度或月)的房地产净收益在估价时点的净现值。在未来净收益恒定且永续的情况下,可以简单地表示为式(8-1):

$$房地产价格 = \frac{房地产净收益}{收益率} \qquad (8-1)$$

在现实当中,房地产的净收益不一定是固定不变的,可能会在不同的年份发生不同的变化;它也不一定是永续的,可能在一定的期间内存在;而收益率也未必总保持一定。因此,普遍意义上的收益法原理可以表述为:将估价时点视为现在,那么在现在购买一个有一定期限收益的房地产,预示着在其未来的收益期限内可以源源不断地获取净收益,如果现有一笔资金可与这未来一定期限内净收益的净现值等值,则这笔资金就是该房地产的价格。

从资金时间价值的特性来看,收益性房地产的价值就是其未来净收益的现值之和。影响房地产价值的因素,则包括:① 未来净收益的情况,包括净收益的大小和期限——未来净收益越大,房地产的价值就越高;获得净收益期限越长,房地产的价值就越高。② 收益率的大小。它反映了获得净收益的风险——风险越高,投资者所要求的收益率也就越高。

8.1.3 适用对象和条件

由收益法的理论依据可知,收益法的适用对象应是具有经济收益的收益性房地产,例如出租性住房和写字楼、旅馆、商店、餐馆、游乐场、影剧院、停车场、汽车加油站、标准厂房(用于出租的)、仓库(用于出租的)、农地等。有时候,虽然估价对象本身并不存在实际的收益,只要估价对象所属的这类房地产具有获取收益的能力,也可应用收益法进行估价。但对于行政办公楼、学校、公园等公用、公益性房地产的估价，一般不适于采用收益法。

收益法求取的房地产价值取决于估价师对未来的预期，那么估价师个人预期的偏误就会影响评估价值的客观性。因此，收益法估价需要具备的条件是房地产未来的收益和风险都能够较准确地量化（预测）。通常，估价师通过广泛、深入的市场调查和市场分析来对这些进行预测。

运用收益法估价一般分为以下四个步骤：① 搜集并验证可用于预测估价对象未来收益的有关数据资料，例如估价对象及类似房地产过去和现在的收入、费用等数据资料；② 预测估价对象的未来收益（如净收益）；③ 求取报酬率或资本化率、收益乘数；④ 选用适宜的收益法公式计算收益价格。

8.2 净收益

无论是应用报酬资本化法还是直接资本化法进行收益法估价时，均需要预测估价对象的未来收益。

收益性房地产获取收益，也就是现金流的表现形式有两种：运营期间的现金流（Operation）和出售时候的现金流（Reversion）。其中，运营期间的现金流主要表现为收益性房地产在持有期内所获得的租金（潜在租金）收入，在持有期内连续出现；出售时候的现金流主要是指在持有期结束时，将房地产出售获得的交易价格收入，在现金流量图的最后时点出现一次。

8.2.1 运营期间现金流量测算

仍然以［例3-1］成府路中关园的住房出租为例，如果一年12个月全部都能找到租客承租的话，可以获得9.72万元的收益（8100×12＝9.72万元）。但实际的情况是，因为租客的更换，有一个月房屋并没有出租出去，而是处于空闲的状态，业主收不到这个月8100元的租金。住房出租期间，业主的支出还包括物业费（2元/m^2/月），取暖费（24元/m^2），而其他各类杂费（水电等）的支出由租客按实际情况自行承担。因此，无论房子是否出租出去，老王（业主）每年都需要缴纳物业费1248元（2×52×12＝1248元）、取暖费1248元（24×52＝1248元）。这样算下来，业主实际获得的收入是扣除空闲月后的11个月租金，减去物业费和取暖费支出后的86604元（8100×11－1248－1248＝86604元）。

表 8-1描述了该收益性房地产运营期间年现金流量的计算过程，其中，各指标通常按年计算，并假设在年末发生。净收益通常也被称为"净经营收入"（Net Operating Income，*NOI*）。空置损失的一般计算方法是空置率×*PGI*。空置率（Vacancy Rate）可以直接参考可比实例房地产的空置率估算。对于收益性房地产，以写字楼为例，在可比实例的选取时，除需要遵循5.2节的一般原则外，还需要考虑物业所处的阶段。例如，新建成的写字楼，市场中缺少对其使用情况的历史信息，潜在租户需要一段时间进行考察，故其出租率可能低于同区域同档次

的其他写字楼。经过一段时间的使用后，市场中逐渐形成了对其基本情况的认识后，其出租率会进入一个相对稳定的区间。因此，在进行空置率的可比实例的选取中，还应充分考虑物业所处运营阶段。

收益性房地产运营期间的现金流量　　　　　　表 8-1

序号	项目	英文	中关园案例（元）
（1）	潜在毛收入	Potential Gross Income（PGI）	97200
（2）	－空置损失	－Vacancy Allowance（V）	8100
（3）	＝有效毛收入	＝Effective Gross Income（EGI）	89100
（4）	－运营费用	－Operating Expenses（OE）	1248＋1248
（5）	＝净经营收入	＝Net Operating Income（NOI）	86604

运营费用，是维持房地产正常使用或营业的必要费用，包括房地产税、保险费、人员工资及办公费用、保持房地产正常运转的成本（建筑物及相关场地的维护、维修费）、为承租人提供服务的费用（如清洁、保安）等内容。这些费用是从估价角度出发的，而非会计上的成本费用，不包含房地产折旧额和所得税。不包含所得税的原因在于，评估的结果是客观房地产的价格，而并非该房地产对某个经营业主而言的价格，而所得税是对"人"征收，并非对"物"征收。当然，如果特别的，要计算某房地产对于某所有者的税后价格，则可采用扣除所得税后的收益计算而得的现金流量，这种收益也被称为税后现金流量（After-Tax Cash Flow，$ATCF$）。

运营费用与有效毛收入之比，称为运营费用率（Operating Expense Ratio，OER）。净收益占有效毛收入的比率，称为净收益率（Net Income Ratio，NIR）。净收益率与运营费用率存在如式（8-2）所示的关系：

$$NIR = 1 - OER \tag{8-2}$$

一种很重要的收益性房地产就是写字楼。表 8-2 列出了北京部分等级写字楼的租金情况。通常，写字楼的租约按 3、5、10 年不等进行签订。同时，租金通常不是固定的，可以按季度、半年或年进行调整，每次调整的额度也不尽相同，通常与房地产市场运行情况相关。写字楼租赁合同的另一种常见形式是折让优惠，这是物业所有者为了吸引租客而提出的。例如，北大科技园为了提升写字楼租客的整体水平，会给类似 Google 公司这样的世界 500 强企业，提供折让优惠，如减免一定的租金，或为租户提供装修费用等。

北京写字楼出租情况表（2020 年 1 月）　　　　　　表 8-2

物业名称	位置	出租单元	租金	写字楼级别
国贸大厦三期	朝阳区国贸	180m²（高层精装带家具）	29元/（天·m²）	甲级

续表

物业名称	位置	出租单元	租金	写字楼级别
方正国际大厦	海淀区中关村	400m²	10元/（天·m²）	甲级
建外SOHO	朝阳区建外大街	200m²	6元/（天·m²）	乙级
联邦国际商务中心	大兴区亦庄	500m²	2元/（天·m²）	乙级
保利东郡写字楼	朝阳区石佛营	500m²	4.5元/（天·m²）	丙级
北科产业园	海淀区上庄金融街	141m²	3.5元/（天·m²）	丙级

8.2.2 出售时现金流量测算

在一般情况下，投资者不会永续地持有一个物业。他会观察市场的情况，如果能够在市场低迷时买进，在市场高涨时卖出（低买高卖），就能赚取一笔不小的收入。有的投资者拥有许多房地产资产，他会随时调整自己所拥有的资产组合，把一些表现不好的房地产资产卖出去，再从市场上买来一些有潜力的房地产。这意味着，房地产每年净收益的现金流量通常不是永续的，在房地产被卖出时结束，而在这一时点上还存在"转售收入"这一笔现金流。仍以成府路中关园的住房为例，如果赵女士在拥有这套房子10年后打算卖出，则会得到一笔转售收入。通常，转售时还存在一些成本。例如，通过经纪公司向外发布房屋出售信息，这会产生中介费支出。

如何估算10年后的转售收入？一种经常采用的方法时，假设在第n年转售，则估计（$n+1$）年的净经营收入，用当时的资本化率折算出第n年的转售收入（8.4.2节会详细介绍这种直接资本化法）。特别需要注意的是，10年后的资本化率与当前的资本化率是不同的，由于未来的时点距离现在越远，估计的可靠性就越低，相应的风险也就越高，所以10年后的资本化率会大于当前的资本化率。

假设通过上述估算，10年后的转售收入是124万元[1]，在交易达成后，赵女士需要向经纪人支付中介费1.86万元（124×1.5%＝1.86万元）[2]，其实际获得的收益则为122.14万元（124－1.86＝122.14万元）。表8-3描述了这一收益性房地产出售时转售收入（不计个人所得税等税收）的计算过程，通常认为该转售收入在转售年份的年末发生。

收益性房地产出售时的现金流量　　　　表8-3

序号	项目	英文	中关园案例（万元）
（1）	出售时的房地产价值	Property Value at time of sale（*PV*）	124
（2）	－销售费用	－Selling Expenses（*SE*）	1.86
（3）	＝转售时税前现金流	＝Property Before-tax Cash Flow（*PBCF*）	122.14

---

[1] 按7%的资本化率计算，假设租金收入保持不变，即第11年的净收益仍是8.66万元，则转售时的收益为124万元（8.66/7%）。

[2] 买方赵女士支付的中介费主要表现为服务费等。

根据前两节的内容可知，一宗收益性房地产在其持有期内的现金流量收入，主要由两部分组成：物业在运营期间的租金收入和在出售时的转售收入。如图 8-1 所示，成府路中关园这套住房的收益价格应为 125.09 万元。

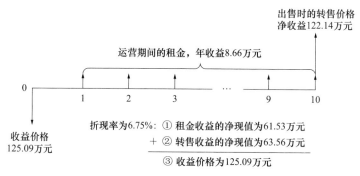

图 8-1 收益性房地产持有期内现金流量

8.3 报酬资本化法

报酬资本化法（Yield Capitalization）就是一般意义上的现金流量折现法（Discounted Cash Flow，DCF），即房地产的价值等于其未来各期净收益的现值之和。具体做法是，首先预测估价对象未来各期的净收益，然后利用适当的报酬率将其折算到估价时点后相加来求取估价对象的价值。

8.3.1 报酬率

（1）基本概念

房地产估价中的报酬率，就是现金流量折现法中的收益率，两者的英文均为 Yield Rate，被用作现金流量折现时的折现率。报酬率（或收益率，下同）的本质是投资者期望通过这项投资所获得的收益水平。

报酬率包含两个部分，无风险报酬率和投资风险补偿，如式（8-3）所示：

$$\text{报酬率} = \text{无风险报酬率} + \text{投资风险补偿} \quad (8-3)$$

将资金用于购买国债或者存入银行可以被近似认为是一种无风险的投资行为，能够得到的报酬率被称为无风险报酬率，例如国债利率或银行利率。其他的投资一般都存在风险。例如，赵女士投资中关园的二手房，就有可能面临房子租不出去，或者房地产价格下跌这样的损失，这种损失称为风险（Risk），即指由于不确定性的存在，导致投资收益的实际结果偏离预期结果造成损失的可能性。也就是说，如果赵女士没有将 144 万元存入银行而是进行中关园的二手房投资，那么这个投资的报酬率则必须高于存入银行能够得到的利率，也就是高于无风险报酬率，否则赵女士将选择储蓄投资（存入银行）。这就是说，具有风险的投资机会必将产生与之相对应的额外收益，并以此来吸引投资者的进入。这个额外收益就是对承担风险的一个补偿，即投资风险补偿。因此，对于赵女士投资成府路中关园的这个案例而言，如果无风险报酬率为2.75%（现行三年以上定期存款利率），二手房投资的风险补偿为4%，则报酬率为6.75%（2.75%+4%=6.75%）。

根据上述分析，可以从定性角度得到报酬率与投资风险之间的关系，如图8-2所示。第3篇还会从理论方面更为详细地介绍主要的分析和推导方法。

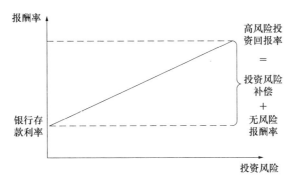

图8-2　报酬率与投资风险关系

（2）求取方法

报酬率的求取包括两种基本方法：累加法和市场提取法。

累加法（Built-up Method）是式（8-3）的具体应用，是将报酬率视为包含无风险报酬率和风险报酬率（投资风险补偿）两大部分，然后分别求出每一部分，再将它们相加得到报酬率的方法。无风险报酬率一般取三年期定期存款利率。风险报酬率需要根据该项投资的实际风险水平确定，一般估价师会广泛调查估价对象所在地区的其他房地产投资项目的收益和风险情况，用较多的案例模拟出图8-2所示的大致关系，然后根据本项目的风险水平估计本项目应获得的风险报酬率。需要注意的是，上述无风险报酬率和具有风险性房地产的报酬率，一般是指名义报酬率，即已经包含了通货膨胀的影响。这是因为在收益法估价中，广泛使用的是名义净收益，即已经包含了通货膨胀因素的现金流量，因而根据"匹配原则"，应使用与之相对应的名义报酬率。

市场提取法（Market Extraction Method）是利用与估价对象具有类似收益特征的可比实例房地产的价格、净收益等资料，选用相应的报酬资本化法公式（见8.3.2节），反求出可比实例房地产报酬率的方法（其实质就是求取其他房地产投资的内部收益率，关于内部收益率的概念，可以参见《工程经济学》相关教材）。

值得指出的是，尽管有上述求取报酬率的方法，但这些方法并不能确切地告诉估价师报酬率究竟应是个多大的数字，如是8.5%，还是8.3%。这些方法对报酬率的确定都含有某些主观选择性，需要估价师运用自己掌握的关于报酬率的理论知识，结合实际估价经验和对当地投资及房地产市场的充分了解等，来作出相应的判断。因此，报酬率的确定同整个房地产估价活动一样，也是科学与技术的有机结合。但在一定时期，报酬率大体上有一个合理的区间。

8.3.2 基本公式

仍以成府路中关园的住房为例，赵女士要分析在中关园购买二手房的投资是否可行，需要借助于报酬资本化法中的一些基本公式。这里作一些简化的假定。假设该区域周边二手房的报酬率保持不变，为i_y。赵女士预计将持有该二手房n年。

通常情况下，年租金的净收益A_j的变化并无规律可循，则该二手房的收益价值PV_n的计算公式如式（8-4）所示。这也是报酬资本化法的一般公式。

$$PV_n = \frac{A_1}{1+i_y} + \frac{A_2}{(1+i_y)^2} + \cdots + \frac{A_{n-1}}{(1+i_y)^{n-1}} + \frac{A_n}{(1+i_y)^n}$$
$$= \sum_{j=1}^{n} \frac{A_j}{(1+i_y)^n} \tag{8-4}$$

当这n年中该区域的房地产市场一直维持平稳状态，其各年净收益也保持相同$A_j=A$，同时，由于持有期较长，不考虑期末的转售价值（可以认为该转售价值折现到当前时点时量很小）。则该二手房的收益价值PV_n的计算公式如式（8-5）所示：

$$PV_n = \frac{A}{1+i_y} + \frac{A}{(1+i_y)^2} + \cdots + \frac{A}{(1+i_y)^{n-1}} + \frac{A}{(1+i_y)^n}$$
$$= \frac{A}{i_y} \times \left[1 - \frac{1}{(1+i_y)^n}\right] \tag{8-5}$$

当房地产的持有期为无限年时，式（8-5）中括号的表达式值趋近于1，则式（8-5）可以改写为式（8-6），即该店铺的房地产价值PV_∞为：

$$PV_\infty = \frac{A}{i_y} \tag{8-6}$$

在多数情况下，尤其房地产市场处于快速变化的阶段，房地产的年净收益A_j处于不断变化中，比如租金一般随着房价的上涨而上调。通常有两种简化的方法来考虑这种变化。一个是等差变化，即认为未来的净收益序列是一个等差序列，每年的净收益在上一年净收益的基础上增长（或降低）一个固定的数额，例如s，则有限年和无限期条件下该二手房的价值PV的计算公式分别如式（8-7）和式（8-8）所示：

$$PV_n = \frac{A}{1+i_y} + \frac{A+s}{(1+i_y)^2} + \cdots + \frac{A+(n-2)s}{(1+i_y)^{n-1}} + \frac{A+(n-1)s}{(1+i_y)^n}$$
$$= \left(\frac{A}{i_y} + \frac{s}{i_y^2}\right) \times \left[1 - \frac{1}{(1+i_y)^n}\right] - \frac{s}{i_y} \times \frac{n}{(1+i_y)^n} \tag{8-7}$$

$$PV_\infty = \frac{A}{i_y} + \frac{s}{i_y^2} \tag{8-8}$$

另一种假设是认为年净收益呈等比变化，即当年净收益在前一年净收益的基础上，每年增长（或下降）固定比率z，则有限年和无限期条件下的店铺价值PV的计算公式分别如式（8-9）和式（8-10）所示：

$$PV_n = \frac{A}{1+i_y} + \frac{A \times (1+z)}{(1+i_y)^2} + \cdots + \frac{A \times (1+z)^{n-2}}{(1+i_y)^{n-1}} + \frac{A \times (1+z)^{n-1}}{(1+i_y)^n}$$
$$= \left(\frac{A}{i_y - z}\right) \times \left[1 - \left(\frac{1+z}{1+i_y}\right)^n\right] \quad (8\text{-}9)$$

$$PV_\infty = \frac{A}{i_y - z} \quad (8\text{-}10)$$

以上的公式都没有考虑转售收入。实际上，再加上转售收入的因素并不困难。转售收入通常不和各年的净收益在一起折现，而是单独折现到估价时点，再与净收益的折现额相加。假设估计的转售收入为V'，如果将它考虑在内，报酬资本化法的一般公式则如式（8-11）所示：

$$PV = \sum_{j=1}^{n} \frac{A_j}{(1+i_y)^n} + \frac{V'}{(1+i_y)^n} \quad (8\text{-}11)$$

8.3.3 公式应用

8.3.2节的基本公式中，以净收益每年不变的公式应用最为广泛，其不仅可以直接用于测算价格，还可以用于土地使用期限、收益期限或租赁期限不同的房地产间价格的换算，以及比较不同期限房地产价格的高低。在这些运算中，如果持有期高达几十年，通常会忽略转售收入。同时，由于中国城市土地使用权制度是有年限限制的，故可以认为在土地使用权年限结束时，不存在转售价值。

（1）直接用于测算价格

［例8-1］小赵有一套位于林大北路上的清枫华景园小区内90m²住房，该小区的土地是在2016年8月经招标获得的，土地使用权年限为70年，至今已使用2年；周边地区相同面积单位的年租金净收益为5万元，而该类住房的平均报酬率为7.5%。试计算该套住房在2018年8月的收益价格。

［解］该宗房地产的收益价格计算如下：

$$PV = \frac{A}{i_y} \times \left[1 - \frac{1}{(1+i_y)^n}\right] = \frac{5}{7.5\%} \times \left[1 - \frac{1}{(1+7.5\%)^{70-2}}\right]$$
$$= 66.18 \text{万元}$$

（2）用于不同期限价格之间的换算

［例8-2］位于双清路上同方大厦的50年收益价格为7500元/m²，该区域同类房地产的报酬率为10%。试求该宗房地产40年收益权利的价格。

［解］现以K_n代表收益期限为有限年公式式（8-5）的括号内部分，则有：

$$K_n = 1 - \frac{1}{(1+i_y)^n} = \frac{(1+i_y)^n - 1}{(1+i_y)^n}; \quad PV_n = \frac{A}{i_y} \times K_n$$

将上式进一步推导，则有：

$$PV_n = PV_N \times \frac{K_n}{K_N} = PV_N \times \frac{(1+i_y)^{N-n}\left[(1+i_y)^n - 1\right]}{(1+i_y)^N - 1}$$

由此可知，该宗房地产40年收益权利的价格求取如下：

$$PV_{40} = 7500 \times \frac{(1+10\%)^{50-40} \times \left[(1+10\%)^{40} - 1\right]}{(1+10\%)^{50} - 1}$$
$$= 7397.30 \text{元}/\text{m}^2$$

上述不同期限价格之间的换算隐含着下列前提：① PV_n 与 PV_N 对应的报酬率相同且不等于零；② PV_n 与 PV_N 对应的净收益相同或可转化为相同（如单位面积的净收益相同）；③ 如果 PV_n 与 PV_N 对应的是两宗房地产，则这两宗房地产除了收益期限不同之外，其他方面均应相同或者可以调整为相同。

（3）用于比较不同期限房地产价格的高低

要比较两宗类似房地产价格的高低，如果该两宗房地产的土地使用期限或收益期限不同，直接比较是不妥的。如果要比较，就需要将它们先转换成相同期限下的价格。转换成相同期限下价格的方法，与上述不同期限价格之间的换算方法相同。

[例8-3] 有A、B两宗商铺，A商铺的收益期限为20年，单价为11000元/m²，B商铺的收益期限为15年，单价为10000元/m²。假设报酬率均为9%，试比较该两宗商铺价格的高低。

[解] 要比较该两宗商铺价格的高低，需要将它们转换为相同期限下的价格。为了计算方便，将它们都转换成无限年下的价格：

$$\text{A商铺}: PV_\infty = PV_{20} \times \frac{1}{K_{20}} = 11000 \times \frac{1}{\left[1 - \frac{1}{(1+9\%)^{20}}\right]} = 13389 \text{元}/\text{m}^2$$

$$\text{B商铺}: PV_\infty = PV_{15} \times \frac{1}{K_{15}} = 10000 \times \frac{1}{\left[1 - \frac{1}{(1+9\%)^{15}}\right]} = 13784 \text{元}/\text{m}^2$$

因为13784＞13389，所以B商铺的价格高。

8.4 直接资本化法

8.4.1 基本方法

直接资本化法（Direct Capitalization）是预测估价对象未来第一年的某种收益，然后将其除以适当的资本化率或者乘以适当的收益乘数来求取估价对象价值的方法。未来第一年的预期收益通常包括毛租金、潜在毛收入、有效毛收入、净收益等。

估价师之所以使用直接资本化法，是因为报酬资本化法要求对未来持有期的所有各年收益以及最后的转售收入都要进行预测，同时还要预测报酬率，对信息和数据的要求很高，且较难预测准确，这给实际的估价工作带来了很大的难度。于是估价师想到了直接利用市场信息来简化这一计算过程的方法。可以认为，无论是未来净收益的变化情况（稳定、递增还是递减），还是得到净收益的风险程度，估价对象和周边相似房地产都具有一定的可比性。因此，通过观察周边可比实例的情况可以得到很多有用的信息。同时，从8.3节的几种类型的公式中可以看到，无论未来的净收益如何变化，收益价格与第一年的净收益之间存在着一种关系，这种关系里综合了报酬率、未来现金流量变化等许多信息。这样，如果假设这种"关系"在估价对象这个子市场（同一供求圈）中保持稳定，则可以将周边物业的价格与第一年收益之间的"关系"（一种系数）应用在估价对象上，这样就能够从估价对象第一年的收益推算出其价格了。

最基本的直接资本化法是将第一年的净收益除以资本化率（Capitalization Rate）得到收益价格，如式（8-12）所示：

$$PV = \frac{NOI}{i_c} \quad (8-12)$$

资本化率实际上就是收益性房地产第一年净收益与市场价值的比值，它里面包含了报酬率和未来收益变化的信息。当然可以很容易观察到，如果未来的净收益是永续且恒定的，则资本化率就是报酬率。但如果不是这种情况，资本化率就会与报酬率有所差别，详细的分析可以见8.4.2节。

在实际估价业务中，估价师不需要去仔细考察它们之间是什么关系，而只需要从估价对象周边选择近期交易的与估价对象的净收益流模式（包括净收益的变化、收益期限的长短）等相似的可比实例，从它们的交易价格和第一年净收益资料中直接推算出资本化率，然后应用于估价对象即可。

有时估价师更喜欢做乘法，把第一年净收益乘以一个系数，得到估价结果，这实质上是一样的。这个系数通常被称为"收益乘数"。根据第一年收益的类型（毛租金、潜在毛收入、有效毛收入、净收益等），收益乘数有许多表现形式，例如，对应于毛租金的毛租金乘数（Gross Rent Multiplier，GRM）、对应于潜在毛收入的潜在毛收入乘数（Potential Gross Income Multiplier，PGIM）、对应于有效毛收入的有效毛收入乘数（Effective Gross Income Multiplier，EGIM）和对应于净收益的净收益乘数（Net Income Multiplier，NIM）。相应地，收益乘数法有毛租金乘数法、潜在毛收入乘数法、有效毛收入乘数法和净收益乘数法。各方法的计算如表8-4所示。

在上述四种方法中，净收益乘数法是唯一同时考虑房地产实际租金以外的收入以及不同房地产间空置率和运营费用差异的计算方法，其准确程度最高。净收益乘数与资本化率是互为倒数的关系。收益乘数也是通过市场提取法求取，其思路与资本化率完全相同。

收益乘数法种类　　　　　　　　　表 8-4

方法	公式		精确性		
	年收益×收益乘数		实际租金外收入	空置	运营费用
（1）毛租金乘数法	毛租金（GR）×毛租金乘数（GRM）				
（2）潜在毛收入乘数法	潜在毛收入（PGI）×潜在毛收入乘数（PGIM）		√		
（3）有效毛收入乘数法	有效毛收入（EGI）×有效毛收入乘数（EGIM）		√	√	
（4）净收益乘数法	净收益（NOI）×净收益乘数（NIM）		√	√	√

表 8-5 列出了报酬资本化法和直接资本化法的优劣比较和适用范围。

报酬资本化法与直接资本化法的比较　　　　　　　　　表 8-5

名称	报酬资本化法	直接资本化法
优点	以预期原理作为理论基础，与价格实际形成过程契合度较高	不需要预测未来许多年的净收益，通常只需要测算未来第一年的收益
	每期的净收益或现金流量都是明确的，直观而容易理解	能较好地反映市场的实际情况
	可以通过具有同等风险的其他投资求取报酬率	计算过程较为简单
缺点	报酬率的选取更大程度上依赖估价师的主观判断	可比实例的选择条件严格，收益变化一致
适用范围	市场可比信息缺乏	存在大量可比的预期收益市场信息

8.4.2 资本化率与报酬率

资本化率（i_c）和报酬率（i_y）都是将房地产的未来预期收益转换为价值的比率，但二者又有很大的区别。报酬率是实际的收益率，被用在报酬资本化法中，即用现金流折现法求取净现值的过程中。无论现金流量的变化形式怎样，都可以用最基本的公式式（8-4）或式（8-11）计算。如果现金流量的变化形式有一定的规律性（例如不发生变化，或呈等差或等比数列），则可以用各种简化公式计算，例如式（8-5）～式（8-11）的各项公式。而资本化率是用在直接资本化法中，它并不表示真实的收益率，只是反映第一年净收益与当前价值的比率关系。采用直接资本化法时，是假设在同一供求圈内，相似房地产的第一年净收益与当前价值间的比例关系是相似的，这样就可以直接从市场上提取资本化率，并用于估价对象。所以，直接资本化法是一种简化了的现金流折现法。不仅在房地产评估中经常会使用资本化率，而且许多房地产投资者也喜欢用资本化率来判断房地产的投资价值和市场状况。

资本化率和报酬率之间也有联系。这里简单介绍一下市场上的投资者通常使用的概念。投资者通常对房地产未来净收益的增长有一个预期，例如每年增长 $a\%$。如果假设收益期限为无限年的情况，根据式（8-10），报酬资本化率法和直接资本化率法的计算公式分别如式（8-13）和式（8-14）所示：

报酬资本化率法　　$PV = \dfrac{A}{i_y - a\%}$ 　　（8-13）

直接资本化率法　　$PV = \dfrac{A}{i_c}$ 　　（8-14）

A是第一年的净收益。此时，资本化率与报酬率的关系如式（8-15）所示：
$$i_c = i_y - a\%，\text{或} i_y = i_c + a\%$$ 　　（8-15）

例如，报酬率是10%，净收益以后每年上涨4%，则资本化率为10%-4%=6%。一般投资者把那些虽然当前租金水平不高，但预期能有较快增长的房地产称为"潜力股"类的房地产，它们的特征就是资本化率比较低，但报酬率并不低（因为$a\%$比较大）。因此，不能仅看到房地产的资本化率低，就认为它的收益水平差，相反，投资者往往认为低的资本化率里蕴含了人们对其未来收益的乐观预期。那些当前净收益较高，但未来缺乏增长潜力的房地产，通常被称为"现金流"类的房地产，它们的特征是报酬率与资本化率差不多。

[例8-4] 估价对象为一出租写字楼，土地总面积7000m²，建筑总面积52500m²，建筑物结构为钢筋混凝土结构，地上36层，地下2层，土地使用权年限为50年。2006年6月1日取得土地使用权，建设期为3年。试计算2019年6月1日的收益价格。相关资料为：月租金为250元/m²，空置率平均为15%。建筑物原值22000万元，设计使用年限为60年，残值率为0；家具设备价值原值8000万元，设计使用年限为30年，残值率为6%。增值税税率为租金收入的6%，其他运营费为每月100万元，报酬率为12%。

[解] 题目的解析如图 8-3所示。图 8-3（a）给出了项目运行的相关时间节点，图 8-3（b）则是项目的现金流量图。

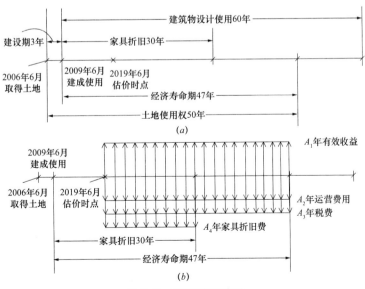

图8-3 题目解析示意图
（a）时间关系图；（b）现金流量图

（1）现金流入、流出情况

1）年有效收益：$5.25\times(1-15\%)\times250\times12=13387.5$万元

2）家具年折旧：$8000\times(1-6\%)/30=250.667$万元

3）年运营费用：$100\times12=1200$万元

4）年税费：$13387.5\times6\%=803.25$万元

（2）PV_1（存在家具折旧）

1）$A_1=13387.5-250.667-1200-803.25=11133.583$万元

2）$n_1=20$年；$i=12\%$

3）$PV_1=\dfrac{A_1}{i}\times\left[1-\dfrac{1}{(1+i)^{n_1}}\right]=83161.67$万元

（3）PV_2（不存在家具折旧）

1）$A_2=13387.5-1200-803.25=11384.25$万元

2）$n_2=17$年；$n_1=20$年；$i=12\%$

3）$PV_2=\dfrac{A_2}{i}\times\left[1-\dfrac{1}{(1+i)^{n_2}}\right]\div(1+i)^{n_1}=8815.20$万元

（4）$PV=PV_1+PV_2=91976.87$万元≈9.2亿元

[例8-5] 6年前，甲公司提供一宗1hm²、土地使用年限为50年的土地，乙公司出资400万元人民币合作开发某写字楼项目，该写字楼的总建筑面积为10000m²，建设期为2年。根据合同，写字楼建成后，其中4000m²建筑面积划归甲公司所有，6000m²建筑面积划归乙公司使用20年，期满后无偿归还甲公司。现今，乙公司有意将使用期满后剩余年限的所有权购买下来，甲公司也有出售意向，并向某估价公司进行交易价格咨询。估价公司经调查得知，当前周边地区该类写字楼的月租金为220元/m²，出租率为85%，年总运营费约为年租金有效毛收入的35%，报酬率为10%。

[解]（1）各收益年限间的关系如图8-4所示：

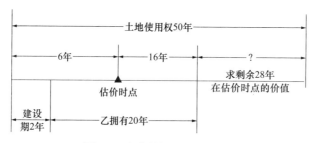

图8-4　各收益年限关系示意图

（2）计算净年收益

1）有效年收益：$6000\times220\times12\times85\%=1346.4$万元

2）运营费用：有效年收益$\times35\%=1346.4\times35\%=471.24$万元

3）年净收益：$A=$有效年收益$-$运营费用$=1346.4-471.24=875.16$万元

（3）计算剩余28年在估价时点的价值

$$V_{28} = \frac{A}{i} \times \left[1 - \frac{1}{(1+i)^{28}}\right] = \frac{875.16}{10\%} \times \left[1 - \frac{1}{(1+10\%)^{28}}\right] = 8144.73 万元$$

$$V = \frac{V_{28}}{(1+i)^{16}} = \frac{8144.73}{(1+10\%)^{16}} = 1772.53 万元$$

8.5 基础知识补充：净现值和内部收益率

在对投资进行动态经济评价（即考察投资全寿命周期内收入与支出的全部经济数据，并计入资金的时间价值）时，净现值和内部收益率是最重要，也是最经常使用的两项指标。

8.5.1 净现值

全寿命周期内每年的净现金流量，折现到同一时点（通常是期初）的现值累加值。其表达式如式（8-16）所示：

$$NPV = \sum_{t=0}^{n}(CI_t - K_t - CO_t)(1+i_0)^{-t} \qquad (8-16)$$

式中　NPV——净现值；

　　　CI_t——第t年的现金流入额；

　　　K_t——第t年的投资额；

　　　CO_t——第t年除投资外的其他现金流出额；

　　　n——投资的全寿命年限；

　　　i_0——基准折现率。

计算得到投资的净现值后，如果应用于单一投资方案评价，则若$NPV \geq 0$，该投资方案可以接受；若$NPV < 0$，该投资方案不可接受。如果应用于多方案比选，则净现值越大的方案相对越优。

需要注意的是，进行净现值计算时，应选择适宜的基准折现率。基准折现率可以由投资者的资金成本决定，也可能由投资者要求的最低收益率决定。

例如，某投资方案预计各年现金流见表8-6所列。

假设由投资者要求的最低收益率所决定的基准折现率为10%，则其净现值为：

$$NPV = -20 - \frac{500}{1+10\%} - \frac{100}{(1+10\%)^2} + \frac{150}{(1+10\%)^3} + \sum_{t=4}^{10}\frac{250}{(1+10\%)^t} = 469.94 万元$$

由于$NPV \geq 0$，因此该投资方案是可以接受的。

某投资方案预计现金流（万元）　　　　　表8-6

计算期	0	1	2	3	4~10
投资支出	20	500	100	0	0

续表

其他支出	0	0	0	300	450
收入	0	0	0	450	700
净现金流量	−20	−500	−100	150	250

8.5.2 内部收益率

内部收益率（Internal Rate of Return，IRR）是最重要的经济评价指标。一般而言，在净现值计算中，净现值随着折现率的增大而减小，而内部收益率就是使净现值为零时的折现率。

内部收益率可以通过求解式（8-17）得到：

$$NPV(IRR) = \sum_{t=0}^{n} (CI_t - K_t - CO_t)(1+i_0)^{-t} = 0 \quad (8\text{-}17)$$

式中　IRR——内部收益率；

其他符号含义同式（8-16）。

在实际计算过程中，式（8-17）是一个高次方程，直接求解比较困难，可以采用"试算内插法"求解其近似解。此外，各种财务计算器和Excel等软件中，已经直接包含了求解IRR的公式。

内部收益率可以视为投资的盈利率，反映了投资资金的使用效率，概念清晰明确。计算得到内部收益率后，将其与根据投资者资本成本或要求的最低收益率决定的基准折现率i_0进行比较。若$IRR \geq i_0$，则该投资方案可以接受；若$IRR < i_0$，则该方案不可接受。

例如，仍以表8-6给出的投资方案为例，计算其内部收益率，即求解：

$$NPV(IRR) = -20 - \frac{500}{1+IRR} - \frac{100}{(1+IRR)^2} + \frac{150}{(1+IRR)^3} + \sum_{t=4}^{10} \frac{250}{(1+IRR)^t} = 0$$

求解得到，$IRR = 24.85\%$。假设基准折现率仍为10%，则显然有$IRR \geq i_0$，该投资方案可以接受。

思考题

1. 收益法的基本概念是什么？
2. 运用收益法进行估价的理论基础是什么？
3. 运用收益法进行估价的主要步骤有哪些？
4. 什么是运营费用率和净收益率？试分析二者之间的关系。
5. 简述报酬资本化法和直接资本化法的优缺点以及适用范围。
6. 报酬率与资本化率之间的联系与区别是什么？

第 9 章　其他估价方法

除了第6章～第8章介绍的三种传统估价方法外，常用的房地产估价方法还包括假设开发法、长期趋势法、路线价法、基准地价法，以及随着计算机技术普及而发展起来的大宗估价法。

9.1　假设开发法

9.1.1　基本原理

本节介绍假设开发法的含义、理论依据、适用的估价对象、估价需要具备的条件、估价的操作步骤以及每个操作步骤所涉及的具体内容。

1. 概念和理论依据

生产者在采购产品原材料的时候，通常是先预测该产品加工完成后的售价是多少，再扣除生产过程中的其他必要费用，就得到了原材料的价值。例如，小孙在校园内经营一家维修店，主要以维修各种电子产品为主。每到学生毕业的时候也会收购一些二手商品。这个夏天，他以1000元的价格收购了一台运行不太正常的台式电脑。小孙收购这台电脑的目的就是希望通过修理后能将其卖掉。经过初步的判断，小孙认为这台电脑没有太大的问题，只是风扇需要更换。但到底要配个多少钱的风扇，才能保证自己的基本利润，小孙也不太清楚。这时，他首先考查了市场中配置相似的二手台式的价格，基本在1700元左右。然后，又估算了其他必要的费用，如更换新机箱、键盘和鼠标等需要200元，以及为了联系买家所要花费的通信费和送货费，大概为50元。这样加加减减地调整一下，小孙就知道了，在保证获得300元的利润前提下，他最多只能花150元购买风扇。经过这样的分析后，小孙就以150元为上限，到市场中与出售风扇的卖方进行讨价还价。

上述分析过程是通过对未来将要发生的电脑维修和销售过程的模拟，反推出当前购买风扇的价格，这一思想也被引入到房地产估价技术中。对于待开发房地产（比如一宗土地A），估价师首先考虑，在该宗地A上，经过一段时间的建造后，一套全新的房地产（比如一套全新的精装修住房B）的出售价格情况，然后再分析为了完成住房B的建设所必需的其他费用情况（建造成本、销售费用等情况），以及预期能够获得的利润情况，最后从建成出售后的市场价格中扣除为完成后续建设所必须支付的费用以及预期的利润，就得到了宗地A的价值。这就是假设开发法，也称为预期开发法、开发法、剩余法。

假设开发法更为正式的定义是，预测估价对象开发完成后的价值和后续开发建设的必要支出及应得利润，然后将开发完成后的价值减去后续开发建设的必要支出及应得利润来求取估价对象价值的方法。其本质与收益法相同，是通过预测的开发完成后的价值减去预测的后续开发建设的必要支出及应得利润后的余额来求取房地产的价值。

与收益法一样，假设开发法也是以预期原理为基础的。二者的区别是，收益法估算的是房地产的价值；而假设开发法则是通过对建成后房地产价值，以及其他成本费用和收益情况的预测，推算当前购买土地成本的价格。假设开发法是将购买土地视为一种前期的投入，其目的在于追求建成后房地产价值的收益，而不在于购买的土地本身。

由于假设开发法中各项目的发生时点不同，在实际的估价中同样存在资金时间价值计算的问题。根据资金时间价值计算方法的不同，假设开发法又分为现金流折现法和传统方法。

2. 适用对象和条件

假设开发法最主要的应用是在招标投标过程中的、土地使用权出让过程中的招标投标价格的估计。除此以外，根据假设开发法的理论依据可知，假设开发法还适用于具有开发或开发潜力的估价对象。例如可供开发建设的土地（包括生地、毛地、熟地，典型的是房地产开发用地）、在建工程（或者称为房地产开发项目）、可重新装饰装修改造或改变用途的旧的房地产（包括重新装饰装修、改建、扩建，如果是重建就属于毛地的范畴）。这类房地产也被统称为"待开发房地产"。另一方面，假设开发法还适用于房地产开发项目投资分析中相关参数、系数的测算，包括：测算待开发房地产的最高价格、测算房地产开发项目的预期利润、测算房地产开发中可能出现的最高费用。

假设开发法估价的精确程度，取决于以下两个预测：① 是否根据房地产估价的合法原则和最高最佳使用原则，正确判断了房地产的最佳开发利用方式（包括用途、建筑规模、档次等）；② 是否根据当地房地产市场行情或供求状况，正确预测了开发完成后的价值。同时，准确地预测后续开发建设的必要支出及应得利润（以下简称后续必要支出及应得利润），也对其估价结果有一定影响。

运用假设开发法估价的效果如何，除了取决于对假设开发法本身掌握得如何，还要求有一个良好的社会经济环境，包括：① 要有一套统一、严谨及健全的房地产法规；② 要有一个明朗、稳定及长远的房地产政策，包括有一个长远、公开的土地供应计划；③ 要有一个全面、连续及开放的房地产信息资料库，包括有一个清晰、全面的有关房地产开发建设和交易的税费清单或目录。如果这些条件不够具备，在运用假设开发法估价时会使本来就难以预测的房地产市场的客观方面，人为地掺入更多不确定性因素，使未来的房地产市场变得更加不可捉摸，从而对开发完成后的价值以及后续必要支出的预测也会更加困难。

运用假设开发法估价一般分为六个步骤：① 调查分析待开发房地产状况；② 选取最佳的开发利用方式，确定开发完成后的房地产状况；③ 预测后续开发经营期；④ 预测开发完成后的价值；⑤ 预测后续必要支出及应得利润；⑥ 进行具体计算,求出待开发房地产的价值。

9.1.2 基本公式

由假设开发法的理论依据可知,其表现形式是成本法的"倒算",最基本的公式如式(9-1)所示。其中,扣除项目也可以被称为是,待开发房地产项目在其建设和销售阶段的"后续必要支出"及"应得利润"。

$$
\begin{aligned}
待开发房地产的价值 = & 开发完成后的房地产价值 \\
& -开发成本-管理费用-投资利息 \\
& -销售费用-开发利润 \\
& -购买待开发房地产的税费
\end{aligned} \quad (9-1)
$$

需要注意的是,对于"后续必要支出"及"应得利润"的计算中,一定要充分体现"后续"发生的原则:由于假设开发是模拟后期开发建设过程的情况及其金额的计算,属于估价对象尚未进行的、将要在"后续"开展的工作。因此,如果是已完成的工作和相应的支出及利润,应已经包含在估价对象的价值内,不应作为扣除项目。例如,在评估包含尚未完成房屋拆迁的土地价值时,这时扣除项目中就应包括房屋拆迁补偿安置费用等;而如果是评估已完成房屋拆迁补偿安置的土地价值,则不应将房屋拆迁补偿安置费用等作为扣除项目,因为它们是已经完成的工作。

因此在应用式(9-1)进行估价时,必须明确待开发房地产在估价时点和开发完成后的房地产状况,以及各种费用的实际发生时点。而各种费用的实际发生时间,与开发经营期密切相关。

开发经营期是指从取得估价对象的日期(即估价时点)开始,到开发经营结束为止的阶段。开发经营期可分为建设期和经营期。其中,建设期的起点与开发经营期的起点相同,终点是开发完成后的房地产竣工之日。对于销售类房地产项目,其经营期也被称为销售期,起始于实际销售开始的时间,终止于全部售出之日。对于预售项目,其销售期的开始时间将早于开发建设的竣工之日,即销售期与建设期有重合。对于运营类的房地产项目,其经营期也被称为销售期,运营期的起点是开发完成后的房地产竣工之日,终点是开发完成后的房地产经济寿命结束之日。开发经营期、建设期、经营期等之间的关系如图9-1所示。

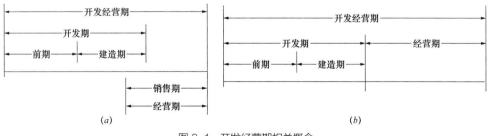

图9-1 开发经营期相关概念

(a)销售(含预售)的情况;(b)出租或营业、自用的情况

9.1.3 各项目的求取

2021年3月11日,北京市规划和自然资源委员会决定在北京市土地交易市场公开挂牌出让北京市昌平区东小口镇马连店一处二类居住用地国有建设用地使用权。其中,建设用地面积为31537.814m^2,总建筑面积为88306m^2,该宗地将以"六通一平"形式供地[①]。某房地产公司H拟摘牌此地块,并进行房地产项目O的开发。

（1）开发经营期

确定开发经营期的方法可采用类似市场法,即根据同一地区、相同类型、同等规模的类似开发项目已有的正常开发经营期来估计。以地块O为例,经过对估价对象周边同类型同规模项目的考查后,公司H确定了为期2年的开发经营期,其中,开发期为1年,经营期为1年,假设所有房屋在经营期末瞬间全部售出。

（2）开发完成后的房地产价值

开发完成后的房地产价值,是指开发完成时的房地产状况的市场价值。该市场价值所对应的日期,通常也是开发完成时的日期,而不是在购买待开发房地产时或开发期间的某个日期。

开发完成后的房地产价值一般通过预测来求取。对于销售的房地产,通常采用市场法,并考虑类似房地产价格的未来变动趋势,采用市场法推测。对出租和营业的房地产,如写字楼、商店、旅馆、餐馆,可以按照8.2.1节介绍的运营期间现金流测算方法进行测算。

以地块O为例,H公司对该地块周边项目的价格（2021年3月）进行了市场调查,选取了3个与其将要开发建设相类似的项目作为可比实例,具体情况如图9-2所示。根据可比实例的平均价格,可以初步预测若在该地块建成同类住房,在2021年3月的售价为52578元/m^2。基于对价格呈持续上涨趋势的预期,预计经过1年的开发建设,开发完成后房地产的预售价格将为63000元/m^2。

（3）开发成本

开发成本的预测,可通过当地同类房地产项目当前开发成本的一般水平推算。以房地产O为例,假设当地同类房地产项目的开发成本为91529.17万元,即10365元/m^2。

（4）管理费

管理费按成本法中的房地产价格构成进行计算,其预测值为开发成本的1%。以房地产O为例,开发成本为91529.17万元,则管理费用的取值为915.29万元,即103.65元/m^2。

（5）销售费用

销售费用按成本法中的房地产价格构成进行计算,其预测值为开发完成后房地产价值的3%。以房地产O为例,预售价格为63000元/m^2,表9-1中销售费用的取值为16689.83万元,即1890元/m^2。

---

① "六通"是指通路、通上水（自来水、中水）、通下水（雨水、污水）、通电、通燃气和通热力；"一平"是指场地自然平整。

图 9-2 地块O的可比实例

房地产O相关费用预测　　　　　　　　　　　　　　表 9-1

项目	计算方法	总价（万元）	单价（元/m²）	发生时点
（1）开发完成后的房地产价值	63000×88306	556327.8	63000	开发经营期末
（2）开发成本	10365×88306	91529.17	10365	开发期均匀分布
（3）管理费用	（2）×1%	915.29	104	开发经营期均匀分布
（4）销售费用	（1）×3%	16689.83	1890	销售期均匀分布
（5）销售税费	（1）×3.36%	18692.61	2117	开发经营期末
（6）开发利润	（1）×7.77%	43226.67	4895	

（6）投资利息

投资利息的计息项目应包括未知的需要求取的待开发房地产价值，以及后续的开发成本、管理费用和销售费用。通常，开发成本、管理费用、销售费用并不集中发生在一个时间点，而是分散在一段时间内（如开发期间或建造期间）不断发生，计息时通常假设其在所发生的时间段内均匀发生，并集中视为期中发生。

（7）销售税费

销售税费按成本法中的房地产价格构成进行计算（7.2节），其预测值为开发完成后房地产价值的3.36%。以房地产O为例，预售价格为63000元/m²，表 9-1中销售税费的取值为18692.61万元，即2117元/m²。

（8）开发利润

开发利润按成本法中的房地产价格构成进行计算（7.2节），其预测值为开发完成后房地产价值的7.77%。以房地产O为例，预售价格为63000元/m²，表9-1中开发利润的取值为43226.67万元，即4895元/m²。

9.1.4 两种计算方法

由于房地产的开发周期一般较长，其土地取得成本以及后续的开发成本、管理费用、销售费用、销售税费、开发完成后的价值等所发生的时间不尽相同，特别是那些大型的房地产开发项目。因此，运用假设开发法估价必须考虑资金的时间价值。

考虑资金的时间价值有以下两种方式：一是采取折现的方式，以下将这种方式下的假设开发法称为现金流量折现法；二是采取计算投资利息的方式，以下将这种方式下的假设开发法称为传统方法。

1. 传统方法

传统方法中，对开发完成后的价值以及后续的开发成本、管理费用、销售费用、销售税费等的测算，主要是根据估价时点（通常为现在）的房地产市场状况作出的，不考虑其发生时间的不同。也就是视其为静止在估价时点的金额，不将它们折算到同一时间上的价值，而是直接相加减。资金的时间价值通过投资利息和开发利润的计算来反映。其中，各项目的计息期以费用实际发生时点为起点；以销售完成之时，即经营期结束为终点。

以房地产O为例，现金流量图如图9-3所示，开发成本、管理费、销售费用、销售税费和开发利润均可按表9-2的结果直接取值。而投资总额为土地成本（$P_{土地}$）、开发成本、管理费用及销售费用的和，投资利息计算如式（9-2）所示。如表9-2所示，土地单价为36546元/m²。

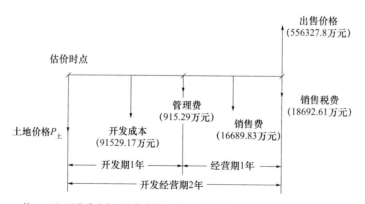

图 9-3 房地产O现金流量图

$$I_n = P_\text{土} \times [(1+7.56\%)^2 - 1] + 91529.17 \times [(1+7.56\%)^{1.5} - 1]$$
$$+ 9152.92 \times [(1+7.56\%) - 1] \quad (9-2)$$
$$+ 16689.83 \times [(1+7.56\%)^{0.5} - 1]$$

传统方法计算房地产 O 的价值　　　　　表 9-2

项目	计算方法	总价（万元）	单价（元/m²）
（1）开发完成后的房地产价值	63000×88306	556327.8	63000
（2）土地成本	待求	$P_\text{土}$	
（3）开发成本	10365×88306	91529.17	10365
（4）管理费用	（3）×1%	915.29	104
（5）销售费用	（1）×3%	16689.83	1890
（6）投资利息	式（9-2）	11887.263+0.157$P_\text{土}$	
（7）销售税费	（1）×3.36%	18692.61	2117
（8）开发利润	（1）×7.77%	43226.67	4895
土地价值（$P_\text{土地}$）	（2）=（1）－（3）－（4）－（5）－（6）－（7）－（8）	322719.93	36546

2．现金流量折现法

现金流量是模拟房地产开发过程，预测它们未来发生的时间以及在未来发生时的金额。即首先将各项收入、支出折算到同一时间上（直接或最终折算到估价时点上），然后再相加减。由于资金的时间价值已经通过折现考虑，故在应用现金流量折现法的时候，不考虑投资利息和开发利润。此时，折现率的概念与报酬资本化法中的报酬率的性质和求取方法相同，具体应等同于同一市场上类似房地产开发项目所要求的平均报酬率，它体现了资金的利率和开发利润率两部分。

以房地产 O 为例，当折现率取 12% 时，采用现金流量折现法的计算过程如表 9-3 所示，则土地单价为 37053 元/m²。

现金流量折现法计算房地产 O 的价值　　　　　表 9-3

项目	计算方法	总价（万元）	单价（元/m²）
（1）开发完成后的房地产价值	$556327.8 \times \dfrac{1}{(1+12\%)^2}$	443501.12	50223
（2）开发成本	$91529.17 \times \dfrac{1}{(1+12\%)^{0.5}}$	86486.94	9794
（3）管理费用	$915.29 \times \dfrac{1}{1+12\%}$	817.22	93
（4）销售费用	$16689.83 \times \dfrac{1}{(1+12\%)^{1.5}}$	14080.72	1595
（5）销售税费	$18692.61 \times \dfrac{1}{(1+12\%)^2}$	14901.64	1688
土地价值（$P_\text{土地}$）	（1）－（2）－（3）－（4）－（5）	327214.59	37053

从理论上讲，现金流量折现法测算出的结果比较精确，但测算过程较为复杂；传统方法测算出的结果比较粗略，但测算过程相对简单一些。就现金流量折现法而言，其精确程度取决于以下三点：① 后续开发经营期究竟多长要预测准确；② 各项收入、支出在何时发生要预测准确；③ 各项收入、支出发生的金额要预测准确。在实际估价中，应尽量采用现金流量折现法；在难以采用现金流量折现法的情况下，可以采用传统方法。

[例9-1] 某旧厂房的建筑面积为6000m², 占地面积为4000m²。随着旧城改造的逐步推进，根据其所在地点和周围环境，厂房所有人欲将其装修改造成商城并出售，并可获得政府批准。资料显示，该厂房于2010年取得40年期的工业用地土地使用权，政府批准其在补交一定土地使用权出让金后，可将土地使用权从40年期的工业用地变更为50年期的商业用地。该地段商业用地的基准地价为2000元/m²；预计装修改造期为1年，装修改造费为每平方米建筑面积1200元，管理费费率为1%，改造费和管理费均匀投入；装修改造完成后即可全部出售，售价为每平方米建筑面积5000元；销售费用和销售税费为售价的9%；购买该旧厂房买方需要缴纳税费为其价格的5%，行业平均利润率为7.77%。试利用上述资料，测算该旧厂房的正常购买总价和单价（折现率为10%，贷款利率为4%）。分别用两种方法计算。

[解] 题目现金流量图如图9-4所示。

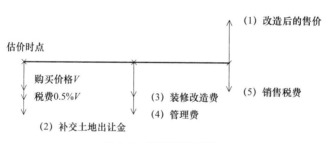

图9-4 题目现金流量图

方法一：现金流量法

（1）装修改造后的房地产价值：$\dfrac{6000 \times 5000}{1+10\%} = 2727.27$万元

（2）补交土地出让金：$2000 \times 4000 = 800$万元

（3）装修改造总费用：$\dfrac{1200 \times 6000}{(1+10\%)^{0.5}} = 686.49$万元

（4）管理费用：$\dfrac{1200 \times 6000 \times 0.01}{(1+10\%)^{0.5}} = 6.86$万元

（5）销售费用和税费：$\dfrac{6000 \times 5000 \times 9\%}{1+10\%} = 245.45$万元

（6）买方负担税费：$V \times 5\%$

（7）改造后的房地产价值＝购买价格＋补交土地出让金＋装修改造费用＋管

理费用＋销售费用和税费＋房地产交易税费

购买价格＝改造后的房地产价值－补交土地出让金－装修改造费用
－管理费用－销售费用和税费－房地产交易税费

购买旧厂房总价：
$$V=2727.27-800-686.49-6.86-245.45-V\times 5\%$$
$$V=941.4万元$$

购买旧厂房单价：$941.4/0.6=1569元/m^2$

方法二：传统方法

（1）装饰改造后的房地产价值：$6000\times 5000=3000万元$

（2）补交土地出让金：$2000\times 4000=800万元$

（3）装修改造总费用：$1200\times 6000=720万元$

（4）管理费用：$1200\times 6000\times 1\%=7.2万元$

（5）销售费用和税费：$6000\times 5000\times 9\%=270万元$

（6）利息：
$$1200\times[(1+4.35\%)-1]+(1+5\%)V\times[(1+4.35\%)-1]+(720+7.2)\times[(1+4.35\%)^{0.5}-1]=67.848+0.046V$$

（7）利润：$6000\times 5000\times 7.77\%=233.1万元$

（8）改造后的房地产价值＝购买价格V＋房地产交易税费＋补交土地出让金＋装修改造费用＋管理费用＋销售税费＋利息＋利润

$3000=(1+5\%)V+800+720+7.2+270+67.848+0.046V+233.1$

（9）购买旧厂房总价：$V=822.86万元$

购买旧厂房单价：$822.86/0.6=1371.43元/m^2$

9.2 长期趋势法

本章介绍长期趋势法的含义、理论依据、适用的估价对象、估价需要具备的条件、估价的操作步骤、几种主要长期趋势法的内容以及长期趋势法的主要作用。

9.2.1 基本原理

长期趋势法是运用预测科学的有关理论和方法，特别是时间序列分析和回归分析，来推测、判断房地产未来价格的方法。简要地说，预测就是由已知推测未知，由过去和现在推测未来。

房地产价格通常波动，在短期内难以看出其变动规律和发展趋势，但从长期来看，会呈现出一定的变动规律和发展趋势。因此，当需要评估（通常是预测）某宗（或某类）房地产的价格时，可以搜集该宗（或该类）房地产过去至现在较长一段时期的历史价格资料，并按照时间的先后顺序将这些历史价格编排成时间序列,从而找出该宗(或该类)房地产的价格随着时间的变化而变动的过程、方向、程度和趋势,然后进行外延或类推,这样就可以作出对该宗(或该类)房地产的价格在估价时点(通常为未来)比较肯定的推测和科学的判断,即评估(预测)出了该宗(或该类)房地产的价格。

9.2.2 适用对象和条件

长期趋势法是根据房地产价格在过去至现在较长时期内形成的变动规律作出判断,借助历史统计资料和现实调查资料来推测未来,通过对这些资料的统计、分析得出一定的变动规律,并假定其过去形成的趋势在未来继续存在。因此,长期趋势法适用的估价对象是价格无明显季节波动的房地产,估价需要具备的条件是拥有估价对象或类似房地产过去至现在较长时期的历史价格资料,并且要求所拥有的历史价格资料真实、可靠。拥有越长时期、越真实的历史价格资料,作出的推测、判断就会越准确、可信,因为长期趋势可以消除房地产价格的短期波动和意外变动等不规则变动。

长期趋势法主要用于推测、判断房地产的未来价格,例如用于假设开发法中预测开发完成后的房地产价值,此外还可用于其他作用,例如:① 用于收益法中预测未来的租金、经营收入、运营费用、空置率、净收益等;② 用于市场法中对可比实例的成交价格进行市场状况调整;③ 用来比较、分析两宗(或两类)以上房地产价格的发展趋势或潜力;④ 用来填补某些房地产历史价格资料的缺乏。

拿比较、分析两宗(或两类)以上房地产价格的发展趋势或潜力来说,利用长期趋势法制作的房地产价格长期趋势图,如图 9-5 所示,可以比较、分析两宗(或两类)房地产价格上涨(或下降)的强弱程度或发展潜力,为房地产投资决策等提供参考依据。

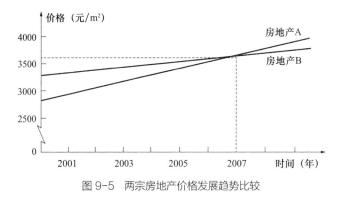

图 9-5 两宗房地产价格发展趋势比较

长期趋势线越陡,则表明房地产价格的上涨(或下降)趋势越强;反之,则表明房地产价格的上涨(或下降)趋势越弱。在图 9-5 中,从 2000~2007 年这段时间来看,房地产 B 的价格高于房地产 A 的价格;到了 2007 年,两者的价格水平达到一致;而 2007 年以后,房地产 A 的价格超过了房地产 B 的价格。由此可以得出以下结论：房地产价格上涨（或下降）趋势的强弱，与房地产目前的价格高低无关。目前价格高的房地产，其价格上涨趋势可能较缓慢，而价格低的房地产，其价格上涨趋势可能较强劲。例如，城乡接合部的房地产价格，由于交通、环境的改善，公共配套设施的完善，通常比已发展成熟的城市中心区的房地产价格上涨得快。但也不排除，价格高的房地产可能由于外来投资增加等需求的拉动，而具有更强劲的上涨趋势。

9.2.3 操作步骤及主要方法

运用长期趋势估价一般分为下列四个步骤：① 搜集估价对象或类似房地产的历史价格资料，并进行检查、鉴别，以保证其真实、可靠；② 整理上述搜集到的历史价格资料，将其化为同一标准（如为单价，土地还有楼面地价。化为同一标准的方法与市场法中"建立比较基准"的方法相同），并按照时间的先后顺序将它们编排成时间序列，画出时间序列图；③ 观察、分析这个时间序列，根据其特征选择适当、具体的长期趋势法，找出估价对象的价格随着时间的变化而出现的变动规律，得出一定的模式（或数学模型）；④ 以此模式去推测、判断估价对象在估价时点的价格。

长期趋势法主要有数学曲线拟合法、平均增减量法、平均发展速度法、移动平均法和指数修匀法。下面分别进行简要介绍。

1. 数学曲线拟合法

数学曲线拟合法主要有直线趋势法、指数曲线趋势法和二次抛物线趋势法。这里仅介绍其中最简单、最常用的直线趋势法。

运用直线趋势法估价，估价对象或类似房地产历史价格的时间序列散点图，应表现出明显的直线趋势。在这种条件下，如果以 Y 表示各期的房地产价格，X 表示时间，则 X 为自变量，Y 为因变量，Y 依 X 而变。因此，房地产价格与时间的关系如式（9-3）所示：

$$Y = a + bX \tag{9-3}$$

在式（9-3）中，a、b 为未知参数，如果确定了它们的值，直线的位置也就确定了。a、b 值通常采用最小二乘法确定。根据最小二乘法求得的 a、b 值分别如式（9-4）和式（9-5）所示：

$$a = \frac{\sum Y - b \sum X}{n}$$
$$b = \frac{n \sum XY - \sum X \sum Y}{n \sum X^2 - (\sum X)^2} \tag{9-4}$$

当 $\sum X = 0$ 时，

$$a = \frac{\sum Y}{n}$$
$$b = \frac{\sum XY}{\sum X^2} \tag{9-5}$$

在式（9-5）中，n 为时间序列的项数；$\sum X$，$\sum X^2$，$\sum Y$，$\sum XY$ 的值可以从时间序列的实际值中求得。在手工计算的情况下，为了减少计算的工作量，可以使 $\sum X=0$。其方法是：当时间序列的项数为奇数时，设中间项的 $X=0$，中间项之前的项依次设为 -1，-2，-3，$\cdots$，中间项之后的项依次设为 1，2，3，$\cdots$；当时间序列的项数为偶数时，以中间两项相对称，前者依次设为 -1，-3，-5，$\cdots$，后者依次设为 1，3，5，$\cdots$。

[例 9-2] 某城市某类商品房 2011～2019 年的价格见表 9-4 第 3 列。试利用最小二乘法拟合一直线趋势方程，并用该方程预测城市该类商品房 2020 年和 2021 年的价格。

[解] 令 $\sum X=0$。已知 $n=9$ 为奇数，故设中间项的 $X=0$，则 X 的值见表 9-4 第 2 列。

计算 $\sum Y$，XY，$\sum XY$，X^2 和 $\sum X^2$ 的值分别见表 9-4 第 3、4、5 列。

求取 a，b 如下：

$$a=\frac{\sum Y}{n}=\frac{31700}{9}=3522.22$$

$$b=\frac{\sum XY}{\sum X^2}=\frac{23100}{60}=385.00$$

因此，描述该类商品房价格变动长期趋势线的方程为：

$$Y=a+bX=3522.22+385.00X$$

根据该方程计算的 2011～2019 年该类商品房价格的趋势值见表 9-4 第 6 列。

某城市某类商品房 2011～2019 年的价格（元/m²）　　　表 9-4

年份	时间 X	商品房价格 Y	XY	X^2	趋势值（$a+bX$）
2011	（1）-4	2200	-8800	16	1982.22
2012	（2）-3	2400	-7200	9	2367.22
2013	（3）-2	2700	-5400	4	2752.22
2014	（4）-1	3000	-3000	1	3137.22
2015	（5）0	3400	0	0	3522.22
2016	（6）1	3800	3800	1	3907.22
2017	（7）2	4200	8400	4	4292.22
2018	（8）3	4700	14100	9	4677.22
2019	（9）4	5300	21200	16	5062.22
总计	0	31700	23100	60	

预测该城市该商品房 2020 年的价格为：

$$Y=3522.22+385.00X=3522.22+385.00\times5=5447.22 元/m^2$$

预测该城市该类商品房2021年的价格为：
$$Y = 3522.22 + 385.00X = 3522.22 + 385.00 \times 6 = 5832.22 元/m^2$$

2．平均增减量法

当房地产价格时间序列的逐期增减量大致相同时，可以采用更简便的平均增减量法进行预测。计算公式如式（9-6）所示：

$$V_i = P_0 + d \times i$$
$$d = \frac{(P_1 - P_0) + (P_2 - P_1) + \cdots + (P_i - P_{i-1}) + \cdots + (P_n - P_{n-1})}{n} = \frac{P_n - P_0}{n} \quad (9-6)$$

式中　V_i——第i期（可为年、半年、季、月等，下同）房地产价格的趋势值；

　　　i——时期序数，$i = 1, 2, \cdots, n$；

　　　P_0——基期房地产价格的实际值；

　　　d——逐期增减量的平均数；

　　　P_i——第i期房地产价格的实际值。

[例9-3] 需要预测某宗房地产2020年、2021年的价格。通过市场调研，获得该类房地产2015~2019年的价格并计算其逐年上涨额，见表9-5第2、第3列。

某类房地产 2015 ~ 2019 年的价格（元/m²）　　　表 9-5

年份	房地产价格的实际值	逐年上涨额	房地产价格的趋势值
2015	6810		
2016	7130	320	7145
2017	7460	330	7480
2018	7810	350	7810
2019	8150	340	8150

[解] 从表9-5可知该类房地产2015~2019年价格的逐年上涨额大致相同。因此，可以计算其逐年上涨额的平均数，并用该逐年上涨额的平均数推算各年价格的趋势值。

该类房地产价格逐年上涨额的平均数计算如下：

$$d = \frac{(P_1 - P_0) + (P_2 - P_1) + \cdots + (P_i - P_{i-1}) + \cdots + (P_n - P_{n-1})}{n}$$

$$= \frac{320 + 330 + 350 + 340}{4}$$

$$= 335 元/m^2$$

据此预测该宗房地产2020年的价格为：
$$V_5 = P_0 + d \times i = 6810 + 335 \times 5 = 8485 元/m^2$$

预测该宗房地产2021年的价格为：

$$V_6 = P_0 + d \times i = 6810 + 335 \times 6 = 8820 元/m^2$$

[**例9-3**] 采用逐年上涨额的平均数计算的趋势值（见表9-5第4列），基本都接近于实际值。但需要注意的是，如果逐期上涨额时起时伏，很不均匀，也就是说时间序列的变动幅度较大，则计算出的趋势值与实际值的偏离也随之增大，这意味着运用这种方法预测的房地产价格的准确性随之降低。

运用平均增减量法进行预测的条件是，房地产价格的变动过程是持续上升或下降的，并且各期上升或下降的数额大致接近，否则就不适宜采用这种方法。

由于越接近估价时点的增减量对估价越重要，所以如果能用不同的权重对过去各期的增减量予以加权后再计算其平均增减量，就更能使评估价值接近或符合实际。至于在估价时究竟应采用哪种权重予以加权，一般需要根据房地产价格的变动过程和趋势以及房地产估价师的估价经验来判断确定。对于[例9-3]的逐年上涨额，可以选用表9-6的各种不同权重予以加权。表9-6的权重是根据一般管理进行假设的。

不同权重　　　　　　　　　　　　　　　　表9-6

年份	第一种权重	第二种权重	第三种权重
2016	0.1	0.1	0.1
2017	0.2	0.2	0.1
2018	0.3	0.2	0.2
2019	0.4	0.5	0.6

[**例9-3**]的逐年上涨额如果采用表9-6的第二种权重予以加权，则其逐年上涨额的加权平均数为：

$$d = 320 \times 0.1 + 330 \times 0.2 + 350 \times 0.2 + 340 \times 0.5 = 338 元/m^2$$

采用这个逐年上涨额的加权平均数预测该宗房地产2020年的价格为：

$$V_5 = P_0 + d \times i = 6810 + 338 \times 5 = 8500 元/m^2$$

3. 平均发展速度法

当房地产价格时间序列的逐期发展速度大致相同时，就可以计算其逐期发展速度的平均数，即平均发展速度，采用该平均发展速度进行预测。计算过程如式（9-7）所示：

$$V_i = P_0 \times t^i$$

$$t = \sqrt[n]{\frac{P_1}{P_0} \times \frac{P_2}{P_1} \times \cdots \times \frac{P_i}{P_{i-1}} \times \cdots \times \frac{P_n}{P_{n-1}}} = \sqrt[n]{\frac{P_n}{P_0}} \quad (9-7)$$

式中　t——平均发展速度。

[**例9-4**] 需要预测某宗房地产2020年、2021年的价格。通过市场调研，获得该类房地产2015～2019年的价格并计算其逐年上涨速度见表9-7第2、第3列。

某类房地产 2015～2019 年的价格（元/m²） 表 9-7

年份	房地产价格的实际值	逐年上涨速度（%）	房地产价格的趋势值
2015	5600		
2016	6750	20.5	6780
2017	8200	21.5	8200
2018	9850	20.1	9920
2019	12000	21.8	12000

[解] 从表 9-7 可知该类房地产 2015～2019 年价格的逐年上涨速度大致相同，因此可以计算其平均上涨速度，并用其推算各年价格的趋势值。

该类房地产价格平均发展速度计算如下：

$$t = \sqrt[4]{\frac{12000}{5600}} = 1.21$$

即平均每年上涨 21%。据此预测该宗房地产 2020 年的价格为：

$$V_i = P_0 \times t^i = 5600 \times 1.21^5 = 14521 元/m^2$$

预测该宗房地产 2021 年的价格为：

$$V_i = P_0 \times t^i = 5600 \times 1.21^6 = 17580 元/m^2$$

运用平均发展速度法进行预测的条件是，房地产价格的变动过程是持续上升或下降的，并且各期上升或下降的幅度大致接近，否则就不适宜采用这种方法。

与平均增减量法类似，由于越接近估价时点的发展速度对估价越重要，所以如果能用不同的权重对过去各期的发展速度予以加权后再计算其平均发展速度，就更能使评估价值接近或符合实际。至于在估价时究竟应采用哪种权重予以加权，一般需要根据房地产价格的变动过程和趋势以及房地产估价师的估价经验来判断确定。

4．移动平均法

移动平均法是对原有价格按照时间序列进行修匀，即采用逐项递移的方法分别计算一系列移动的时序价格平均数，形成一个新的派生平均价格的时间序列，借以消除价格短期波动的影响，显现出价格变动的基本发展趋势。在运用移动平均法时，一般应按照房地产价格变化的周期长度进行移动平均。在实际运用中，移动平均法有简单移动平均法和加权移动平均法之分。

（1）简单移动平均法

某房地产 2019 年 1～12 月的价格见表 9-8 第 2 列。由于各月份的价格受某些不确定因素的影响，时高时低，变动较大，如果不予以分析，则不易显现其发展趋势。如果把若干个月的价格加起来计算其移动平均数，建立一个移动平均数时间序列，就可以从平滑的发展趋势中明显地看出其发展变动的方向和程度，进而可以预测未来的价格。

某房地产 2019 年 1～12 月的价格（元/m²）　　　　表 9-8

月份	房地产价格的实际值	每5个月的移动平均数	移动平均数的逐月上涨额
1	6700		
2	6800		
3	6900	6840	
4	6800	6940	100
5	7000	7040	100
6	7200	7140	100
7	7300	7260	120
8	7400	7380	120
9	7400	7500	120
10	7600	7620	120
11	7800		
12	7900		

在计算移动平均数时，每次应采用几个月来计算，需要根据时间序列的序数和变动周期来确定。如果序数多、变动周期长，可以采用每6个月甚至每12个月来计算；反之，则可以采用每2个月或每5个月来计算。对于上述房地产价格，采用每5个月的实际值计算其移动平均数。具体的计算方法是：把1～5月的价格加起来除以5得6840元/m²，把2～6月的价格加起来除以5得6940元/m²，把3～7月的价格加起来除以5得7040元/m²，依此类推，计算结果见表9-9第3列。然后根据每5个月的移动平均数计算其逐月上涨额，计算结果见表9-9第4列。

如果需要预测该类房地产2020年1月的价格，则计算方法如下：由于最后一个移动平均数7620对应的时间是2019年10月，与2020年1月相差3个月，所以预测该类房地产2020年1月的价格为：7620+120×3=7980元/m²。

（2）加权移动平均法

加权移动平均法是将估价时点之前每若干时期的房地产价格实际值经过加权之后，再采用类似于简单移动平均法的方法进行趋势估计。需要对房地产价格的实际值进行加权的理由，与在前面平均增减量法和平均发展速度法中所讲的相同。

5．指数修匀法

指数修匀法是以本期的实际值和本期的预测值为依据，经过修匀后得出下一期预测值的一种预测方法。

设：P_i 为第 i 期的实际值；V_i 为第 i 期的预测值；V_{i+1} 为第 $i+1$ 期的预测值；a 为修匀常数，$0 \leqslant a \leqslant 1$。则运用指数修匀法进行预测如式（9-8）所示：

$$V_{i+1}=V_i+a(P_i-V_i)=aP_i+(1-a)V_i \tag{9-8}$$

运用指数修匀法进行预测的关键，是确定 a 的值。一般认为 a 的值可以通过试算确定。例如，对于同一个预测对象用0.3，0.5，0.7，0.9进行试算，用哪个 a 值修正的预测值与实际值的绝对误差最小，就选用这个a值来修正最合适。

9.3 地价评估

地价评估是房地产估价的重要部分，地租理论（4.1.2节）是地价评估的基础理论。地价评估除了可直接采用前面介绍的市场法、收益法、成本法、假设开发法，还有一些独特的方法。本章接下来将介绍这些独特的方法，包括专门适用于城镇街道两侧商业用地估价的路线价法，有中国特色的城镇基准地价评估和基准地价修正法。

9.3.1 路线价法

1．基本概念

城镇街道两侧的商业用地，如图 9-6 所示，即使它们的位置相邻、形状相同、面积相等，但由于临街状况不同，例如，长方形土地是长的一边临街还是短的一边临街，梯形土地是宽的一边临街还是窄的一边临街，三角形土地是一边临街还是一顶点临街，以及是一面临街还是前后两面临街、街角地等，价值会有所不同，而且差异可能很大。人们凭直觉一般就可作出以下判断：在图 9-6（a）中，地块A的价值大于地块B的价值；在图 9-6（b）中，地块C的价值大于地块D的价值；在图 9-6（c）中，地块E的价值大于地块F的价值；在图 9-6（d）中，地块G的价值大于地块H的价值。如果需要同时、快速地评估出城镇街道两侧所有商业用地的价值，则可以采用路线价法。

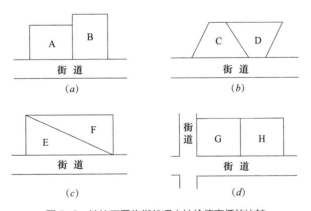

图 9-6 地块不同临街状况土地价值高低的比较

路线价法是在特定街道上设定标准临街深度，从中选取若干标准临街宗地求其平均价格，将此平均价格称为路线价，然后利用临街深度价格修正率或其他价格修正率来求取该街道其他临街土地价值的方法。

2．理论依据

路线价法实质上是一种市场法，是市场法的派生方法，其理论依据与市场法相同，是房地产价格形成的替代原理。

在路线价法中，"标准临街宗地"可视为市场法中的"可比实例"；"路线价"是若干"标准临街宗地"的平均价格，可视为市场法中经过交易情况修正、市场状况调整后的"可比实例价格"；该街道其他临街土地的价值，是以路线价为基准，考虑该土地的临街深度、形状（如矩形、三角形、平行四边形、梯形、不规则形）、临街状况、临街宽度等，进行适当调整求得。这些调整，可视为"房地产状况调整"。

路线价法与一般的市场法主要有以下三点不同：① 不作"交易情况修正"和"市场状况调整"。② 先对多个"可比实例价格"进行有关修正、调整，然后再进行综合。③ 利用相同的"可比实例价格"——路线价，同时评估出许多"估价对象"——该街道其他临街土地的价值，而不是仅评估出一个"估价对象"的价值。

路线价法中不作"交易情况修正"和"市场状况调整"的原因是：① 求得的路线价——若干标准临街宗地的平均价格，已是正常价格；② 求得的路线价所对应的日期，与欲求取的其他临街土地价值的日期一致，都是估价时点时的。即"交易情况修正"和"市场状况调整"已提前在求取路线价过程中进行了。

3. 适用条件

路线价法主要适用于城镇街道两侧商业用地的估价。

一般的房地产估价方法主要适用于单宗土地的估价，而且需要花费较长的时间。路线价法则被认为是一种快速、相对公平合理，能节省人力、财力，可以同时对许多宗土地进行估价的方法——批量估价（Mass Appraisal），特别适用于房地产税收、市地重划（城镇土地整理）、房地产征收补偿或者其他需要在大范围内同时对许多宗土地进行估价的情形。

运用路线价法估价的前提条件是街道较规整，两侧临街土地的排列较整齐。

4. 操作步骤

运用路线价法估价一般分为以下六个步骤：

（1）划分路线价区段

路线价区段是沿着街道两侧带状分布的。一个路线价区段是指具有同一个路线价的地段。因此，在划分路线价区段时，应将可及性相当、地块相连的土地划为同一个路线价区段。两个路线价区段的分界线，原则上是地价有显著差异的地点，一般是从十字路或丁字路中心处划分，两个路口之间的地段为一个路线价区段。但较长的繁华街道，有时要将两个路口之间的地段划分为两个以上的路线价区段，分别附设不同的路线价。而某些不很繁华的街道，同一个路线价区段可延长至数个路口。另外，同一条街道两侧的繁华程度、地价水平有显著差异的，应以街道中心为分界线，将该街道两侧视为不同的路线价区段，分别附设不同的路线价。

（2）设定标准临街深度

标准临街深度通常简称为标准深度，从理论上讲，是街道对地价影响的转折点：由此接近街道的方向，地价受街道的影响而逐渐升高；由此远离街道的方向，地价可视为基本不变。但在实际估价中，设定的标准临街深度通常是路线价区段内各宗临街土地的临街深度的众数。例如，某个路线价区段内临街土地的临街深度大多为18m，则标准临街深度应设定为18m；如果临街深度普遍为25m，则标准临街深度应设定为25m。

以各宗临街土地的临街深度的众数作为标准临街深度，可以简化以后各宗土地价值的计算。如果不以各宗临街土地的临街深度的众数为标准临街深度，由此制作的临街深度价格修正率将使以后多数土地价值的计算都要用临街深度价格修正率修正。这不仅会增加计算的工作量，还会使所求得的路线价失去代表性。

（3）选取标准临街宗地

标准临街宗地通常简称标准宗地，是路线价区段内具有代表性的宗地。选取标准临街宗地的具体要求是：① 一面临街；② 土地形状为矩形；③ 临街深度为标准临街深度；④ 临街宽度为标准临街宽度（通常简称标准宽度，可为同一路线价区段内临街各宗土地的临街宽度的众数）；⑤ 临街宽度与临街深度的比例（简称"宽深比"）适当；⑥ 用途为所在路线价区段具有代表性的用途；⑦ 容积率为所在路线价区段具有代表性的容积率（可为同一路线价区段内临街各宗土地的容积率的众数）；⑧ 其他方面，如土地使用期限、土地条件等也应具有代表性。

（4）调查评估路线价

路线价是附设在街道上的若干标准临街宗地的平均价格。通常，在同一路线价区段内选取一定数量的标准临街宗地，运用收益法（通常是其中的土地剩余技术）、市场法等，分别求取它们的单价或楼面地价；然后，求取这些单价或楼面地价的简单算术平均数或加权算术平均数、中位数、众数，即得该路线价区段的路线价。

路线价通常为土地单价，也可为楼面地价；可用货币表示，也可用相对数表示，例如用点数表示，将一个城市中路线价最高的路线价区段以1000点表示，其他路线价区段的点数依此确定。用货币表示的路线价较容易理解，直观性强，便于土地交易时参考。用点数表示的路线价便于测算，可以避免由于币值发生变动而引起的麻烦。下面以土地单价、货币表示路线价的情形，进一步介绍路线价法。

（5）制作价格修正率表

价格修正率表有临街深度价格修正率表和其他价格修正率表。临街深度价格修正率表通常简称深度价格修正率表，也称为深度百分率表、深度指数表，是基于临街深度价格递减率制作出来的。

一宗临街土地中各个部分的价值随着其远离街道而有递减的现象，因其距离街道越远，可及性越差，价值也就越小。假设把一宗临街土地划分为许多与街道平行的细条，由于越接近街道的细条利用价值越大，越远离街道的细条利用价值越小，则接近街道的细条的价值大于远离街道的细条的价值。

如图9-7（a）所示，有一宗临街深度为nm的矩形土地，假设以某个单位（在此为1m）将其划分为许多与街道平行的细条。可知各细条的形状和面积是相同的，并且越接近街道的细条价值越大。如果从临街方向起按顺序以a_1，a_2，a_3，…，a_{n-1}，a_n来表示各细条的价值，则有$a_1>a_2$，$a_2>a_3$，…，$a_{n-1}>a_n$。另外，虽然都为1m之差，但a_1与a_2之差最大，a_2与a_3之差次之，之后逐渐缩小，至a_{n-1}与a_n之差可视为接近于零。如果把总价转化为单价的形式，因为各细条的面积相同，所以各细条单价的变化也遵从相同的规律。但是不同城镇、同一城镇的不同路线价区段，土地价值随临街深度变化的程度是不完全相同的，表现为图9-7（b）中曲线的位置及弯曲程度不同。弯曲程度越大，表明土地价值对临街深度的变化越敏感；弯曲程度越小，表明土地价值对临街深度的变化越不敏感。如果将各细条的价值折算为相对数，便可以得到临街深度价格递减率。

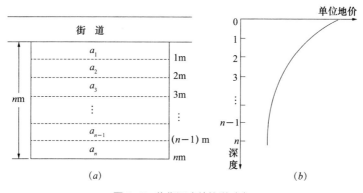

图9-7　临街深度价格递减率

最简单且最容易理解的一种临街深度价格递减率是"四三二一法则"（Four-three-two-one Rule）。该法则是将临街深度100ft的临街土地，划分为与街道平行的四等分，如图9-8所示。各等分由于距离街道的远近不同，价值有所不同。从街道方向算起，第一个25ft等分的价值占整块土地价值的40%，第二个25ft等分的价值占整块土地价值的30%，第三个25ft等分的价值占整块土地价值的20%，第四个25ft等分的价值占整块土地价值的10%。

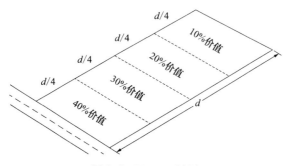

图9-8　四三二一法则

如果超过100ft，则以"九八七六法则"来补充，即超过100ft的第一、二、三、四个25ft等分的价值，分别为临街深度100ft土地价值的9%、8%、7%、6%。

[例9-5] 某块临街深度30.48m（即100ft）、临街宽度25m的矩形土地，总价为914.4万元。试根据四三二一法则，计算其相邻的临街深度22.86m（即75ft）、临街宽度25m的矩形土地的总价。

[解] 该相邻临街土地的总价计算如下：

$$914.4 \times (40\% + 30\% + 20\%) = 822.96 万元$$

[例9-6] 若标准宗地临街深度为16m，临街宽度为25m的矩形土地，总价为480万元。计算临街深度为20m，临街宽度为25m的矩形土地的总价。

[解] 如题标准宗地的深度为16m，$d/4$的深度即4m，20m处已超过四三二一法则，需要以"九八七六法则"来补充。

该相邻临街土地的总价计算如下：

$$480 \times (40\% + 30\% + 20\% + 10\% + 9\%) = 523.2 万元$$

临街深度价格修正率有单独深度价格修正率（即临街深度价格递减率）、累计深度价格修正率和平均深度价格修正率三种。在图9-7（a）中，假设a_1, a_2, a_3, …, a_{n-1}, a_n 也分别表示各细条的价值占整块土地价值的比率，则单独深度价格修正率的关系如式（9-9）所示：

$$a_1 > a_2 > a_3 >, \cdots, > a_{n-1} > a_n \tag{9-9}$$

累计深度价格修正率的关系如式（9-10）所示：

$$a_1 < a_1 + a_2 < a_1 + a_2 + a_3 <, \cdots, < a_1 + a_2 + a_3 +, \cdots, a_{n-1} + a_n \tag{9-10}$$

平均深度价格修正率的关系如式（9-11）所示：

$$a_1 > \frac{a_1 + a_2}{2} > \frac{a_1 + a_2 + a_3}{3} >, \cdots, > \frac{a_1 + a_2 + a_3 +, \cdots, a_{n-1} + a_n}{n} \tag{9-11}$$

以四三二一法则为例，单独深度价格修正率为：

$$40\% > 30\% > 20\% > 10\% > 9\% > 8\% > 7\% > 6\%$$

累计深度价格修正率为：

$$40\% < 70\% < 90\% < 100\% < 109\% < 117\% < 124\% < 130\%$$

平均深度价格修正率为：

$$40\% > 35\% > 30\% > 25\% > 21.8\% > 19.5\% > 17.7\% > 16.25\%$$

为简明起见，将上述临街深度价格修正率用表格反映即为临街深度修正率表，见表9-9。该表中的平均深度价格修正率是将上述临街深度100ft的平均深度价格修正率25%乘以4转换为100%，同时为保持与其他数字的相对关系不变，其他数字也相应乘以4。这也是利用平均深度价格修正率修正单价的需要。平均深度价格修正率与累计深度价格修正率的关系还可式（9-12）表示：

$$平均深度价格修正率 = 累计深度价格修正率 \times \frac{标准临街深度}{所给临街深度} \tag{9-12}$$

临街深度价格修正率表　　　　　　　　　　　　表 9-9

临街深度（ft）	25	50	75	100	125	150	175	200
四三二一法则（%）	40	30	20	10	9	8	7	6
单独深度价格修正率（%）	40	30	20	10	9	8	7	6
累计深度价格修正率（%）	40	70	90	100	109	117	124	130
平均深度价格修正率（%）	160	140	120	100	87.2	78.0	70.8	65.0
	40	35	30	25	21.8	19.5	17.7	16.25

制作临街深度价格修正率的要领是：① 设定标准临街深度；② 将标准临街深度分为若干份；③ 制定单独深度价格修正率，或将单独深度价格修正率转换为累计深度修正率或平均深度价格修正率，并用表格反映。

计算三角形等形状的土地价值，还需要制作相应的价格修正率表。

（6）计算临街土地的价值

运用路线价法计算临街土地的价值，需要弄清路线价和临街深度价格修正率的含义、标准临街宗地的条件，并结合需要计算价值的临街土地形状和临街状况。其中，就路线价与临街深度价格修正率两者的相对关系来说，路线价的含义不同，就应采用不同的临街深度价格修正率。采用不同类型的临街深度价格修正率，路线价法的计算公式也会有所不同。下面先以一面临街矩形土地的情形来说明这个问题。

1）当以标准临街宗地的总价作为路线价时，应采用累计深度价格修正率（即：∑单独深度价格修正率）。其中，如果估价对象土地的临街宽度（以下简称临街宽度）与标准临街宗地的临街宽度（以下简称标准宽度）相同，并将估价对象土地的临街深度简称临街深度，则计算公式如式（9-13）所示：

$$V(总价) = 标准临街宗地总价 \times \sum 单独深度价格修正率$$

$$V(单价) = \frac{标准临街宗地总价 \times \sum 单独深度价格修正率}{估价对象土地面积}$$

$$= \frac{标准临街宗地总价 \times \sum 单独深度价格修正率}{临街宽度 \times 临街深度} \quad (9-13)$$

如果临街宽度与标准宽度不相同，则计算公式如式（9-14）所示：

$$V(总价) = \frac{标准临街宗地总价 \times \sum 单独深度价格修正率}{标准宽度 \times 标准深度} \times 估价对象土地面积$$

$$= 标准临街宗地总价 \times \sum 单独深度价格修正率 \times \frac{临街宽度}{标准宽度}$$

$$V(单价) = \frac{V(总价)}{估价对象土地面积}$$

$$= \frac{标准临街宗地总价 \times \sum 单独深度价格修正率}{标准宽度 \times 临街深度} \quad (9-14)$$

2)当以单位宽度标准临街宗地(如临街宽度1ft、临街深度100ft)的总价作为路线价时,也应采用累计深度价格修正率,计算公式如式(9-15)所示:

$$V(总价) = 路线价 \times \sum 单独深度价格修正率 \times 临街宽度$$

$$V(单价) = \frac{V(总价)}{估价对象土地面积}$$

$$= \frac{路线价 \times \sum 单独深度价格修正率}{临街深度}$$

(9-15)

3)当以标准临街宗地的单价作为路线价时,应采用平均深度价格修正率,计算公式如式(9-16)所示:

$$V(单价) = 路线价 \times 平均深度价格修正率$$
$$V(总价) = 路线价 \times 平均深度价格修正率 \times 临街宽度 \times 临街深度$$

(9-16)

如果土地的形状和临街状况有特殊者,例如土地形状不是矩形,临街状况不是一面临街而是前后两面临街、街角地等,则在上述公式计算价值的基础上,还要作加价或减价调整。以标准宗地的单价作为路线价的情况为例,计算公式如式(9-17)所示:

$$V(单价) = 路线价 \times 平均深度价格修正率 \times 其他价格修正率$$
$$V(总价) = 路线价 \times 平均深度价格修正率 \times 其他价格修正率 \times 土地面积$$

或者:

$$V(单价) = 路线价 \times 平均深度价格修正率 \pm 单价修正额$$
$$V(总价) = 路线价 \times 平均深度价格修正率 \times 土地面积 \pm 总价修正额$$

(9-17)

5. 计算举例

下面以标准临街宗地的单价作为路线价、采用平均深度价格修正率为例,说明临街土地的价值计算。并且假定临街土地的容积率、使用期限等与路线价的内涵一致。实际估价中,如果估价对象宗地条件与路线价的内涵不一致时,还应对路线价进行相应的调整。

(1)一面临街矩形土地的价值计算

计算一面临街矩形土地的价值,是先查出其所在区段的路线价,再根据其临街深度查出相应的临街深度价格修正率。其中,单价是路线价与临街深度价格修正率之积,总价是再乘以土地面积。计算公式如式(9-18)所示:

$$V(单价) = u \times dv$$
$$V(总价) = u \times dv \times (f \times d)$$

(9-18)

式中 V——土地价值;

u——路线价(用土地单价表示);

dv——临街深度价格修正率(采用平均深度价格修正率);

f——临街深度。

[**例 9-7**] 图 9-9 中是一块临街深度为 12m、临街宽度为 25m 的矩形土地，其所在区域标准宗地的深度为 16m，路线价为 1.2 万元/m^2。根据表 9-9 中的临街深度价格修正率，计算该块临街土地的单价和总价。

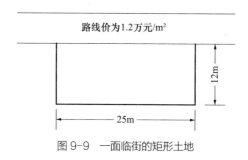

图 9-9 一面临街的矩形土地

[**解**] 标准宗地的深度为 16m，所求地块深度为 12m，对应表 9-9 中的平均深度价格修正率为 120%，因此：

土地单价＝路线价×平均深度价格修正率＝1.2×120%＝1.44 万元/m^2

土地总价＝土地单价×土地面积＝1.44×12×25＝432 万元

（2）前后两面临街矩形土地的价值计算

计算前后两面临街矩形土地的价值，通常是采用"重叠价值估价法"。该方法是先确定高价街（也称为前街）与低价街（也称为后街）影响范围的分界线，再以此分界线将前后临街矩形土地分为前后两部分，然后根据两部分各自所临街道的路线价和临街深度分别计算价值，再将此两部分的价值加总。计算公式如式（9-19）所示：

$$V（总价）= u_前 \times dv_前 \times f \times d_前 + u_后 \times dv_后 \times f \times (d-d_前)$$

$$V（单价）= \frac{u_前 \times dv_前 \times d_前 + u_后 \times dv_后 \times (d-d_前)}{d} \quad （9-19）$$

式中　V——土地价值；

$u_前$——前街路线价；

$dv_前$——前街临街深度价格修正率；

f——临街宽度；

$d_前$——前街影响深度；

$u_后$——后街路线价；

$dv_后$——后街临街深度价格修正率；

d——总深度。

分界线的求取方法如式（9-20）所示：

$$前街影响深度 = 总深度 \times \frac{前街路线价}{前街路线价+后街路线价}$$

$$后街影响深度 = 总深度 \times \frac{后街路线价}{前街路线价+后街路线价} \quad （9-20）$$

前街影响深度、后街影响深度和总深度之间的关系有：
$$后街影响深度＝总深度－前街影响深度$$

[例9-8] 图9-10中是一块前后两面临街、总深度为16m、临街宽度为25m的矩形土地。其所在区域标准宗地的深度为16m，前街路线价为1.2万元/m²，后街路线价为0.4万元/m²。请采用重叠价值估价法计算其前街和后街影响深度，并计算该块临街土地总价。

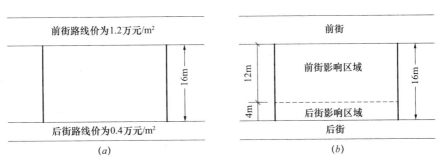

图9-10 前后两面临街的矩形土地

[解]

（1）前街和后街影响深度

$$前街影响深度＝总深度\times\frac{前街路线价}{前街路线价＋后街路线价}＝16\times\frac{1.2}{1.2＋0.4}＝12m$$

$$后街影响深度＝总深度－前街影响深度＝16－12＝4m$$

（2）前街土地价格

标准宗地的深度为16m，前街影响深度为12m，对应表9-9中的平均深度价格修正率为120%

$$前街土地单价＝路线价\times平均深度价格修正率＝1.2\times120\%＝1.44万元/m^2$$

$$前街土地总价＝前街土地单价\times前街土地面积＝1.44\times12\times25＝432万元$$

（3）后街土地价格

标准宗地的深度为16m，后街影响深度为4m，对应表9-9中的平均深度价格修正率为160%。

$$后街土地单价＝路线价\times平均深度价格修正率＝0.4\times160\%＝0.64万元/m^2$$

$$后街土地总价＝后街土地单价\times后街土地面积＝0.64\times4\times25＝64万元$$

（4）该块临街土地总价

$$土地总价＝前街土地总价＋后街土地总价＝432＋64＝496万元$$

（3）矩形街角地的价值计算

街角地是指位于十字路口或丁字路口的土地，其价值通常采用"正旁两街分别轻重估价法"计算。该方法是先求取高价街（也称为正街）的价值，再计算低价街（也称为旁街）的影响加价，然后加总。计算公式如式（9-21）所示：

$$V(单价)=u_{正}\times dv_{正}+u_{旁}\times dv_{旁}\times t$$
$$V(总价)=(u_{正}\times dv_{正}+u_{旁}\times dv_{旁}\times t)\times(f\times d) \quad (9\text{-}21)$$

式中　V——土地价值；
　　　$u_{正}$——正街路线价；
　　　$dv_{正}$——正街临街深度价格修正率；
　　　$u_{旁}$——旁街路线价；
　　　$dv_{旁}$——旁街临街深度价格修正率；
　　　t——旁街影响加价率；
　　　f——临街宽度；
　　　d——临街深度。

街角地如果有天桥或地下道出入口等而对其利用有不利影响的，则应在上述方法计算其价值后再进行适当的减价调整。

[例9-9] 图9-11中是一块矩形街角地，正街路线价为1.2万元/m², 旁街路线价为1万元/m², 临正街深度为24m, 临旁街深度为12m, 其所在区域标准宗地的深度为16m。假设旁街深度影响加价率为20%，请计算该矩形街角土地的单价和总价。

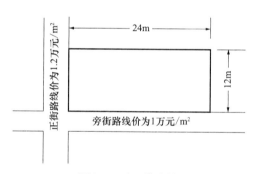

图9-11 矩形街角地

[解] 标准宗地的深度为16m, 临正街深度为24m, 对应表9-9中的平均深度价格修正率为78%；临旁街深度为12m, 其平均深度价格修正率为120%。

土地单价$=u_{正}\times dv_{正}+u_{旁}\times dv_{旁}\times t=1.2\times 78\%+1\times 120\%\times 20\%=1.176$万元/m²

土地总价$=$土地单价$\times$土地面积$=1.176\times 24\times 12=338.688$万元

（4）三角形土地的价值计算

计算一边临街直角三角形土地的价值，如图9-12所示，通常是先将该直角三角形土地作辅助线，使其成为一面临街的矩形土地，然后依照一面临街矩形土地单价的计算方法计算，再乘以三角形土地价格修正率（一边临街直角三角形土地的价值占一面临街矩形土地的价值的百分率）。如果需要计算总价，则再乘以该三角形土地的面积。计算公式如式（9-22）所示：

$$V(单价)=u\times dv\times h$$
$$V(总价)=u\times dv\times h\times(f\times d\div 2) \quad (9\text{-}22)$$

式中　　V——土地价值；
　　　　u——路线价；
　　　　dv——临街深度价格修正率；
　　　　h——三角形土地价格修正率；
　　　　f——临街宽度；
　　　　d——临街深度。

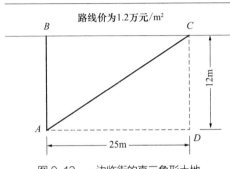

图 9-12　一边临街的直三角形土地

其他三角形土地的价值计算，通常是将该三角形土地作辅助线，使其成为一边临街的直角三角形土地，然后依照前述方法计算一边临街直角三角形土地的价值，再相减，即可得到该三角形土地的价值。

［例 9-10］图 9-13 中是一块三角形 ABC 的土地，临街深度为 12m。其所在区域标准宗地深度为 16m，路线价为 1.2 万元/m^2。三角形土地价格修正率为 75%，试计算该块三角形 ABC 土地的价值。

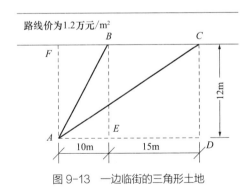

图 9-13　一边临街的三角形土地

［解］在图 9-13 上作辅助线 AF，BE，CD 及 AD；标准宗地的深度为 16m，所求地块深度为 12m，对应表 9-10 中的平均深度价格修正率为 120%。

三角形 AFC 的土地总价＝1.2×120%×12×25×75%＝324 万元
三角形 AFB 的土地总价＝1.2×120%×12×10×75%＝129.6 万元
三角形 ABC 的土地总价＝三角形 AFC 的土地总价－三角形 AFB 土地的总价
　　　　　　　　　　＝324－129.6＝194.4 万元

（5）其他形状土地的价值计算

计算其他形状土地的价值，通常是先将其划分为矩形、三角形土地，然后分别计算这些矩形、三角形土地的价值，再相加减。因此，一般只要掌握了一面临街矩形土地、前后两面临街矩形土地、街角地及三角形土地这几种基本形状土地的价值计算，其他形状土地的价值计算问题便可迎刃而解。例如，图9-14中，梯形$ABCD$土地的价值＝长方形$ABEF$土地的价值－三角形ADF土地的价值－三角形BEC土地的价值。

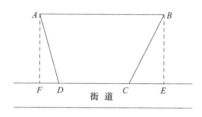

图9-14　一边临街的梯形土地

9.3.2　城镇基准地价评估

1．基本概念

城镇基准地价简称基准地价，是指在某个城镇的一定区域范围内，对现状利用条件下不同级别或不同均质地域的土地，按照商业、办公、居住、工业等用途，分别评估确定的一定使用期限的建设用地使用权在某一时点的平均价格。也可以将基准地价简要定义为：以某个城镇为对象，在该城镇的一定区域范围内，根据"用途相同、位置相邻、地价相近"的原则划分土地级别或地价区段，然后调查评估出各个土地级别或地价区段一定使用期限的建设用地使用权在某一时点的平均价格。

每个城镇的基准地价都有其特定的内涵，包括对应的估价时点（基准日期）、土地用途、土地使用权性质、土地使用期限、土地条件和容积率等。

2．基本程序和方法

城镇基准地价评估的基本程序和方法如下。

（1）制定基准地价评估作业方案

包括确定基准地价评估的区域范围，确定基准地价评估的技术路线，落实评估人员，准备所需要的资料和设备，落实工作场地，编制工作计划和时间进度等。其中，确定基准地价评估的区域范围有以下几种选择：① 城镇行政区；② 城镇总体规划确定的规划区；③ 土地利用总体规划确定的城镇建设用地范围；④ 建成区；⑤ 市区。基准地价评估的区域范围大小，主要根据有关规定、当地的实际需要和可投入评估的人力、财力、物力等情况确定，一般应视为规划区。

（2）明确基准地价的内涵、构成、表达方式等

1）明确基准地价的内涵，是要确定基准地价对应的下列条件：① 估价时点，一般应为年度的1月1日。② 土地用途，例如分为商业、办公、居住、工业等不同

的用途，还是采用一个综合用途。一般应分为商业、办公、居住、工业等不同的用途。③ 土地使用权性质，例如是出让方式取得的国有建设用地使用权，还是划拨方式取得的国有建设用地使用权。一般应为出让方式取得的国有建设用地使用权。④ 土地使用期限，例如是不同用途的法定最高出让年限还是统一为综合用途的法定最高出让年限50年或者无限年。一般应分为商业、办公、居住、工业等用途的法定最高出让年限，即商业用途40年、办公用途50年、居住用途70年、工业用途50年。⑤ 土地条件，即土地周围的基础设施完备程度和场地平整程度，例如是三通一平还是五通一平、七通一平。一般应根据各个土地级别或地价区段内土地条件的平均水平确定。⑥ 容积率，例如是不同用途对应的平均容积率还是综合平均容积率。一般应根据各个土地级别或地价区段内容积率的平均水平确定。

2）明确基准地价的构成，是要确定基准地价包括的内容，例如是否包含土地使用权出让金、征地费用或房屋拆迁费用、市政配套费等。可同时给出熟地价、毛地价和出让金。

3）明确基准地价的表达方式，是要确定基准地价是采用土地单价形式（如每平方米的土地价格），还是采用楼面地价形式，或者是同时采用土地单价和楼面地价形式。

（3）划分土地级别或地价区段

划分土地级别应按照《城镇土地分等定级规程》GB/T 18507—2014规定的内容、程序、方法等进行。划分地价区段，是将"用途相同，位置相邻，地价相近"的土地加以圈围而形成不同的地价区域。一个地价区段可视为一个地价"均质"区域，即该区域内的各宗地的地价水平相近。地价区段可分为两类，一是路线价区段，二是区片价区段。街道两侧的商业用地，适宜划分为路线价区段；办公、居住、工业用地，适宜划分为区片价区段。划分地价区段的方法通常是就土地的位置、交通、使用现状、城市规划、房地产价格水平及收益情形等开展实地调查研究，将情况相同或相似的相邻土地划分为同一个地价区段。各地价区段之间的分界线应以道路、沟渠或其他易于辨认的界线为准，但商业路线价区段应以标准深度为分界线。

（4）抽样评估若干宗地的价格

这是在划分出的各个土地级别或地价区段内，按照具有代表性、分布均匀等原则，选择若干宗地，然后由估价师调查搜集这些宗地的相关市场交易资料、经营收益资料或开发费用资料等，运用市场法、收益法、成本法、假设开发法等适宜的估价方法评估出这些宗地在合理市场下可能形成的正常市场价值，通常应求出土地单价或楼面地价，并进行交易日期、土地使用期限、土地条件、容积率等调整，将这些宗地的价格统一到基准地价内涵上来。

（5）计算各个土地级别或地价区段的地价

土地级别或地价区段的地价是某个特定的土地级别或地价区段的土地单价或楼面地价，它代表或反映着该土地级别或地价区段内土地价格的正常水平。土地级别或地价区段的地价计算，是分别以每个土地级别或地价区段为范围，求各该土地级别或地价区段内所抽查评估出的若干宗地单价或楼面地价的平均数、中位数或众数。计算出的土地级别或地价区段的地价，相应有土地级别价、区片价和路线价。

（6）综合确定基准地价

在上述各个土地级别或地价区段地价计算的基础上作适当调整后即为基准地价。在确定基准地价时，应先把握各个土地级别或地价区段之间的好坏层次（通常是从好到差排序），再把握它们之间的地价高低层次，以避免条件较差的土地级别或地价区段的基准地价高于条件较好的土地级别或地价区段的基准地价。

（7）提出基准地价应用的建议和技术

包括该基准地价的作用，将基准地价调整为宗地价格的方法和系数，例如具体位置、土地使用年限、土地条件、容积率、土地形状、临街状况等的调整方法和调整系数。

9.3.3 基准地价修正法

基准地价修正法也称为基准地价系数修正法，是在政府确定并公布了基准地价的地区，利用有关调整系数将估价对象宗地所处土地级别或地价区段的基准地价调整为估价对象宗地价格的方法。基准地价修正法是一种间接的估价方法，其估价结果的准确性主要取决于基准地价的准确性及各种调整系数的科学性。

运用基准地价修正法评估宗地价格，一般分为以下四个步骤：① 搜集有关基准地价的资料；② 查出估价对象宗地所在土地级别或地价区段的基准地价；③ 进行市场状况调整、土地状况调整等；④ 求出估价对象宗地的价格。

进行市场状况调整，是将基准地价在其基准日期时的值，调整为在估价时点时的值。此处市场状况调整的方法，与市场法中市场状况调整的方法相同。进行土地状况调整，是将估计对象宗地的状况，包括位置、土地使用期限、土地条件、容积率、土地形状、临街状况等，与在评估基准地价时设定的有关条件或状况进行比较，将基准地价调整为在估价对象宗地状况下的价格。此处土地状况调整的内容和方法，与市场法中房地产状况调整的内容和方法类似。

由于在不同的城镇，基准地价的内涵、构成、表达方式等可能有所不同，所以具体应调整的内容和方法也可能不同。基准地价的内涵、构成、表达方式等的不同，具体表现为：基准地价是熟地价还是生地价（具体为几通一平），尤其是在城镇建成区内是否包括市政配套费、房屋拆迁费用；是土地级别的基准地价，还是区片价的基准地价或路线价的基准地价；是用土地单价表示的，还是用楼面地价表示的；对应的土地用途、土地使用期限和容积率等，如在评估基准地价时设定的土地用途是分为商业、办公、居住、工业等不同的用途还是一个综合用途，土地使用期限是相应用途的法定最高出让年限还是统一为某个固定期限（如50年，无限年）等。

9.4 大宗评估法

计算机辅助批量评估法是计算机技术在房地产估价中的一种应用，也是物业税征收的技术基础之一。而自动估价模型设计又是实现计算机辅助批量评估的关键环节。本书在总结目前国际主流自动估价模型设计思路的基础上，根据我国居住物业特点和未来一段时间内基础数据等方面的现实条件，对传统的直接市场法进行改进，提出了直接市场—可比样本法和混合模型法两种自动估价模型设计思路。利用成都市新建商品住房交易备案数据进行的实证检验结果表明，这两种模型能够通过提高数据利用效率，显著提高估价的准确性程度，是当前我国发展计算机辅助批量评估的可行选择。

9.4.1 基本原理

（1）概念

计算机辅助批量评估（Computer Aided Mass Appraisal，CAMA）是指利用计算机程序，以事先搜集的反映房地产特征、市场状况等信息的数据为基础，按照一定规则实现对大量物业单元在指定时点上市场价值的准确、快速和批量评估。

（2）适用范围

CAMA最重要的作用是在物业税等财产税的征收过程中作为税基评定的主要方式，目前已经为大多数征收物业税的国家和地区所采用，如美国、澳大利亚等，被认为在确保征税过程的公平、公正和透明，降低征税成本，防范税务部门人员腐败等方面具有重要意义。此外，许多银行、机构投资者等私营部门也将CAMA应用到抵押物业价值监测、投资组合收益率测算等业务中。

（3）适用条件

概括而言，实现CAMA的关键在于具备两项条件，即完备的基础数据和合理的自动估价模型（Automated Valuation Model）。其中，由于CAMA对基础数据的真实性、准确性、翔实性和及时性都具有很高要求，因此基础数据库的建立往往被视为实现CAMA过程中的最大困难。

有了完善的基础数据，针对自动估价模型的理论研究和方案设计就逐渐成为一项更为迫切的任务。美国等国家在其CAMA发展过程中，已经形成了一系列相对成熟的自动估价模型。一些行业性组织，例如国际财产征税评估人员联合会（IAAO）、美国评估基金会（The Appraisal Foundation）、国际评估准则委员会（IVSC）等，也从20世纪90年代末开始陆续推出了若干针对自动估价模型的操作手册和规范。

不同CAMA系统所采用的自动估价模型各具特点，但概括而言，现有的绝大多数自动估价模型仍建立在市场比较法、成本法和收益法这三种基本估价方法的原理基础上，仅是以计算机来替代传统的估价操作，并从而实现批量化的估价。

其中，又以市场比较法的使用最为常见，特别是在针对居住物业的批量估价中更是如此。

9.4.2 基于市场比较法的自动估价模型

基于市场比较法进行自动估价模型设计，其基本思路是利用大量历史交易案例，分析各种物业特征与物业市场价值之间的关系，并将这种关系应用到待估单元上，从而得到对待估单元市场价值的估计结果。在这一基本思路下，市场比较法又可以具体分为三种主要形式。本节将主要讨论居住房地产批量估价的自动估价模型。

（1）可比样本法

可比样本法（Comparable Sales Method）通过两个步骤来实现估价过程，因此又被称为两阶段法。首先，在历史交易案例数据库中选择特定的历史交易案例作为"基准单元"，并以其交易价格作为待估单元的估价基础。实践中，有些自动估价模型选择以市中心的某一单元作为所有待估单元共同的基准单元，有些模型则以待估单元与基准单元在物业特征上的尽可能接近为目标，针对各待估单元选择不同的基准单元。其次，根据待估单元与基准单元之间的特征差异，根据一定的规则或系数进行价格调整，最终得到对待估单元市场价值的估计结果如式（9-23）所示：

$$P_{obj} = P_{comp} + P_{adj} \quad (9\text{-}23)$$

式中　P_{obj}——估价对象的市场价值；

　　　P_{comp}——基准单元的交易价格；

　　　P_{adj}——针对两者差异而进行的价格调整。

（2）直接市场法

直接市场法（Direct Market Method）的基本原理是，利用特征价格模型估计各种房地产特征对房地产市场价值的积极贡献或消极影响，再根据上述参数估计值和估价对象的单元特征，直接得到对估价对象市场价值的估计结果。以最常见的乘法形式为例，如式（9-24）所示：

$$P = C + \sum_{i=1}^{n} X_i \alpha_i + \varepsilon \quad (9\text{-}24)$$

式中　P——住房单元的交易价格（对于历史交易案例）或市场价值（对于待估单元）；

　　　C——常数项；

　　　X_i——住房单元的物业特征；

　　　α_i——各种物业特征所对应的特征价格；

　　　ε——残差。

直接市场法中，参与估计和计算的物业特征一般包括区位特征、物理特征、邻里特征、交易条件等。

（3）时间序列法

可比样本法和直接市场法都着眼于对物业特征与物业价格之间关系的考察，而时间序列法（Time Series Analysis）则侧重于跟踪特定时间段内物业价值的变动规律，通过待估单元过去的市场价值或销售价格外推计算其在估价基准时点的市场价值。

根据具体算法的不同，时间序列法又可以具体划分为单位价值分析法（跟踪面积单价或单元单价等的平均值的变化）、重复交易法（以重复交易的物业单元在前后交易中的价格差作为市场价格变化趋势的反映）、销售价格/评估价值比率趋势分析法（跟踪已估价物业单元销售价格和估价结果比率的变化）和时间哑元法（在自动估价模型中以时间哑元变量反映物业价值的趋势性变化）四种具体形式。四种形式在数据需求、计算精度等方面各具特点，因此适用于不同条件下的自动估价模型。

思考题

1. 什么是假设开发法？
2. 假设开发法的适用对象和条件是什么？
3. 简述假设开发法的基本操作步骤。
4. 分析假设开发法中传统法和现金流量法的优缺点。
5. 长期趋势法主要有几种类型，简述各类型的特点。
6. 简述路线价法的适用范围和操作步骤。
7. 构建路线价法中的临街深度价格修正率表格。

第3篇
房地产资产定价方法

第2篇主要从偏技术的角度介绍了房地产估价的三种主要方法以及一些衍生的估价技术。在本篇，将目光从房地产空间市场向房地产资本市场转移，更多地将房地产看作是能够在未来为投资者带来现金流量的资产。当这种资产被打包、标准化和细分为房地产衍生证券后，就会在证券市场上进行交易，资产定价的方法就能够应用在这些房地产衍生证券的定价上。本篇将在简要介绍房地产金融基础知识和资产定价理论的基础上，介绍固定收益型房地产证券（以住房抵押贷款支持证券为代表）和权益型房地产证券（以房地产投资信托基金为代表）的定价方法。

考虑到我国房地产金融发展水平的有限性（例如，我国尚未形成运作成熟的抵押贷款支持证券和房地产投资信托基金），为了使读者能够更加全面地了解房地产资产定价的方法，本篇将主要以美国和其他发达国家为背景进行介绍。

在本篇中，第10章介绍金融市场与房地产金融工具；第11章介绍资产定价的基本理论；第12章和第13章分别介绍住房抵押贷款支持证券和房地产投资信托基金的定价思路。

第 10 章　房地产资本市场的基础知识

房地产资产定价是在资本市场中进行的。资本市场是以中长期金融资产为交易工具的资金融通市场，是金融市场的核心。由于房地产资产的价值量通常很大，房地产投资活动通常需要从资本市场上融资。基于房地产资产的各类衍生证券，也成为资本市场中很受欢迎的金融工具。房地产市场和资本市场这些紧密的联系，形成了房地产资本市场。为了了解房地产资产定价所处的环境，本章将介绍金融市场（特别是其中的资本市场）、房地产资本市场和房地产金融工具的基础知识，为后续章节打下基础。

10.1　金融市场

10.1.1　金融资产与金融市场

（1）金融资产

市场交易中一切具有价值的所有权都可以称之为资产。按照交易对象存在的形式，资产可以分为实物资产和金融资产。

实物资产（Physical Assets）又称有形资产，是指真正有价值的物品，主要包括不动产、厂房、设备、存货等。

金融资产（Financial Assets）是指金融机构经营的在未来任何市场可以变现的所有权，如股票、债券和现金等。这些金融资产并不是社会财富的代表，股票本身并不比印制股票的纸张更有价值，它们对社会经济的生产能力并没有直接的贡献。但是，金融资产对社会的生产能力有间接的作用，因为它们带来了公司所有权和经营权的分离，通过公司提供有吸引力的投资机会推动了投资的进入。由于金融资产对实物资产所创造的利润或政府的收入有要求权，因此金融资产能够为持有它们的公司或个人带来财富。

（2）金融市场

金融市场（Financial Market）是指以金融资产为交易工具而形成供求关系和交易机制的总和。它是货币资金融通的市场，其交易对象是同质的货币资金，其参与者是货币资金的供应者或需求者，并通过金融资产的交易实现货币资金的融通。金融资产的交易过程就是它们的定价过程，而金融资产的价格则反映了货币资金需求者的融资成本和货币资金供应者的投资收益，所以金融资产的定价过程也就是金融市场上收益和风险的分配过程。

经济学中认为，整体经济体系在任一时期进行的有形投资总量必然等于同一时期的储蓄总量。也就是说，作为一个整体，不能立即消费的资金被用于投资。因此，储蓄量就定义为总产出减去私人消费（食物、衣服和住房）和政府对商品及服务的采购，即式（10-1）：

$$储蓄=生产-私人消费-政府采购=投资 \quad (10-1)$$

"储蓄等于投资"这一概念只有当把经济看作为一个整体时才成立。而对于个体而言，储蓄可能等于、也可能不等于投资。个体在某一给定期间的储蓄可以大于他所希望的有形资产投资，或通过借款，在有形资产上的投资可以大于他的储蓄。通过先集合（其他人）所有的储蓄，然后将这些储蓄配置给某个个体用于投资，这一过程就是金融体系。在这个体系中，储蓄者相当于资金的供给方，投资者则相当于资金的需求方，而连接供给与需求的市场就是资本市场——期限长于一年的金融投资市场。资金流动的过程如图 10-1 所示。在这个市场里，各种各样的参与者起着集合资金和配置资金的作用。

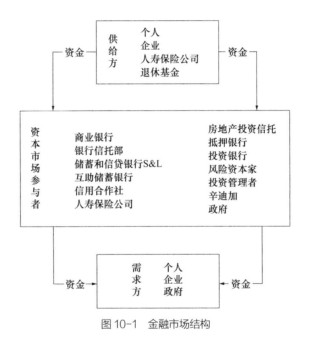

图 10-1　金融市场结构

10.1.2　货币市场和资本市场

根据资金使用期限的长短，金融市场可以分为货币市场和资本市场。

货币市场（Money Market）是指一年期以内（包括一年期）的短期金融工具发行和交易所形成的供求关系和运行机制的总和。其主要功能是满足供求双方对短期资金融通的需求，保持金融资产的流动性，以便应付即时支付的需要。货币市场是短期资金融通的市场，反映了短期债务关系。

资本市场（Capital Market）是以期限在一年以上的金融资产为交易工具的中长期资金融通市场。资本市场的主要功能是满足供求双方对中长期资金融通的需求，实现储蓄向投资的转化，以此优化资源配置。资本市场是金融市场的核心。

许多机构同时参与两个市场。例如，美国联邦政府为了弥补赤字，既发行短期国库券，也发行长期国债来进行融资。公司在为它们的资产融资时主要采用长期债券和权益，但偶尔也需要短期融资。当需要短期融资时，它们会从商业银行借入短期借款或者发行商业票据。房地产资产的融资大部分发生于资本市场。

10.1.3 一级市场与二级市场

金融市场又可以分为一级市场和二级市场。以债务融资为例，不同方式、在不同地方发放的贷款的综合就构成了一级金融市场。当一个企业或机构通过向公众出售新发行的证券筹集资金时，它就是在一级市场中筹集资金，例如发售新国债的美国政府。当银行同意以第一抵押权人的身份为购买住宅提供融资时，它也是在一级市场中筹措资本。在所有的这些情况中，都形成了新的债务关系。一旦债务形成，债务单元（由债券、信托契据、票据和抵押单据等代表）就可以在二级金融市场中交易了。

权益融资也类似。当个人或机构直接投资于房地产资产时，属于一级市场中的融资活动。当投资于房地产的公司在股票市场上市，市场上的众多投资者来购买该公司的股票时，就构成了二级市场。

例如，美国主要的二级市场（普通股和债券）包括纽约证券交易所、全美证券交易商协会/美国股票和债券交易所以及区域交易所。

10.2 金融工具

金融工具（Financial Instruments）是金融市场上资金运行的载体。当资金缺乏部门向资金盈余部门借入资金，或发行者向投资者筹措资金时，以书面形式发行或流通的信用凭证或文件，叫作金融工具。金融工具确定了债务人的义务和债权人的权利，是具有法律效力的契约。

10.2.1 货币市场金融工具

货币市场上的金融工具以短期、可交易、易流动以及低风险的债券为主，主要形式包括同业拆借、回购协议、商业票据、大额可转让存单以及短期政府债券。

（1）同业拆借

同业拆借（Inter-bank Borrowing）是指由各类商业性金融机构相互间进行短期资金借贷活动。主要使用者以在日常经营活动中出现头寸盈余或不足的各类商业性金融机构为主。拆借双方通过同业拆借形成了一种短期资金的借贷关系，由头寸盈余者担当资金贷方，而头寸不足者担当借方。同业拆借的特点是交易量大、交易频繁、交易迅速完成、交易无担保以及交易双方免缴存款准备金和存款保险费。这些特点使得同业拆借市场的交易能够敏感反映短期资金供求关系，形成同业拆借市场利率，并影响整个货币市场的利率。

目前，国际货币市场中主要的同业拆借利率包括以下四种：美国联邦基金利率、伦敦同业银行拆借利率（LIBOR）、新加坡同业拆借利率和香港同业拆借利率。

（2）回购协议

回购协议（Repurchase Agreement，REPO）是指证券资产的卖方在卖出一定数量证券资产的同时与买方签订的在未来某一特定日期按照约定的价格回购所卖证券资产的协议。

回购交易的实质是一种以证券资产作为抵押的资金融通。融资方（正回购方）以持有的证券作质押，取得一定期限内的资金使用权，到期以按约定的条件购回证券的方式还本付息。融资方（逆回购方）则以获得证券质押权为条件暂时放弃资金的使用权，到期归还对方质押的证券，收回融出的资金并取得一定的利息收入。交易双方通过回购协议实现短期货币资金的借贷。

（3）商业票据

商业票据（Commercial Paper）是货币市场中最古老的金融工具之一。知名的大公司通常自己发行短期无担保的负债票据，而不是直接向银行借款。这些票据就称为商业票据。通常情况下商业票据有银行信用担保，它使借款者需要时获得现金以便在票据到期日能够向商业票据的持有者支付。商业票据的最高期限通常为270天，较为常见的则是1或2个月的商业票据。由于企业短期（1～2个月）的经营状况能够被比较准确地进行监测和判断，因此，商业票据的安全系数较高。许多公司通过发行新商业票据筹集资金以偿还到期的旧商业票据，以此实现了商业票据的滚动发行。

（4）大额存单

大额存单（Large-denomination Negotiable Certificates of Deposits，CDs），是银行的定期存款。定期存款的存款者不能因急需资金而随时任意提取存款，银行只在定期存款到期时才付给储户利息与本金。例如，在美国，面额超过10万美金的大额存单通常可以转让，也就是说，在存单到期之前，如果存单的持有者需要现金，他可以将存单转售于其他投资者。短期大额存单的市场流动性很强，但到期日在6个月以上的大额存单，其流动性会大幅下降。大额存单被联邦存款保险公司视为一种银行存款，所以，当银行倒闭时，持有人享有最高为10万美元的保额。

（5）短期国债

短期国债，又称国库券（Treasury-bills，T-bills），是指由中央政府发行的期限在一年以内的政府债券。货币市场上交易的国库券在发行时通常采用折扣发行，到期按面额兑现。短期国债是西方国家弥补财政赤字的主要手段，同时也是中央银行开展公开市场业务，调解货币供给的物质基础。

10.2.2 资本市场金融工具

资本市场上的金融工具主要包括银行中长期贷款以及有价证券，其中，有价证券又包括债券和股票两种。本节将主要介绍债券和股票两种资本市场金融工具。

（1）股票

股票（Stock）是指股份制公司发给股东作为入股凭证，股东凭此可以取得股息收益的一种有价证券。作为股份公司的股份证书，股票主要是证明持有者在股份公司拥有的权益。如果谁拥有某公司一定比例的股票，谁就在公司拥有一定比例的资本所有权，凭此所有权定期分得股息收入。

按照股票所代表的股东权益，股票可分为普通股和优先股。普通股是股份有限公司资本构成中最普通、最基本的股份，是股份公司资本金的基础部分。它代表股东享有的平等权利，不加以特别限制。优先股则是相对于普通股而言，是股份公司发行的在分配红利和剩余财产时比普通股具有优先权的股票。

（2）债券

债券（Bond）是一种有价证券，是筹资者向投资者出具的承诺在一定时期支付约定利息和到期偿还本金的债务凭证。债券的特点有两个：一是通过券面载明的财产内容，表明财产权；二是权利义务的变更和债券的转让同时发生。权利的享有和转移，以出示和转让证券为前提。债券具有面值、利率和偿还期限等基本构成要素。债券的持有者可按期取得固定的利息收入，到期收回本金。

按照债券发行主体不同，可以分为政府债券、企业债券和金融债券。企业债券是契约发行的债务凭证，也是企业筹集资金的一种方式。政府债券是政府财政发行的债券，期限在1年以上。政府发行公债券，用于经济建设，成为经济加速发展战略的一部分。金融债券是银行发行的期限在1年以上的有价证券，其目的是筹措中长期贷款所需要的资金。

10.3 房地产资本市场

10.3.1 房地产市场与资本市场

房地产市场和资本市场之间的关系是随着历史的发展、房地产价值的提高而逐渐演变的。在房地产价值较低的时候，房地产投资者（开发商或业主）自己就可以提供开发或获得房地产所需的全部资金，几乎没有融资需求。

随着房地产价值的逐渐提高，房地产开始需要从金融机构贷款，房地产信贷开始流行。随着房地产信贷规模逐渐增大，传统的房地产金融机构为了规避相关贷款风险，开始实施抵押贷款证券化。同时，商用房地产价值的提高，使得单个自然人无法提供全部权益资金。大宗商用房地产逐渐变成由公司、房地产有限责任合伙企业、房地产投资信托等机构持有。这些机构通过发行股票和债券等方式来开发或获得房地产融资，从而实现了房地产权益的证券化。

这时，房地产市场和资本市场之间变得密不可分。主要包括房地产开发贷款、个人住房抵押贷款、商业用房抵押贷款在内的房地产贷款，已经成为商业银行、储蓄机构等金融机构资产的主要组成部分；房地产开发公司、房地产有限责任合伙企业和房地产投资信托基金的股票与其他股票一样在股票交易所交易；房地产抵押贷款支持证券也逐渐成为证券市场的重要组成部分。

房地产市场与资本市场的上述联系，形成了房地产资本市场。按照房地产市场各类资金的来源渠道划分，房地产资本市场由私人权益融资、私人债务融资、公开权益融资和公开债务融资四个部分组成，具体结构如表10-1所示。

主要房地产公司所有权形式特点　　　　　表 10-1

融资分类	私人市场（Private）	公众市场（Public）
权益融资（Equity）	个人	房地产上市公司
	企业	权益型REITs
	退休基金	
债务融资（Debt）	商业银行	抵押贷款支持证券
	保险公司	抵押型REITs
	退休基金	

在这里，私人市场（Private Market）是指个别投资者进行交易的市场，其特征是交易信息不必被公开，交易不频繁，交易价格与交易双方的谈判能力和当时的交易条件有关，不确定性大。公开市场（Public Market）是指股票市场和债券市场这类的公开交易市场，市场上有非常多的交易者，交易频繁，每个交易者无法左右交易价格，信息透明。

10.3.2　权益融资

当房地产投资者的资本金数量达不到启动项目所必需的资本金数量要求时，投资者就需要通过公司上市或增发新股、吸收其他机构投资者资金、合作开发等方式，进行权益融资。权益融资的资金供给方与投资者共同承担投资风险，所希望获得的报酬，是项目投资所形成的可分配利润。

根据所有权的结构，房地产企业可以分为独资企业、一般合伙企业、有限责任合伙企业、有限责任公司、股份有限公司和房地产投资信托基金等类型，以后四种企业形式为主。不同类型的房地产企业，权益资金的融通方式也有所不同。有限责任合伙企业主要通过出售有限责任权益份额融通资金，出售量有限，融资能力也有限。股份有限公司和房地产投资信托基金则主要通过在公开市场发行股票融通权益资金，融资能力较强。

房地产权益资金传统上主要是在私人市场融通。但随着证券市场的发展和房地产权益证券化的流行,房地产企业从公开资本市场获得企业或房地产权益资金的比例正在逐渐提高。从来源看,房地产权益资金主要来源于机构投资者。在美国,机构投资者主要为养老基金、房地产投资信托基金、人寿保险公司以及外国投资者。由于房地产权益投资风险较高,商业银行和储蓄机构等存款性金融机构极少或者根本不参与房地产权益融资。

目前,我国房地产企业平均规模增长速度很快,但权益资本普遍偏少,资产负债率偏高。因此,房地产企业主要从事开发业务,较少进行持有物业投资。表10-2是中国房地产百强企业的资产负债情况。

中国房地产百强企业平均资产负债状况(2015～2020年)[①]　　表10-2

年度	2015	2016	2017	2018	2019	2020
平均总资产(亿元)	998.4	1357.7	1704.2	2079.1	2051.9	2330.9
平均净资产(亿元)	260.3	332.6	363.8	320.1	422.7	496.5
资产负债率均值	75.4%	76.7%	78.5%	79.6%	79.4%	78.7%
剔除预收账款后的资产负债率均值	NA	69.0%	71.7%	72.1%	71.8%	70.9%

为拓宽房地产直接融资渠道,国家有关部门一直在积极推动房地产投资信托基金试点。2008年12月国务院办公厅《关于当前金融促进经济发展的若干意见》中,就提出了"开展房地产信托投资基金试点,拓宽房地产企业融资渠道"。2014年9月中国人民银行《关于进一步做好住房金融服务工作的通知》中,要求通过"积极稳妥开展房地产投资信托基金(REITs)试点",来"支持房地产开发企业的合理融资需求"。2016年5月国务院办公厅《关于加快培育和发展住房租赁市场的若干意见》中,再次提出要"稳步推进房地产投资信托基金(REITs)试点"。2020年4月,中国证监会和国家发改委发布了《关于推进基础设施领域不动产投资信托基金(REITs)试点相关工作的通知》,决定从基础设施类资产突破,推动房地产投资信托基金试点,并迅速启动了试点项目库建设、试点项目申报和试点项目评审工作,相关部门也陆续颁布了《公开募集基础设施证券投资基金指引(试行)》《公开募集基础设施证券投资基金(REITs)业务办法(试行)》《公开募集基础设施证券投资基金登记结算业务实施细则(试行)》等操作性文件。2021年6月21日,首批9个试点项目顺利上市,投资者踊跃认购,共募集资金314亿元,项目涵盖产业园区、高速公路、仓储物流、污水处理等多种资产类型。预计后续公开募集REITs试点将优先向租赁住房领域拓展。

---

① 资料来源:中国房地产top10研究组。

10.3.3 债务融资

债务融资是通过举债的方式融资。除了银行可以提供债务融资外，其他机构投资者如保险公司、退休基金等，也可提供债务融资。房地产开发贷款、房地产抵押贷款等，都属于债务融资。债务融资的资金融出方不承担项目投资的风险，其所获得的报酬是融资协议中所规定的贷款利息和有关费用。

贷款是房地产企业债务融资的主要资金来源。除了以在建或者建成房地产作抵押物借入的贷款外，房地产企业还可以发行企业债券和借入信用贷款。和其他类型企业一样，房地产企业也可以公开发行企业债券融通资金。但房地产企业资产负债率较高，债券利率相应偏高，相应的债券融资成本也比较高。

与总体金融市场一样，房地产债务融资也可以被分成（短期）货币市场和（长期）资本市场。货币市场通常提供建设贷款，虽然其贷款期限会长于一年，但通常仍然基于短期利率进行定价。资本市场一般提供长期的抵押贷款。

10.4 房地产金融工具

10.4.1 一级市场

在一级市场中，有多种房地产开发和房地产置业投资（一般是持有商业房地产）的金融工具。与房地产开发项目相关的债务融资，主要包括房地产开发贷款和土地储备贷款。依据贷款的用途，房地产开发贷款又包括土地购置贷款、土地开发贷款和建设贷款等三种类型。房地产开发项目相关贷款的共同特征，是以所开发的房地产项目（土地或在建工程）作为贷款的抵押物，为贷款的偿还提供担保。

与房地产置业投资有关的债务融资工具主要是房地产抵押贷款。房地产抵押贷款，是指借款人（抵押人）以其合法拥有的房地产，在不转移占有方式的前提下，向贷款人（抵押权人）提供债务履行担保，获得贷款的行为。债务人不履行债务时，债权人有权依法以抵押的房地产拍卖所得的价款优先受偿。房地产抵押贷款，包括个人住房抵押贷款、商业房地产抵押贷款和在建工程抵押贷款。

西方发达国家房地产抵押贷款的资金来源已经实现了多元化，有效地分散了房地产金融的长期系统风险。据美国联邦储备局统计，2018年末的154239.69亿美元房地产抵押贷款余额（住宅抵押贷款占80.01%，商业房地产抵押贷款占18.40%，乡村房地产抵押贷款占1.59%）中，主要金融机构（Major Financial Institutions）的市场份额只占35.58%，联邦及相关机构（Federal and Related Agencies）的市场份额为35.39%，抵押池或者信托（Mortgage Pools or Trusts）的市场份额为20.39%[①]。

我国2020年末房地产贷款49.6万亿元，其中个人住房抵押贷款34.5万亿元，房地产开发贷款余额10.4万亿元。这些房地产贷款全部由商业银行提供，房地产贷款的债权也几乎全部由商业银行持有。

个人住房抵押贷款，是指个人购买住房时，以所购买住房作为抵押担保，向金融机构申请贷款的行为。个人住房贷款包括商业性住房抵押贷款和政策性（住房公积金）住房抵押贷款两种类型。政策性住房抵押贷款利率较低，通常只面向参与缴纳住房公积金、购买自住房屋的家庭，且贷款额度有一定限制。当政策性抵押贷款不足以满足借款人的资金需求时，还可同时申请商业性住房抵押贷款，从而形成个人住房抵押贷款中的组合贷款。金融机构发放个人住房抵押贷款的过程，构成了抵押贷款一级市场。

个人住房抵押贷款的利率，有固定利率和可调利率两种类型。我国目前采用的是可调利率方式，即在法定利率调整时，于下年初开始，按新的利率规定计算利息。还本付息方式，有按月等额还本付息、按月递增还本付息、按月递减还本付息、期间按月付息期末还本和期间按固定还款常数还款期末一次结清等方式。目前，我国个人住房抵押贷款额度的上限为所购住房价值的80%，贷款期限最长不超过30年。商业性个人住房抵押贷款的操作流程，包括受理申请、贷前调查、贷款审批、贷款发放、贷后管理和贷款回收几个阶段。

个人住房抵押贷款属于购房者的消费性贷款，通常与开发商没有直接的关系，但开发项目销售或预售的情况，直接影响到开发商的还贷能力和需借贷资金的数量。尤其在项目预售阶段，购房者申请的个人住房抵押贷款是项目预售收入的重要组成部分，也是开发商后续开发建设资金投入的重要来源。由于预售房屋还没有建成，所以金融机构发放个人住房抵押贷款的风险一方面来自申请贷款的购房者，另一方面则来自开发商。购房者的个人信用评价不准或开发商的项目由于各种原因不能按期竣工，都会给金融机构带来风险。

10.4.2 二级市场

（1）抵押贷款支持证券

房地产抵押贷款二级市场与房地产抵押贷款一级市场相对应。在一级市场中，商业银行和储蓄机构等利用间接融资渠道发放抵押贷款。而二级市场是利用类似资本市场的机构、工具，通过购买一级市场发放的抵押贷款，将其转化为房地产抵押支持证券，并在证券市场上交易这些证券，实现了房地产抵押贷款市场与资本市场的融合。

抵押贷款二级市场上交易的抵押贷款支持证券，主要有四种类型：抵押贷款支持债券（Mortgage-backed Bonds）、抵押贷款传递证券（Mortgage Pass-through

---

① 美国联邦储备局. Mortgage Debt Outstanding. 2019，11.

Securities）、抵押贷款支付债券（Mortgage Pay-through Bonds）和抵押贷款担保债务（Collateralized Mortgage Obligations）。

在传递证券中，抵押贷款组合的所有权随着证券的出售而从发行人转移给证券投资者。证券的投资者对抵押贷款组合拥有"不可分割的"权益，将收到借款人偿付的全部金额，包括按约定的本金和利息以及提前偿付的本金。在抵押贷款担保债务中，抵押贷款组合产生的现金流重新分配给不同类别的债券。在传递证券和房地产抵押贷款投资渠道中，抵押贷款组合都不再属于原来的二级市场机构或者企业，不属于其资产负债表内的资产。

在抵押贷款支持债券和抵押贷款支付债券中，发行人仍持有抵押贷款组合，所发行的债券则属于发行人的债务。抵押贷款组合和所发行的债券同时出现于发行人的资产负债表中，因而这属于资产负债表内证券化。抵押贷款支持债券的现金流和公司债券一样。抵押贷款支付债券的现金流类似于传递证券，摊销和提前偿付的本金会直接转移给债券的投资者。

（2）房地产投资信托基金

房地产投资信托基金（Real Estate Investment Trusts，REITs）是指通过制定信托投资计划，信托公司与投资者（委托人）签订信托投资合同，通过发行信托受益凭证或股票等方式受托投资者的资金，用于房地产投资或房地产抵押贷款投资，并委托或聘请专业机构和专业人员实施经营管理的一种资金信托投资方式。

REITs在市场经济发达的国家和地区已经广为通行。它为广大的个人投资者提供了投资房地产的良好渠道。在众多投资工具中，房地产投资利润丰厚，保值性好，一直是资金投向的热点领域。但同时，房地产投资所具有的资金量大、回收期长的特点，使众多社会闲散资金或个人投资者无法进入。

作为购买、开发、管理和出售房地产资产的产业基金，REITs的投资领域非常广泛，涉及各地区各种不同类型的房地产（公寓、超市、商业中心、写字楼、零售中心、工业物业和酒店等）和抵押资产，相应投资的收入现金流主要分配给投资者，本身仅起到投资代理作用。REITs一般以股份公司或信托基金的形式出现，资金来源有两种：发行股票，由机构投资者（如退休基金、保险公司和共同基金）和个人投资者认购；从金融市场融资，如银行信贷、发行债券或商业票据等。REITs股票可在证券交易所进行交易或采取场外直接交易方式，具有较高的流通性。

REITs通常聘请专业顾问公司和经理人负责公司的日常事务与投资运作，与共同基金一样可实行投资组合策略，利用不同地区和不同类型的房地产项目及业务来分散风险。中小投资者通过REITs在承担有限责任的同时，可以间接获得大规模房地产投资的利益。

REITs具有广泛的公众基础，在享有税收优惠（REITs不属于应税财产，且免除公司税项）的同时，也受到严格的法律规范与监管。如美国的REITs有股东人数与持股份额方面的限制,以防止股份过于集中;所筹集资金的大部分须投向房地产方面的业务;75%以上的资产由房地产、抵押票据、现金和政府债券组成;至少有75%的毛收入来自租金、抵押收入和房地产销售所得等。

> **思考题**
>
> 1. 房地产资本市场的主要组成部分有哪些?
> 2. 简述房地产权益融资的主要过程。
> 3. 简述房地产债务融资的主要过程。
> 4. 一级市场中的主要房地产金融工具有哪些?
> 5. 二级市场中的主要房地产金融工具有哪些?

第 11 章 资产定价基本理论

许多金融分析原理是在公司财务和证券市场两个领域发展起来的，但是这些原理同样能够，而且已经被应用于房地产资产定价领域。因此，本章将主要介绍这些基本理论，同时也注意与房地产机构和市场的结合。

11.1 金融资产定价：现金流与风险

11.1.1 资产定价的基本思路

资产定价研究的是使投资者财富最大化的理论。资产能为它的所有者提供一定时期的现金流。资产的价值取决于与现金流相关的金额、时点和风险。这些因素都包含在现金流折现（Discounted Cash Flow）定价模型式（11-1）中。

$$现值 = \sum_{i=1}^{n} \frac{CF_i}{(1+r)^i} \tag{11-1}$$

式中 CF_i——各期的现金流量；
r——合适的折现率；
n——现金流的次数。

这个公式能够用于任何一种能为其所有者提供现金流的资产。在房地产领域，这样的资产包括权益资产，如土地和建筑物；由房地产担保的抵押贷款；由抵押贷款组合支持的证券；那些投资于房地产权益和抵押贷款的公司（例如房地产投资信托）的股票；以及其他众多资产。

由于每项资产都可以根据现金流的金额、时点和风险进行定价，因此该等式有四个变量：① 当前价值（净现值）；② 现金流的金额；③ 现金流发生的时期或者时段；④ 折现率。在这个基本的定价等式中，只要给定四个变量中的任意三个，第四个变量都可以计算出来。而且，房地产金融领域中的众多问题都是为了确定这四个变量中的某一个。

11.1.2 现金流和现金流的时间性

每项资产都能为它的所有者提供预期现金流。从定价目的看，房地产所能产生的现金流通常是指净经营收入（NOI），是将收入剔除房地产经营费用后的值。经营费用包括各项能源费用、维护费用、房地产税等。不过，折旧是一种非现金费用，它并不是一种现金流出。

现金流的时间性，简单地说，是指在其他条件相同之下，现金越早得到，其现值越大。这是因为现金流越早收到，就越早能被用以增加能赚取利息的资产或者减少需要支付利息的负债,两者都能增加资产所有者的财富。这条原则在DCF模型中得到了反映,即现金在资产寿命中流入的时间越晚,所用的折现因子$(1+r)^i$就越大。该因子位于DCF模型的分母上,所以会使晚到的现金的净现值缩小。

11.1.3 现金流的风险

(1)风险(Risk)

投资活动经常是在有风险的情况下进行的。冒风险,就要求得到额外的收益,否则就不值得去做。投资者由于冒风险进行投资而获得的额外收益,被称为投资的风险补偿,或风险报酬。

如果投资活动只有一种后果,就叫作无风险投资。例如,现在将一笔款项存入(一个不会倒闭的)银行,可以确知一年后将得到的本利和,几乎没有风险。而其他的各种投资活动通常都存在风险。广义而言,风险是指在一定条件下和一定时期内可能发生的各种结果的变动程度。例如,在预计一项投资的收益率时,不可能十分精确,也没有百分之百的把握,有些事情的未来发展在事先是不能确知的,这就是风险。

风险是事件本身的不确定性,具有客观性。例如,无论是企业还是个人,投资于国债,其收益的不确定性较小;如果投资于股票,则收益的不确定性要大得多。这种风险是"一定条件下"的风险,在什么时间、买哪一种或哪几种股票、各买多少,风险是不一样的。这些问题一旦确定下来,风险的大小就无法改变了。这就是说,特定投资的风险大小是客观的,你是否去冒风险及冒多大的风险,是可以选择的,是主观决定的。

风险的大小随时间延续而变化,是"一定时期内"的风险。对一项投资的收益率,事先的预计可能不很准确,越接近投资收益的实现时间,则预计越准确。随着时间的延续,投资的不确定性在缩小,投资完成,其结果也就完全肯定了。因此,风险总是"一定时期内"的风险。

严格说来,风险和不确定性有区别。风险是指事前可以知道所有可能的后果,以及每种后果的概率。不确定性是指事前不知道所有可能的后果,或者虽然知道可能的后果,但不知道它们出现的概率。例如,在一个新区找矿,事前知道只有找到和找不到两种后果,但不知道两种后果的可能性各占多少,属于"不确定性"问题,而非"风险"问题。但是,在面对实际问题时,两者很难区分,风险问题的概率往往不能准确知道,不确定性问题也可以估计一个概率,因此,在实务领域对风险和不确定性不作区分,都视为"风险"问题对待,把风险理解为可测定概率的不确定性。概率的测定有两种,一种是客观概率,是指根据大量历史的实际数据推算出来的概率;另一种是主观概率,是在没有大量实际资料的情况下,人们根据有限资料和经验合理估计出来的。

风险可能给投资者带来超出预期的收益,也可能带来超出预期的损失。一般说来，投资者对意外损失的关切，比对意外收益要强烈得多。因此，人们研究风险时侧重减少损失，主要从不利的方面来考察风险，经常把风险看成是不利事件发生的可能性。

（2）风险的类别

从个别投资者的角度看，风险分为系统风险（Systematic Risk）和非系统风险（Unsystematic Risk）两类。

系统风险是指整个市场的风险，这将影响到市场中的每项投资，例如战争、经济衰退、通货膨胀、高利率等。这类风险涉及所有的投资对象，不能通过多元化投资所形成的投资组合（Portfolio）来分散，因此也被称为"不可分散风险"。例如，一个投资者投资于股票，无论买哪一种股票，他都要承担市场风险，经济衰退时各种股票的价格都会有不同程度的下跌。投资学的理论证明，由于系统风险（例如整个市场的波动）无法通过投资组合的策略分散掉，所以在市场上会得到收益率的回报，即风险补偿。

非系统风险是指每项投资的特有风险，例如某支股票的非系统风险与该企业的运营状况有关，如果该企业发生了不利事件，如新产品开发失败、没有争取到重要的合同等，该企业的非系统风险就会上升，即使这时的市场环境很好，该支股票的股价仍会下跌。投资者可以利用分散投资的策略来消除所承担的非系统风险。"不要把鸡蛋都放在一个篮子里"所讲的正是这个道理。例如，投资者通过观察各种投资工具的市场表现，选择持有那些投资收益相关性比较小的资产类型，这样即使有些投资工具的表现比较差，另外一些表现较好的投资工具将会冲抵这些损失，从而使总的投资收益水平较为平滑。投资者不会选择去持有业绩表现都很类似的投资品，否则如果市场疲软，可能会面临巨大的损失。投资学的理论对此问题有更加严格的证明，表明通过投资组合策略，可以完全分散掉每项投资所特有的非系统风险。因此，非系统风险不会得到收益率的回报。

通常，随着投资组合里资产数量的增多，非系统风险会逐渐被消散，总风险会逐渐降低，如图11-1所示。

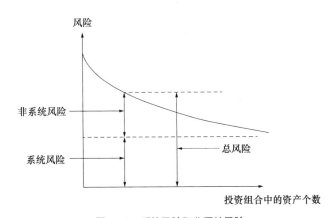

图11-1　系统风险和非系统风险

（3）收益和风险的度量

在投资学和财务管理理论中，通常同时介绍收益和风险的度量方法，需要使用概率和统计的知识。

假设要估计某项投资未来的收益率及其风险水平。由于未来收益的不确定性，收益率可能会出现n个结果，$r_1, r_2, \cdots, r_n$。所对应的概率为$p_1, p_2, \cdots, p_n$。$p_1+p_2+\cdots+p_n=1$。这时，未来收益率用收益率的期望值$\bar{r}$来表示，如式（11-2）所示：

$$\bar{r}=\sum_{i=1}^{n}r_i \cdot p_i \tag{11-2}$$

同时，采用收益率的标准差（σ）来表示这项投资的风险，如式（11-3）所示：

$$\sigma=\sqrt{\sum_{i=1}^{n}(r_i-\bar{r})^2 \cdot p_i} \tag{11-3}$$

两个具有相同收益率期望值的投资项目，其风险可能有很大的不同。如图11-2所示，投资A和投资B具有相同的收益率预期，但投资A未来收益率的标准差却小于投资B，因此，投资A具有较小的风险。当投资者面临选择时，理性的投资者肯定会选择投资A，即在相同的投资收益下，选择风险最小的那个。

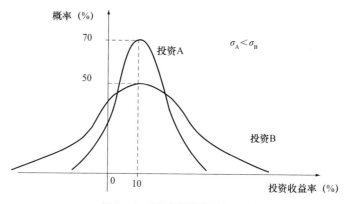

图11-2　投资的期望收益与风险

如果两项（或多项）投资的期望收益率和风险都不同，一种常用的方法是比较各项投资的"风险收益比"（Risk-to-return Ratio），即$\dfrac{\sigma}{\bar{r}}$。这个指标表示，每获得一个单位的收益，需要承担多少风险。这个比率越小的投资，越会得到投资者的青睐。

（4）房地产资产的风险

这里再具体谈谈房地产资产的风险。房地产资产的价值取决于未来能够获得的现金流。因此其风险也是指未来现金流能够实现的概率。如果预期现金流以100%的概率能够实现，则无风险。房地产资产的现金流多少都会与预期有所不同，无论是在现金流的数额上，还是在现金流实现的时间上，这就体现为风险。

以下举一些房地产资产所具有的风险的例子。

酒店、公寓或者写字楼等商业房地产项目的现金流都取决于多种因素，这些因素可能都存在风险。例如，租金收入与国家经济环境，该地区的市场环境、市场竞争程度有密切关系，如果市场竞争激烈，可能会导致物业的空置率增加而降低租金收入，而运营费用与物业管理水平、楼宇节能水平等许多因素有关，有时候一个高水平的物业管理公司能够节约很多的物业管理费用。期末的转售收入同样也有风险。它取决于那时的市场条件，正如第8章曾经提到的，准确预测十年甚至更长时间以后这个房地产能卖多少钱，几乎是不可能的。因此，这些商业房地产项目的现金流都具有风险，其实际发生的数额很可能不同于当前预期的数额。

REITs公司通常就拥有上述这些房地产项目。如果这些房地产项目的现金流存在风险，那么REITs公司所发行的股票自然也就蕴含着风险。例如，某个REITs公司所拥有的一个写字楼租金大幅下滑，或者一个酒店面临倒闭，则股票市场上的投资者肯定会不看好这个公司所发行的股票，股价可能就会下跌。

再看看住房抵押贷款的风险。对于持有住房抵押贷款的投资者（例如商业银行），抵押贷款的每月还款额和还款时间已经在贷款的时候约定好了，并且写在合同中。但即便是这样，现金流的实际时间和金额还是有可能和合同约定的不同。借款家庭可能由于手头现金不足，拖欠了几笔还款（通常住房抵押贷款合同允许借款人偶尔拖欠款项），或者更糟糕的是，借款人发生违约，拒绝再继续还款。如果后面的这一情况出现，贷款人（银行）将收回作为抵押的房地产并进行拍卖处理，但拍卖所得的确切金额也是不确定的，同样有风险。所以，尽管在抵押贷款合同中有许多明确的规定，抵押贷款现金流的时间和金额依然是有风险的。

抵押贷款上存在的风险都会传递到由抵押贷款作抵押的证券上。购买100元抵押贷款支持债券（MBS）的投资者会"拥有"一个抵押贷款组合中的一小部分（按照比例）。他将按比例得到按月偿还的本金和利息。如果借款人没有还款，或者发生了违约，那么现金流就中断了，他也就无法得到在购买MBS时约定的现金流。

11.2 风险与收益率的关系：CAPM 模型

在房地产资产定价中是通过现金流折现模型中的折现率来反映风险的。财务分析的基本原理表明，风险越大，收益率（折现率）越高。在证券市场里，通常采用资本资产定价模型（Capital Asset Pricing Model，CAPM）来确定一项投资的收益率。但是，由于房地产资产的位置固定性、难于迅速变现等特点，还没有一个精确的公式可以将房地产投资的风险水平转换为合适的折现率。这里简单介绍证券市场中的CAPM定价模型，可以为大家理解风险与收益率的关系提供思路。

资本资产定价模型是基于风险资产的期望收益均衡基础上的定价模型。马克维茨（Markowitz）于1952年建立现代资产组合管理理论，12年后，夏普（Sharpe）与莫辛（Mossin）将其发展成为资本资产定价模型，并提出了证券市场线（Security Market Line，SML）。

CAPM理论有若干假设，主要包括：① 市场上存在大量的投资者，每个投资者的财富相对于所有投资者的财富总和而言是微不足道的。投资者是价格的接受者，单个投资者的交易行为对证券价格不产生影响。这个假设与微观经济学中对于完全竞争市场的假定是一样的。② 投资者的投资范围仅限于公开金融市场上的资产，例如股票、债券、借入或贷出无风险的资产等。投资者可以在固定的无风险利率基础上借入或贷出任何额度的资产。③ 不存在证券交易费用（佣金和服务费用等）及税赋。④ 所有的投资人都是理性的，均追求资产投资组合的风险最小化。⑤ 所有投资者对证券的评价和经济局势的看法都一致，也就是说，投资者关于证券收益率的概率分布预期是一致的。显然，以上这些假设忽略了现实生活中的诸多复杂现象，但利用这些假定，可以更加深入地分析证券市场均衡的许多重要特征。

CAPM模型主要描述资产的期望收益与风险之间的关系，如式（11-4）所示：

$$r_i = r_f + \beta_i (r_m - r_f) \tag{11-4}$$

式中 r_i——资产i的期望收益率；

r_f——无风险收益率，例如国债利率或短期银行存款利率；

r_m——市场平均收益率；

β_i——资产i的系统风险水平。

$\beta_i(r_m - r_f)$被称为风险补偿，或风险溢价（Risk Premium），因此，式（11-4）可以表述为，一项投资所能够获得的期望收益率，由无风险收益率（Riskless Rate of Return）和风险补偿构成。

这里的市场，是指包含所有可交易资产的市场资产组合（Market Portfolio）。例如，当以股票市场为研究对象时，是指股市中所有股票的整体市值之和。市场平均收益率则是指各个股票收益率的加权平均，其权重就是每支股票在市场资产组合中所占的比例，即该支股票的市值占所有股票市值的比例。如果是研究更为广泛的资产市场，则市场资产组合还会包含债券、房地产及其他投资工具。

具体而言，β_i被定义为资产i的收益率与市场收益率的协方差，除以市场收益率的方差，如式（11-5）所示：

$$\beta_i = \frac{Cov(r_i, r_m)}{\sigma_m^2} = \rho_{im} \frac{\sigma_m \sigma_i}{\sigma_m^2} = \rho_{im} \frac{\sigma_i}{\sigma_m} \tag{11-5}$$

因此，β_i反映了该项投资的风险与市场风险的相关性程度。相关性越大，β_i的值就越大。之所以计算这一相关性，是因为只有系统风险能够得到收益的补偿，所以某项投资所具有的系统风险水平越高（也就是与市场风险的相关性越高），其β_i值就越大，其预期收益也就越高。这里，每项投资的非系统风险不会得到收益的补偿。

式（11-4）反映了资本市场中收益和风险的均衡关系。如果一项投资的系统风险是市场平均风险的β倍，则其所获得的风险补偿也是市场平均风险补偿的β倍。

图11-3表示CAPM模型在证券市场线（Security Market Line，SML）的应用。由图11-3可知，为补偿投资风险所要求的期望收益率水平。这一收益率水平实际上就是在第8章的报酬资本化法中应该使用的报酬率。在第8章中，只是根据风险和收益正相关的粗略关系，确定报酬率水平，CAPM理论则告诉大家，在资本市场中，报酬率是可以被精确确定的。

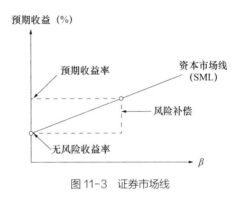

图11-3　证券市场线

CAPM模型和证券市场线在资本市场里得到了非常广泛的应用。它们为评估投资业绩提供了一个基准。以β值测度投资风险，证券市场线就能够得出投资者为补偿投资风险所要求的期望收益率水平。这一收益率水平实际上就是前文第8章的报酬资本化法中应该使用的报酬率。在第8章中，只是根据风险和收益正相关的粗略关系，确定报酬率水平，CAPM理论则告诉大家，在资本市场中，报酬率是可以被精确确定的。

由于证券市场线是期望收益与β之间关系的理论描述，所以被"合理定价"的资产一定都位于证券市场线上。也就是说，它们的期望收益与风险是相匹配的。在实际的资本市场中，如果观察许多资产的期望收益—β关系，就可以通过统计分析的方法得到一个SML的估计（图11-4）。

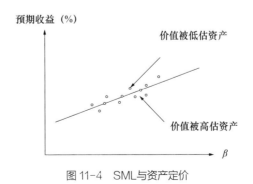

图11-4　SML与资产定价

这时，可能有一些资产并不准确位于SML线上。在SML线之上的点所对应的资产，在相同的风险水平下其收益率高于合理的收益率水平，其价值被低估了；而在SML线之下的点所对应的资产，在相同的风险水平下其收益低于合理的收益率水平，其价值被高估了。市场上的投资者都愿意购买被低估的资产（SML线以上的资产），而希望卖掉被高估的资产，这是很简单的"低买高卖"的道理。如果市场上有很多的投资者，而且交易非常频繁，那么在长期，这些不在SML线上的资产都会逐渐向线上移动，最后收敛在这条线上，也就是达到了市场均衡。例如，如果有大量的投资者都买入市场上被低估的资产，需求量的增加会逐渐抬高该资产的价值，缩小其收益率水平，这项资产在SML上所对应的点就会逐渐向下移动，直到SML线上，这时该资产相对于市场上的其他资产，已经没有超额收益率存在，交易也就停止了。

11.3 财务杠杆理论：权益和债务

11.3.1 权益融资和债务融资

一般而言，投资的资金来源有两个渠道，权益（Equity）融资和债务（Debt）融资，所形成的资本分别被称为权益资本和债务资本。

（1）债务融资

债务融资是指通过信用方式获得资金，并按预先规定的利率支付报酬的一种资金融通方式。债务人（借款人）必须在规定的期限内使用资金，同时要按期向债权人（贷款人）支付利息。对债权人而言，这笔投资被称为债权投资。

债权人和债务人之间仅仅是债权债务关系，债权人无权参与企业的经营管理。债权人不能参与企业的利润分配，而只能依据事先约定的利率获取利息。因此，无论这项投资实际的收益水平是高于预期，还是低于预期，债权人未来的现金流量都是确定的。如果投资的实际收益水平较低，债务人也必须首先偿还债务，哪怕因此而赔本。正是因为债权人的风险很低，所以债务融资的利率也会低于权益投资的收益率。

企业向银行的贷款是典型的债务融资方式。在证券市场上，典型的债务融资就是政府和企业所发行的债券，前者通常被称为国债，后者被称为企业债。债券也被称为固定收益证券，这反映了它未来现金流的固定性。

（2）权益融资

权益融资通常是投资项目为了获取可供长期或永久使用的资金而采取的资金融通方式。权益投资者拥有对企业资产的要求权，企业的资产会随着市场环境和经营绩效的好坏而发生变化。权益投资者一般直接或间接地参与企业的经营管理或项目的投资决策。权益投资者未来能够得到的现金流量具有较大的不确定性，如果企业经营或者资产的市场表现好，则在偿还债务的本息后会有较多的利润，权益投资的收益率就会高；相反，如果经营绩效较差，在按约定偿还债务本息后，权益投资者的收益率就会很低，甚至为负值。正因为如此，权益投资者所要求的收益率通常高于债权人所要求的利率。

如果有多个权益投资者，则在偿还完债务本息后的收益，按照出资比例进行分享。

企业运行中的自有资金，是权益融资的典型方式。在证券市场中，典型的权益融资形式就是股票。简单地说，某支股票的总市值是该股票背后的企业在未来现金流的折现值。股票的市值会经常波动，是因为股票市场上的人们对于发行股票的企业未来经营业绩的预期不断变化。

11.3.2 财务杠杆的作用

在物理学中，利用一根杠杆和一个支点，就能用很小的力量抬起很重的物体，而什么是财务杠杆（Financial Leverage）呢？在财务管理理论中，财务杠杆是指企业在制定资本结构的决策时对债务融资的利用。通过在资本结构中适当举债，能够利用债务融资来"抬高"权益投资（自有资金）的收益率。

这里利用一些简单的公式来说明财务杠杆的作用。假设一个项目的总投资为 A，其中权益投资为 E，债权投资为 D，两者所要求的收益率分别为 r_e 和 r_d（r_d 就是贷款或债券的利率）。那么这项投资的总收益率 r_a 与 r_e 和 r_d 存在的关系便如式（11-6）所示：

$$r_e \cdot \frac{E}{A} + r_d \cdot \frac{D}{A} = r_a \\ E + D = A \tag{11-6}$$

上述公式表明，一项投资的总收益率，是组成它的各项投资的收益率的加权平均值。这在财务管理理论中被称为资本成本加权法（Weighted Average Cost of Capital，WACC）。

一项投资的总收益率，由市场供求条件所决定，通常不受单个投资者的控制。由于 $r_d < r_e$，所以如果引入债务，就能够抬高自有资金的收益率 r_e。债务的比重（D/A）越高，r_d 就会被抬得越高。

这里举一个算例来说明问题。设某写字楼投资额为10亿元，根据市场上写字楼的租金和空置状况，该项投资的预期收益率为7.6%。写字楼的投资者可以以6%的利率从银行获得贷款。如果投资者希望其自有资金的收益率能够达到10%，其资本结构中需要有多少比例的银行贷款？

这个问题就是典型的财务杠杆问题。根据式（11-7），可以进行如下运算：

$$10\% \times \frac{A-D}{A} + 6\% \times \frac{D}{A} = 7.6\% \tag{11-7}$$

这样求解可以得到 $\frac{D}{A} = 60\%$，即全部资金中的60%需要来自银行贷款，剩下的40%为自有资金。

如果自有资金希望达到12%的收益率，类似的可以得出，全部资金中的73.3%需要来自银行贷款。这反映出，债务的比例越高，自有资金的收益率会被抬得越高。

很容易发现，如果全投资的收益率低于贷款利率（负债的资本成本），那么使用财务杠杆反而会产生负的效果，会拉低自有资金的收益率水平。这是因为整个投资的收益尚不足以抵偿债务的成本，自有资金就会蒙受损失。大家可以假设一些情景，利用式（11-7）进行演算，就能理解这种情况。这时，财务杠杆就会产生财务风险，被称为"负财务杠杆"。这种风险通常是由投资收益的变动或者债务成本的变动或者两者同时导致的。

11.4 有效市场理论

11.4.1 信息和市场有效性

信息是指根据条件概率原则有效地改变概率的任何观察结果。在传统的微观经济学中，完备信息是一个很重要的假设条件，即假设市场参与者均拥有经济环境状态的全部知识，价格体系集中了所有的信息。这隐含着信息是一种免费商品，不存在价格。但这一假设与现实环境和社会可能提供的条件相距甚远，不完备信息是几乎所有市场的共同特征。

有效市场（Efficient Market）或市场有效性（Market Efficiency），是指资产在市场中交易，其价值反映了和资产相关的所有信息。这样，没有任何个人可以依靠其他市场参与者都知道的信息进行交易并获取超额利润。超额利润这一概念很重要。有效市场并不排除个人通过搜寻和有效地分析市场信息来获取正常利润，但投资者不可能通过运用其他人都可以获得的信息得到超额利润。这时，为了获取超额利润，投资者必须能够获得某项资产被错误定价的信息。但是如果他拥有这些信息，其他市场参与者也会拥有这一信息，这一套利机会会马上消失，资产就不会被错误定价，超额利润也就消失了。

市场有效性分为几个层面。首先是弱有效性（Weak Efficiency），是指资产价格完全反映了其历史价格（或收益率）。在具有弱有效性的市场中，只拥有资产本身的历史价格信息无法使投资者比其他市场参与者更有优势，并因此获取超额利润。其次是半强有效性（Semi-strong Efficiency），是指资产价格不仅完全反映了历史价格的信息，而且还反映了所有的公开信息。在这样的市场中，拥有了所有的公开信息（包括历史价格信息）都无助于投资者获得超额利润。最后是强有效性（Strong Efficiency），是指资产价格反映了所有的信息，无论是公开的还是内部消息。这时，投资者无论获得什么信息，都无法获得超额利润。这三种市场有效性是层层递进的，如果没有达到前一个市场有效性的要求，自然不会达到后面的市场有效性。

市场有效性的达到通常要求市场上存在大量的投资者，信息非常充分且透明，没有交易成本和各种各样的市场约束。成熟的股票市场往往有条件达到这些要求。已经有许多研究证明了美国等国家股票市场的弱有效性，即仅仅凭借分析历史价格行为，没有人能够对股票未来的走势作出准确预测，也就无法获取超额利润。可以用反证法来说明这个问题。如果存在某个超额利润的机会，就会被大量投资者发现（大家都在努力地研究价格的历史信息，期望找到这些机会），大量投资者的涌入会立刻使价格恢复至有效市场中的水平。也就是说，这个投资机会呈现出的新信息会立刻被所有市场参与者知晓，市场价格也就立刻反映了这个新信息。

有学者的研究表明股票的市场价格会迅速对影响其价值的新信息作出反应。除非某个投资者能够在新信息出现后几分钟内作出迅速的反应，否则超额利润就无法获得。同时，也有些研究已经证明了市场在非公开（内部）信息上不是有效的。这意味着内部消息可以用来获取超额收益。

11.4.2 房地产市场中的信息问题

与股票市场相比，房地产市场的信息不完备程度要高出许多，这主要归因于住房和住房市场的若干特征：

（1）质量离散。房地产市场存在异质性所导致的质量离散问题，这使价格所能反映的信息进一步减少。

（2）市场交易分散。交易集中化能够降低价格分散的程度（例如股票市场）。但是房地产的位置固定性使这样的集中交易市场难以形成，而且房地产买卖通常要求购房者亲临现场进行考察。这进一步加大了价格离散的程度。

（3）房地产价值量大。房地产是单件价值量很大的商品，且购买房地产的决策是企业和家庭的重要决策。价格不确定性所涉及的风险和搜寻能够带来的收益也相应高于其他商品，购房者为降低风险通常会在信息搜寻方面作更多的努力。

（4）交易不频繁且私密性强。一般的企业和家庭买卖房地产的次数很有限，这意味着买卖双方的交易经验都不多，需花费较多的搜寻时间和成本才能够掌握足够的信息。同时，房地产交易信息私密性较强（例如与股票市场相比），这加剧了房地产市场的信息不完备问题。

（5）信息不对称情况较为严重。房地产买方很难通过少数几次现场视察就了解房地产全部的质量信息，这使买方处于相对的信息劣势，容易产生逆向选择问题。

这些特殊性质使房地产市场成为一个信息传递效率偏低的市场，而市场有效性对信息完备的要求程度很高，因此学者的研究表明，即使是很成熟的房地产市场，也难以满足弱有效性的要求。这意味着，在房地产市场中，利用对历史信息的分析，是有机会对未来价格或收益率的变动进行预测，从而获得超额利润的。

但同时，随着房地产资本市场，特别是二级市场的不断发展，原先流动性很差的房地产资产被证券化为流动性很强的股票（如REITs）或者债券（MBS），进入证券市场进行交易。由于证券市场中的信息完备程度较高，且投资者众多，资产交易迅速，这些房地产衍生证券市场的有效性得到了很大的提高。

> **思考题**
>
> 1. 简述资产定价的一般思路。
> 2. 分析风险与不确定性之间的关系与区别。
> 3. 风险的主要类别有哪些？各自的特点是什么？
> 4. 分析收益率、期望收益和风险之间的关系。
> 5. 作为一种资产，商业房地产的主要风险有哪些？
> 6. 房地产资产定价的基本思路是什么？

第 12 章　固定收益型房地产证券的定价

固定收益型房地产证券，主要指由房地产抵押贷款（特别是住房抵押贷款）衍生的各种债券，例如最常见的住房抵押贷款支持证券（MBS）等。在美国、英国等发达国家，以住房抵押贷款支持证券为主体的住房金融二级市场已经在其住房金融市场（乃至于整个金融市场中）占据了重要地位。本章将在介绍住房抵押贷款定价方法的基础上，以住房抵押贷款支持证券为例，对固定收益型房地产证券定价的基本思路进行介绍。

12.1　住房抵押贷款及其定价

正如第10章中提及的，固定收益型房地产证券——或者更具体地说，住房抵押贷款支持证券，是以住房抵押贷款为担保发行的债券。因此，在具体介绍住房抵押贷款支持证券的定价思路之前，首先需要对住房抵押贷款的主要类型及其定价方法有所了解。

考虑到我国住房金融市场实际发展水平的局限性，本节将主要以美国为例，对发达国家和地区的主要住房抵押贷款类型进行介绍，其中也穿插了对我国的实际情况的简要说明。

12.1.1　住房抵押贷款的相关概念

住房抵押贷款尽管种类繁多，但对其中的任何一种贷款而言，下列概念都同样适用。

（1）抵押贷款的初始本金（Initial Outstanding Principal Balance，记为OLB_0），亦即抵押贷款合同约定的贷款额度。贷款额度通常要求低于抵押的住房单元在贷款时点上市场价值的一定比例[①]（例如70%）。

（2）抵押贷款的期限（Mortgage Term）。相比其他贷款，住房抵押贷款往往期限更长，最多可达到30年。需要注意的是，住房抵押贷款通常是按月偿还的，因此其偿付次数（记为n）应当等于贷款期限的12倍。

（3）抵押贷款在各偿付期的利率（Interest Rate，记为i_t）。同一宗住房抵押贷款在各偿付期内的利率可能是相同的（即固定利率抵押贷款），也可能是不同的（即可调整利率抵押贷款）。

（4）借款人在各偿付期的偿付额（Total Payment，记为PMT_t）由两部分组成，即在该偿付期内摊付的本金（Principal Paid Down in the Payment，记为$AMORT_t$）

---

① 该比例通常称为贷款价值比（Loan-to-value Ratio，LTV）。

和缴纳的利息（Interest Owed in Each Payment，记为INT_t），三者之间的关系如式（12-1）所示：

$$PMT_t = AMORT_t + INT_t \qquad (12\text{-}1)$$

其中，该偿付期内应当缴纳的利息额取决于上一期末剩余本金和该期利率，即如式（12-2）所示：

$$INT_t = OLB_{t-1} \times i_t \qquad (12\text{-}2)$$

完成偿付后，贷款本金的剩余部分即为抵押贷款在该期末的剩余本金（Outstanding Principal Balance After Each Payment，记为OLB_t），计算式如式（12-3）所示：

$$OLB_t = OLB_{t-1} - AMORT_t \qquad (12\text{-}3)$$

显然，在抵押贷款期限达到时，本金应恰好偿付完毕，即如式（12-4）所示：

$$OLB_n = 0 \qquad (12\text{-}4)$$

在上述基本概念和基本关系式的基础上，不同类型住房抵押贷款的区别仅存在于两个方面：① 抵押贷款本金的摊付方式，即确定各偿付期内摊付本金额（$AMORT_t$）的方式，由此可以将住房抵押贷款划分为纯利息贷款、等额还款贷款、等本金还款贷款、渐进式还款贷款等不同类型；② 抵押贷款利率（r_t）的确定方式，由此可以将住房抵押贷款划分为固定利率抵押贷款和可调整利率抵押贷款两种主要类型。组合形成的各种住房抵押贷款，既灵活地适应了借款人（居民家庭）多样化的需求，也适应了贷款机构防范风险、稳定收益的需要。下面即对两种主要的抵押贷款类型进行更为深入的介绍。

12.1.2 固定利率抵押贷款

1. 固定利率抵押贷款的机制

固定利率抵押贷款（Fixed Rate Mortgage，FRM）是机制安排最简单的一种住房抵押贷款，也是历史最为悠久的一种住房抵押贷款。其基本特点是贷款合同中约定的利率在整个贷款期限内保持不变，即如式（12-5）所示：

$$i_t = i \qquad (12\text{-}5)$$

根据本金摊付方式的不同，固定利率抵押贷款可以进一步细分为若干种类型。其中，固定利率等额还款抵押贷款（Fixed Rate Constant-payment Mortgage）是最常见的一种类型，同时其收益率和市场价值的计算也相对简便，因此下文将主要以其为例进行介绍。

固定利率等额还款抵押贷款要求各偿付期内的偿付额（PMT_t）相等。借助于3.1.2节中讨论的现金流计算中的等额支付现值公式，可以得到各期偿付额PMT_t与贷款总额OLB_0的关系，如式（12-6）所示：

$$PMT_t = OLB_0 \times \left[\frac{i(1+i)^n}{(1+i)^n - 1}\right] \qquad (12\text{-}6)$$

其中，每期包含的利息部分和本金分别可以用式（12-7）和式（12-8）表示：

$$INT_t = OLB_{t-1} \times i_t \qquad (12\text{-}7)$$

$$AMORT_t = PMT_t - INT_t \qquad (12\text{-}8)$$

式（12-6）也经常被改写为式（12-9）：

$$PMT_t = OLB_0 \times MC_{i,\,n} \qquad (12\text{-}9)$$

其中，$MC_{i,\,n}$被称为等额支付现值系数，即在特定利率和偿还次数条件下，摊付1元贷款所需的还款金额。该系数此后在抵押贷款的定价过程中还将被经常使用。

下面通过一个例子来对这种贷款的现金流特点进行更直观的理解。假设贷款总额为20万元，期限20年，年利率8%，则其月摊付情况如表12-1，图12-1所示。

固定利率等额还款抵押贷款月偿付情况（元）

（贷款总额20万元，期限20年，年利率8%） 表12-1

偿付期	月初本金余额	利息	摊付本金	月偿付总额	月末本金余额
1	200000.00	1333.33	339.55	1672.88	199660.45
2	199660.45	1331.07	341.81	1672.88	199318.64
3	199318.64	1328.79	344.09	1672.88	198974.55
4	198974.55	1326.50	346.38	1672.88	198628.17
⋮	⋮	⋮	⋮	⋮	⋮
237	6581.47	43.88	1629.00	1672.88	4952.46
238	4952.46	33.02	1639.86	1672.88	3312.60
239	3312.60	22.08	1650.80	1672.88	1661.80
240	1661.80	11.08	1661.80	1672.88	0.00

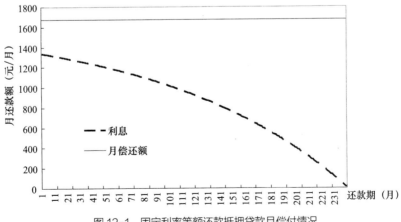

图12-1 固定利率等额还款抵押贷款月偿付情况

（贷款总额20万元，期限20年，年利率8%）

由图12-1可以看到，月偿付总额在整个还款过程中均保持不变，因此避免了还款压力在特定时间段的集中。同时可以看到，在偿还贷款过程初期，利息部分在月偿付总额中占主要份额，但其比例将逐渐下降；相反，摊付本金部分所占比例则逐步提升。

另一种常见的固定利率抵押贷款类型是固定利率等本金还款抵押贷款（Fixed Rate Constant-amortization Mortgage），即各偿付期内摊付的本金额相等。如图 12-2 所示，在整个还款过程中其月偿付总额和月缴纳利息额都均匀降低，使得借款人在偿还贷款过程之初将面临较大的还款压力。固定利率渐进式还款抵押贷款（Fixed Rate Graduated-payment Mortgage）在欧美等国也得到了较为广泛的采用，即月偿付额在还款初期按一定比例逐步提升，之后保持稳定。其最大优势是减轻了借款人在还款初期的压力，适应了年轻家庭的收入变化规律。此外，历史上还曾经出现过固定利率纯利息抵押贷款（Fixed Rate Interest-only Mortgage），即在最后一期之前仅偿还利息，不摊付本金，并在最后一期中一次性偿还全部本金。但这种类型贷款目前已经较为少见。而对于这些贷款类型而言，其定价思路和基本方法都与等额还款贷款类似（但计算过程可能更为复杂），因此下面仅以固定利率等额还款抵押贷款为例介绍定价方法，对于其他类型贷款则不再一一介绍。

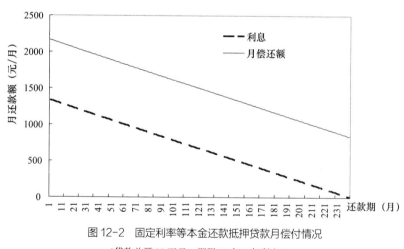

图 12-2　固定利率等本金还款抵押贷款月偿付情况

（贷款总额 20 万元，期限 20 年，年利率 8%）

2. 固定利率抵押贷款的收益率

对于贷款人而言，其面向借款人（居民家庭）发放的住房抵押贷款可以视为一种债权投资，而这项投资的收益状况则可以用其内部收益率（Internal Rate of Return，IRR）[①]来表示。在住房抵押贷款定价过程中，这种内部收益率也被称为年百分率（Annual Percentage Rate，APR，记为 r）。

根据定义，内部收益率为投资的净现值为零时的折现率，可根据这一公式计

---

① 对"内部收益率"概念尚不了解的读者，建议首先阅读 8.5 节基础知识补充"净现值和内部收益率"。

算住房抵押贷款的年百分率。以表 12-1给出的例子为例。对于这笔总额20万元，期限20年，年利率8%，月偿付总额1672.88元的贷款而言，其内部收益率可以通过式（12-10）进行计算：

$$0=-200000+\sum_{t=1}^{240}\frac{1672.88}{(1+r)^t} \quad (12\text{-}10)$$

计算得到，$r=0.667\%$，换算为按年计算（即年百分率）为8%。事实上，可以证明，当不考虑贷款成本、提前还款等因素的影响时，住房抵押贷款的年百分率等于其合同利率。

但实际操作中，借款人在申请贷款时往往还需要向贷款机构支付一定的贷款费用，这种贷款费用通常表现为合同贷款额度的一定比例。此时，住房抵押贷款的年百分率将不再等于其合同利率。例如，在表 12-2给出的例子中，假设贷款费用为贷款额度的1%，则借款人实际仅得到198000元贷款，相应的年百分率的计算公式调整为式（12-11）：

$$0=-198000+\sum_{t=1}^{240}\frac{1672.88}{(1+r)^t} \quad (12\text{-}11)$$

计算得到，$r=0.678\%$，换算为年百分率为8.14%。贷款费用的存在将提高贷款的年百分率，亦即提高贷款机构收益。一个简单的估算方法是，贷款费用每相当于合同贷款额度的一个百分点，年百分率约上升1/8个百分点。

另一种可能出现的情况是借款人提前还款。当贷款费用不存在时，借款人的提前还款不会对年收益率造成影响。例如，在表 12-1的例子中，假设借款人在第10年末将剩余的137881.26元一次性提前还款，则其年百分率的计算如式（12-12）所示：

$$0=-200000+\sum_{t=1}^{120}\frac{1672.88}{(1+r)^t}+\frac{137881.26}{(1+r)^{120}} \quad (12\text{-}12)$$

计算得到，$r=0.667\%$，换算为年百分率仍为8%。但是当贷款费用存在时，其对年百分率的影响将因为借款人的提前还款行为而放大。例如，假设贷款费用为贷款额度的1%，且借款人仍然在第10年末将剩余的137881.26元一次性提前还款，则其年百分率的计算如式（12-13）所示：

$$0=-198000+\sum_{t=1}^{120}\frac{1672.88}{(1+r)^t}+\frac{137881.26}{(1+r)^{120}} \quad (12\text{-}13)$$

计算得到，$r=0.680\%$，换算为年百分率达到8.17%，高于正常还款情况下的8.14%。

计算得到住房抵押贷款的年百分率后，即可将其与当时的贷款利率平均水平进行比较。例如，如果贷款利率平均水平提高到10%，而该笔贷款的年百分率为8%，则贷款机构将遭受损失（但借款人节约了成本）；反之，如果贷款利率平均水平降低到6%，则借款人将遭受损失，但此时借款人往往选择提前偿还或进行再融资。因此比较而言，贷款人承担的利率风险更为可观，而这也是可调整利率抵押贷款兴起的一个重要原因。

3. 固定利率抵押贷款的市场价值

如果在贷款期限内，贷款人需要将持有的抵押贷款进行转让（例如证券化），则需要确定该笔抵押贷款在转让时点上的市场价值（记为 P_t）。对于抵押贷款的购买者（投资人）而言，其要求该项投资的净现值不低于0。假设这宗交易发生在第 m 期（$m<n$），即如式（12-14）所示：

$$-P_m+\sum_{t=1}^{n-m}\frac{PMT_t}{(1+i')^t}\geq 0 \qquad (12\text{-}14)$$

相应的，在均衡状态下，抵押贷款在任意时点上的市场价值就等于其未来偿付额的现值，即如式（12-15）所示：

$$P_m=\sum_{t=1}^{n-m}\frac{PMT_t}{(1+i')^t} \qquad (12\text{-}15)$$

对于固定利率等额还款抵押贷款而言，式（12-15）可进一步改写为式（12-16）：

$$P_m=\frac{PMT_t}{MC_{i',\,n-m}} \qquad (12\text{-}16)$$

需要注意的是，此时使用的折现率 i' 并非该笔抵押贷款的合同利率，也不是其年百分率，而应当采用转让时点上的平均投资收益率（通常用转让时点上同种抵押贷款的利率表示）。

显然，当转让时点上的市场利率与该笔抵押贷款的合同利率保持不变时，抵押贷款的市场价值等于其在该时点上的本金余额。但更经常出现的情况是市场利率已经发生了变动，此时抵押贷款的市场价值将不仅取决于其本金余额，还会受到市场利率变动的反向影响。仍以表12-1的例子进行说明，不考虑贷款费用，假设该笔贷款在第10年末进行转让，此时其本金余额为137881.26元，但如果此时的市场利率水平由8%上升到了10%，则其市场价值应当为：

$$P_{120}=\frac{1672.88}{MC_{10\%/12,\,120}}=126588.79\,\text{元}$$

由于市场利率水平的上升，此时抵押贷款的市场价值低于其账面价值（本金余额），贷款机构遭受了损失。反之，如果市场利率水平下降，则抵押贷款的市场价值将高于其账面价值，即贷款机构从利率降低中盈利。固定利率抵押贷款的市场价值与市场利率水平之间的反向联系也是固定利率抵押贷款面临利率风险的一个主要体现，20世纪80年代美国等国家出现利率持续上升，使得贷款机构蒙受巨大损失，而这也直接促成了可调整利率抵押贷款的产生和大量使用。

12.1.3 可调整利率抵押贷款

1. 可调整利率抵押贷款的机制

简单而言，可调整利率抵押贷款（Adjustable Rate Mortgage，ARM）是允许贷款利率随市场利率变化而浮动的住房抵押贷款。正如前一节中所讨论的，可调整利率抵押贷款的最大优点是减轻贷款人所面临的利率风险。同时，可调整利率抵押贷款也通常包含一系列有利于借款人的合同安排（例如其初始利率通常显著低于同等条件的固定利率抵押贷款，同时限制利率的调整频率和上升幅度等），以鼓励借款人接受。

除了12.1.2节中介绍的基本概念，可调整利率抵押贷款合同中通常还需要包括如下主要条款。首先是利率调整频率。显然，利率调整间隔时间越短，贷款人承担的利率风险越小，理想情况下贷款利率可以随市场利率水平实时（例如每天）变动，但现实中这是很难实现的，而需要在合同中约定利率调整周期。目前最常见的是逐年调整，并约定一定的利率固定期。例如，美国最常见的是7/1形式和10/1形式的贷款合同，前者在前7年保持初始利率不变，此后每年调整1次，后者则在前10年保持初始利率不变，此后同样每年调整1次。

可调整利率抵押贷款的利率往往与一定的指数挂钩，作为利率调整的依据，当该指数上升时，贷款利率随之上浮，反之亦然。最常见的指数是与贷款利率调整周期相对应的国债的利率，例如1年期国债利率。但贷款利率通常并不直接等于该指数（例如国债利率），而是指数的价值加上一个固定幅度，这个固定幅度称为附加利率。例如，如果合同约定附加利率是150个基点（1.5%），而当前的1年期国债利率为8%，则调整后的贷款利率应当为9.5%。

为了吸引借款人，贷款合同中通常包含了利率调整上限或贷款期利率上限。前者约定了合同利率在每一次调整过程中的浮动程度上限，后者则确定了整个贷款期内贷款利率不能超过的上限。显然，调整利率上限或贷款利率上限越小，利率浮动范围越小，贷款人承担的利率风险越大。

上述几方面条款都与贷款人承担的利率风险直接相关。通过各种条款的组合，贷款人一方面尽可能降低其承担的利率风险的程度，另一方面又需要给予借款人一定的补偿，以吸引其参与。经过过去几十年的发展，美国等国家和地区住房金融市场中多数已经形成了若干种"最优"的条款组合，亦即为借贷双方所广泛接受的可调整利率抵押贷款标准合同。

我国现行的住房抵押贷款实际上也是一种可调整利率抵押贷款。但与前述欧美国家实行的可调整利率抵押贷款有所区别的是，我国现行住房抵押贷款的利率调整条款并不由贷款人和借款人自行约定，而是按照央行（中国人民银行）出台的利率水平逐年进行调整[①]。因此，我国现行的住房抵押贷款可以视为一种逐年调整、以央行出台的住房抵押贷款利率为指数、无附加利率、无利率上限（包括调整上限或贷款期上限）的，简化的可调整利率抵押贷款。图12-3给出了2010年以来我国历年住房抵押贷款利率水平的调整情况。

可调整利率抵押贷款的月偿付额计算方式与固定利率抵押贷款类似。以等额

---

① 根据规定，当一年中央行出台利率调整政策时，原有的住房抵押贷款仍执行原贷款利率，并从下一年1月1日起执行调整后的新利率。

还款形式抵押贷款为例,在每一次利率调整后,均采用式(12-6)重新计算其月偿付额,并在下一次利率调整之前按该额度进行还款。例如,假设我国某家庭在2000年1月申请了一笔总额20万元、期限20年的住房抵押贷款,并从当月起开始还款,则整个还款期间各月偿付额变化情况如图12-4所示。可以看到,由于贷款利率调整(特别是2004年以来贷款利率的迅速提高),该家庭的月偿付额经历了明显的变化。

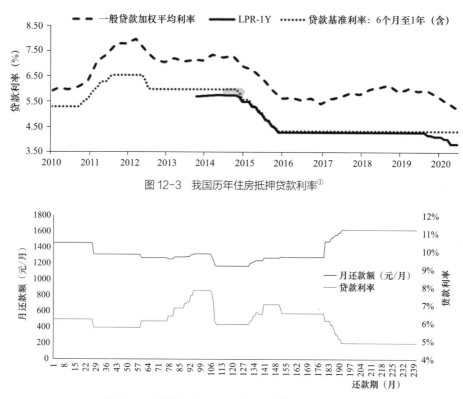

图12-3 我国历年住房抵押贷款利率[①]

图12-4 可调整利率等额还款抵押贷款月偿付情况案例

2. 可调整利率抵押贷款的定价

与固定利率抵押贷款类似,可调整利率抵押贷款也是贷款人的一种债权投资,因此其收益率(年百分率)和市场价值计算的基本思路,与12.1.2节"1.固定利率抵押贷款的机制"及"3.固定利率抵押贷款的市场价值"中介绍的固定利率抵押贷款的定价方法基本一致。

与固定利率抵押贷款有所不同的是,可调整利率抵押贷款在一定程度上消除了市场利率变动对定价结果的影响,使得其年百分率始终更接近于当前的市场利率水平,同时其市场价值也始终接近于其账面价值(剩余本金)。特别的,理想状态下,如果允许贷款利率实时调整,并且合同中没有利率上限等条款的约定,

---

① 数据来源:Wind。

则可调整利率抵押贷款的市场价值应当始终等于其账面价值。

但这种理想情况在市场实践中并不存在,利率调整频率、利率上限等条款都在不同方面限制了贷款利率的浮动,进而导致贷款的市场价值偏离(低于)其账面价值。相应的,估计各种条款对其市场价值的影响程度也就成为可调整利率抵押贷款定价过程中的重点。但目前这方面研究仍未完善,特别是缺乏对影响程度的解析形式表达,而更多的是借助于数值模拟计算给出的数值解。因此,这里不对定价方法进行更多的介绍,而仅是展示国外学者已经取得的一些规律性结果。如图 12-5所示,假设利率波动性为标准水平(即利率波动的标准差为15%),则在其他条款相同的情况下,利率调整周期越长,利率调整限制越严格,贷款人承担的利率风险越大,相应的其市场价值相当于账面价值的比值越低。同时,这种影响的程度也与利率波动性水平(亦即利率风险的大小)密切相关。以利率调整上限为例,如图 12-6所示,如果利率波动标准差为0(即不存在利率风险),则利率调整上限不会对贷款价值产生影响,贷款的市场价值将始终等于其账面价值。但当利率存在波动性时,其波动幅度越大(利率风险越大),利率限制条款对贷款价值的影响程度越大。因此,估计未来利率波动水平,也是测算可调整利率抵押贷款市场价值的一项重要因素。

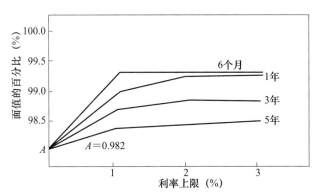

图 12-5 利率调整频率和调整上限对贷款价值的影响

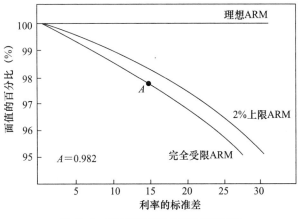

图 12-6 利率波动性对贷款价值的影响

当然，也存在一些对贷款价值有正向影响的条款。如图 12-7 所示，在其他条款相同的情况下，合同中约定的附加利率越高，贷款的市场价值越高。类似的，贷款人还可能通过提高初始利率、要求初始折扣等，提高贷款的市场价值，弥补利率调整频率、利率上限等条款的不利影响。

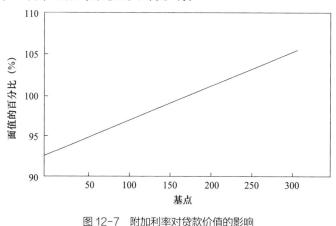

图 12-7 附加利率对贷款价值的影响

12.2 住房抵押贷款支持证券的定价思路

在了解了作为其基础的住房抵押贷款的定价方法后，下面对住房抵押贷款衍生证券中最重要的一种类型——住房抵押贷款支持证券（Mortgage-backed Securities，MBS）的定价思路进行介绍。

除抵押贷款支持证券外，住房抵押贷款衍生证券还包括传递证券（Mortgage Pass-through Securities，MPTS）、抵押贷款担保债务（Collateralized Mortgage Obligation，CMO）等其他类型。这些类型衍生证券的基本定价思路与住房抵押贷款支持证券类似，但由于其在现金流、利率风险等方面的差异，具体计算方法更为复杂，本节中不再一一进行介绍。

12.2.1 债券估价的基本方法

从第 11 章的介绍中可以看出，MBS 在很大程度上具有普通的公司债券的特点：债券发行人承诺在到期日支付债券面值，到期前定期（通常是每半年或一年）付息一次；债券以住房抵押贷款担保，抵押贷款由债券发行人所有，债券投资者对抵押贷款没有所有权等。这就决定了 MBS 的定价在很大程度上可以借鉴普通债券的估价方法。因此，下面首先对债券估价的基本方法进行简要介绍。

债券估价方法与 12.1.1 节中介绍的住房抵押贷款市场价值的计算方法类似（事实上，这也是计算所有债权投资市场价值的共同思路），任意时点上市场价值都等于其未来现金流的现值。假设某种不可赎回债券的票面价值为 A，息票率（即债券的票面利率）为 i_B，期限为 n 年，按年付息。则如果第 m 年末进行转让，其净现值计算公式如式（12-17）所示：

$$-P_m+\sum_{t=1}^{n-m}\frac{A\times i_B}{(1+i')^t}+\frac{A}{(1+i')^{n-m}}=0 \quad (12\text{-}17)$$

其中，i' 为当前的市场利率（折现率）水平。相应的，该债券此时的市场价值为式（12-18）：

$$P_m=\sum_{t=1}^{n-m}\frac{A\times i_B}{(1+i')^t}+\frac{A}{(1+i')^{n-m}} \quad (12\text{-}18)$$

[例12-1] 某种20年期、面值1000元、息票率10%的不可赎回债券，其第2年末的市场价值为（假设此时的市场利率水平为12%）：

$$P_2=\sum_{t=1}^{18}\frac{1000\times 10\%}{(1+12\%)^t}+\frac{1000}{(1+12\%)^{18}}=855\text{元}$$

该债券在第2年末的市场价值为855元。可以看到，由于此时的市场利率水平（12%）高于该债券的息票率（10%），使得该债券此时的市场价值低于其票面价值。图12-8进一步给出了不同市场利率水平下的估价结果。债券的市场价值受到市场利率波动的反向影响，这也使得市场利率水平成为影响债券定价结果的最主要因素。

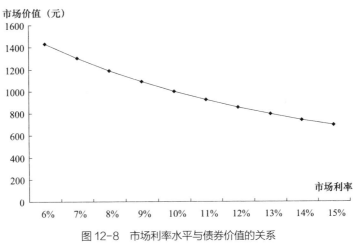

图 12-8 市场利率水平与债券价值的关系
（20年期，票面价值1000元，息票率10%，第2年末）

12.2.2 住房抵押贷款支持证券的定价

MBS定价的基本方法与前一节介绍的债券定价方法类似，而其特点在于需要更多地考虑MBS的风险性因素，特别是是否可能因为住房抵押贷款违约、提前还款等原因，造成债券到期后无法完全偿还面值。

这需要首先对MBS的机制和现金流特点有更深入的了解。MBS发起人从抵押贷款发放机构（例如商业银行）购买一定额度的抵押贷款组合，并以此为抵押发行证券。为了发挥信用增强的目的，作为抵押的抵押贷款组合面值一般大于发行的MBS面值，称为超抵押，其差额由发起人用权益资金填补（相当于发起人的权益投资，如图12-9所示）。同时，考虑到抵押贷款的提前还款等因素，MBS期限一般也低于抵押贷款组合的期限。

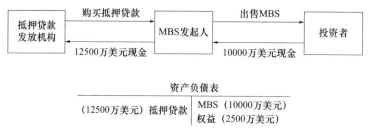

图12-9 MBS的典型现金流

理想情况下，如果一切进行顺利，发行人可以逐月从抵押贷款组合中收到利息和摊付的本金，将其归入"偿债基金"中并进行投资，同时抵押贷款的所有提前偿付也会归入到偿债基金中。然后，每个付息点（每半年或一年）上发行人会利用偿债基金向MBS持有人支付利息。由于来自抵押贷款本息和提前偿还额的现金流会大于债券的利息支付，偿债基金应当持续增长。在到期日，偿债基金规模应足以偿还MBS的面值，其余额（包括此后的抵押贷款偿还额）则作为对发行人权益投资的回报。但是，如果出现住房抵押贷款大量违约、提前偿还比例过大、偿债基金投资收益率不足等情况时，也可能出现MBS到期时偿债基金数额低于MBS面值的情况。此时，发行人就需要出售部分抵押贷款套现，甚至可能出现MBS违约（无法足额偿还面值）的情况，使得MBS的发行人和持有人蒙受损失。

表12-2所示案例可以帮助更好地理解MBS的现金流特点，以及各种因素对其偿付安全性的影响。假设以一系列标准化合同利率10.5%、贷款期限30年、贷款总额1.1亿美元的固定利率等额还款住房抵押贷款为抵押发行MBS。MBS的票面价值为1亿美元，票面利息为9.5%，20年内每年付息一次，在到期日偿还面值。假设在前10年的年违约率为0.5%，且暂不考虑提前还款的影响，同时假设偿债基金的投资收益率为8%，则该抵押贷款组合和MBS的现金流见表12-2所列[1]。

表12-2中有两个（组）数字尤为关键。首先，第20年中偿债基金的总额达到105760237美元[2]，足以偿付债券面值（1亿美元）。其次，当使用抵押贷款组合的利率10.5%进行折现时，最后一列表示的MBS发起人获得的剩余现金流的现值达到10224138美元，高于其初始权益投资1千万美元，即MBS发起人也从这项投资中获得了收益。这两部分结果也共同标志着这笔MBS的发行取得了成功：超抵押足以向债券持有人支付承诺的款项，而剩余款项又为MBS发起人提供了权益投资的收益。

---

[1] 为简便起见，本例假设以年为基础进行现金流测算。
[2] $105760237 = 96015290 \times (1 + 8\%) + 11563723 - 9500000$。

MBS 的现金流案例（美元）　　　　表 12-2

年限	抵押贷款本金余额	偿付额	违约	现金流入	现金流出	偿债基金期末余额	剩余现金流
1	110000000	12158133	546959*	12158133	9500000	2658133**	0
2	108844908	12097342	540881	12097342	9500000	5468126	0
3	107635399	12036856	534501	12036856	9500000	8442432	0
4	106365759	11976671	527787	11976671	9500000	11594497	0
⋮	⋮	⋮	⋮	⋮	⋮	⋮	⋮
9	98872531	11680234	487870	11680234	9500000	30572100	0
10	97086044	11621833	478291	11621833	9500000	35139701	0
11	95179954	11563723	0	11563723	9500000	40014600	0
12	93610126	11563723	0	11563723	9500000	45279492	0
⋮	⋮	⋮	⋮	⋮	⋮	⋮	⋮
18	80056174	11563723	0	11563723	9500000	86992191	0
19	76898349	11563723	0	11563723	9500000	96015290	0
20	**73408952**	**11563723**	**0**	**11563723**	**109500000**	**5760237**	**5760237**
21	69553168	11563723	0	11563723	0	0	11563723
22	65292528	11563723	0	11563723	0	0	11563723
⋮	⋮	⋮	⋮	⋮	⋮	⋮	⋮
29	19935413	11563723	0	11563723	0	0	11563723
30	10464908	11563723	0	11563723	0	0	11563723

注：*——546959 = 0.5%×（110000000－608133）。
　　**——2658133 = 12158133－9500000。

上述测算结果显然会受到各方面因素的影响，包括初始超抵押额、违约率、提前偿付率、偿债基金投资收益率等。

表 12-3 在表 12-2 的基础上，考察了单一因素变化对第 20 年末偿债基金余额的影响。根据此前的分析，当基金余额高于债券面值（1 亿美元）时，债券持有人都能够获得承诺的款项。

其中需要特别关注的是抵押贷款组合违约率的影响。一方面，抵押贷款违约率受经济形势和住房市场景气状况等因素的综合影响，因此对于已经发行的 MBS 而言，在其偿付过程中抵押贷款组合违约率是最有可能发生变化的因素。而另一方面，偿债基金余额又对违约率的波动极其敏感。根据表 12-3 的测算，当违约率从原来的 0.5% 上升到 0.7% 时，就足以对该 MBS 面值的安全偿付造成威胁。因此，抵押贷款组合违约率是决定 MBS 是否成功的关键因素，也是影响 MBS 市场价值的重要因素。

各种因素对偿债基金余额的影响（美元）　　　　表12-3

A　超抵押比例的影响		B　抵押贷款组合违约率的影响	
抵押贷款组合面值	基金余额	抵押贷款违约率	基金余额
110000000	105760237	0.5%	105760237
112500000	118044303	0.6%	102651606
115000000	130328368	0.7%	99565138
117500000	142612434	0.8%	96500677
120000000	154896000	0.9%	93458067
125000000	179464632	1.0%	90437154
C　偿债基金投资收益率的影响		D　提前还款率的影响[①]	
偿债基金投资收益率	基金余额	抵押贷款提前还款率	基金余额
8.000%	105760237	0.0%	105760237
8.125%	107295582	5.0%	126269237
8.250%	108855597	7.5%	122217256
8.375%	110440682	10.0%	117341525
8.500%	112051241	12.5%	113015338
8.675%	113687688	15.0%	109482052

现在回到MBS的定价问题上。从上述分析中不难看出，当住房市场正常运行，作为MBS抵押的住房抵押贷款按预想的"理想情况"进行时，MBS持有人能够获得约定的利息和本金偿付，此时MBS可以视为普通债券，按照12.2.1节中的方法进行估价，市场利率水平是影响估价结果的主要因素。但是，当住房市场进入衰退期，住房抵押贷款违约率显著提高时，就有可能预期出现MBS到期后不能足额偿付（甚至利息无法及时偿付）的情况。此时，就不能按照票面约定的面值和息票率进行估价，而需要使用根据市场情况调整（下调）后的现金流进行计算，使得估价结果可能远低于其面值。

一个最典型的例子就是2007年美国爆发的次贷危机。由于美国市场利率水平的上升和住房市场景气状况的逆转，2007年美国次级住房抵押贷款的拖欠率（拖欠30天）和取消抵押赎回权率达到惊人的13.33%和4%，直接造成以次级贷款为抵押的次级贷款债券的市场价值暴跌，使得作为债券发行人和持有者的各种机构投资者遭受巨大损失。本章所附案例分析中，还将对次贷危机的成因进行更为详细的分析。

[①] 这里假设提前还款仅发生在第一年。

12.3 案例分析：美国次贷危机是如何酿成的

20世纪90年代以前，美国次级贷款业务（Sub-prime Mortgage）鲜为人知，高违约风险使绝大多数金融机构不愿涉足。90年代中期由于美国房地产市场快速升温，加之政府持续鼓励住房自有，大批私人金融公司嗅到了次贷业务中蕴藏的丰厚利润，原本不为人看好的次贷业务一跃成为金融机构竞相追捧的"香饽饽"[1]。

随着美联储17次加息，2006年美国房地产市场开始向下调整。在不断增长的利息和不断下降的房价的双重压力下，大批次贷借款人开始违约，市场出现不祥的征兆。2007年4月，美国第二大次级抵押贷款机构——新世纪金融公司申请破产保护。其后多家涉足次贷及其债券业务的金融公司和投资银行，或传出大幅亏损消息，或申请破产保护，至2008年4月逐渐引起人们的关注，到8月升级为席卷全球资本市场的"完美风暴"，并迅速波及欧洲、日本、澳大利亚等世界主要金融市场。

美国次级贷款业务历经三十年左右的时间，从20世纪90年代以前的鲜为人知，发展到2008年8月爆发的次贷危机，并引发全球金融危机。分析美国次贷危机的来龙去脉，有助于更加深入地理解房地产资本市场的运作，以及总结经验教训。

原因一：政府监管缺位

在美国政府看似全面监管住房金融市场的体系内，仍存在较为严重的监管缺位。截至次贷危机爆发前，联邦住房贷款银行（Federal Home Loan Banks, FHLBs）的8104家会员机构并不是一级市场上的全部抵押贷款发放机构，2007年它们发放的个人住房抵押贷款占美国个人住房抵押贷款总额的84%，这意味着尚有市场份额占16%的其他金融机构未受到住房金融一级市场监管机构联邦住房金融委员会（Federal Housing Finance Board, FHFB）监管。而占有次贷市场59%份额的前10大抵押贷款发放机构都不是联邦住房贷款银行的会员。其次，二级市场上虽然80%的住房抵押支持证券是由政府支持企业发起的，受到住房金融二级市场监管机构联邦住房企业监管办公室（Office of Federal Housing Enterprise Oversight, OFHEO）严格监控，但由私人机构发起的另外20%的住房抵押支持证券则不在联邦住房企业监管办公室的监管范畴内。所以，美国次贷危机后住房金融监管的重大改革就是将住房金融一级、二级市场监管机构合并，设立了全国统一的住房金融监管机构联邦住房金融署（Federal Housing Finance Agency, FHFA），堵塞了住房金融体系的监管漏洞。

在美国住房学会（NHI, National Housing Institute）主席约翰·阿特拉斯（John Atlas）看来，早在1980年代末到1990年代初，诸多私人商业性金融机构的参与就为次贷危机埋下了隐患。1980年，美国国会通过《存款机构放松管制和货币控制法案（Depository Institutions Deregulation and Monetary Control Act）》，取消

---

[1] 张宇，刘洪玉. 美国住房金融体系及其经验借鉴——兼谈美国次贷危机[J]. 国际金融研究，2008年04期.

了统一的抵押贷款利率，允许贷款发放机构根据借款人的风险和信用状况设定灵活利率，银行业管制自此放松。储贷协会也一改不以营利为目的的宗旨，经国会同意，开始与私人金融公司等商业性贷款机构竞争，由此拉开了近10年银行业纷争的序幕。行业纷争进一步引发兼并浪潮，一级市场上的抵押贷款发放机构重新洗牌，储贷协会不再是一级市场上的"大哥大"，商业银行、保险公司、信贷公司和私人贷款机构转而成为金融服务的主要提供者。

原因二：过度拓展的贷款种类

依照贷款人信用等级差别，美国个人住房抵押贷款市场分为三类，即优质抵押贷款市场（Prime Mortgage）、次优级抵押贷款市场（Alt-A Mortgage）和次级抵押贷款市场（Sub-prime Mortgage，即次贷）。次贷的借款人多是还款能力较差、甚至无法提供收入证明的低收入人群以及负债较重的中产阶级。ALT-A（Alternative A-paper）贷款市场则是介于二者之间的庞大灰色地带，主要面向一些信用记录不错但却缺少固定收入、存款、资产等合法证明文件的借款人。

美国房地产市场继90年代中期快速升温之后，在2001～2005年间进入了繁荣期。在一个上升的房地产市场环境中，由于发放次贷的收益率较高，即使违约后仍可通过没收抵押品拍卖收回贷款本息，以及通过证券化转移风险，使得房地产金融机构更愿意推广次贷业务。在二级市场上，针对次贷申请者大多收入水平较低的特点，积极创新基于住房抵押贷款的证券产品及其衍生品品种，且发展速度较快。快速的产品创新进一步加大了市场监管的难度。

截至2006年新增次级抵押贷款中，90%左右是可调整利率抵押贷款；其中大约2/3属于2＋28混合利率产品，即偿还期限30年，头两年以明显低于市场利率的固定利率计息，第三年利率开始浮动，并采用基准利率加风险溢价的形式。这意味着几年后借款者的还款压力会骤然上升，很可能超过低收入还款者的承受能力。据统计，在美国2006年新发放的抵押贷款中，优质贷款占36%，次优级贷款占25%，而次级贷款则占到了21%。2001～2003年间，美国新增次贷业务占新增个人住房抵押贷款的比重维持在8.0%～8.6%，2004年该占比增至18.5%，2005年和2006年则都超过了20.0%，2007年仅前3个月，美国次贷业务共计约650万笔，总额1.3万亿美元，占个人住房抵押贷款总额的12.5%。

原因三：美国政府的政治导向

美国政府的政治导向客观上诱发了次贷危机。提高住房自有化率历来是美国政客坚持的执政导向。与此同时，共和党还非常推崇"经济自由化"，他们认为应当尽可能减少对资本市场和私营经济的干预，发挥市场经济的"自由"潜能。很多私人贷款机构、投资银行、基金经理恰恰抓住了这两点政治导向，大举拓展次贷相关业务，市场上甚至出现了大量次贷经纪人（Sub-prime Mortgage Broker），形成了从借款人到经纪人，再到贷款机构、证券化机构、投资机构等的次贷业务链。

联邦储备委员会委员爱德华·格兰里奇（Edward Gramlich，于2005年8月辞职）

曾于2000年多次警告国会"次贷市场已经变成'掠夺性贷款'市场，如不及时监管，将危害到居者有其屋的美国梦以及住房资产价值"。但是其警告并没有引起国会的重视，原因并不难理解，当时美国国会议员中有相当数量的人代表着华尔街上持有次贷资产的大银行或投资机构的利益。

> **思考题**
>
> 1. 什么是固定收益型房地产证券？其常见形式有哪些？
> 2. 住房抵押贷款和住房抵押贷款衍生证券的种类分别有哪些？
> 3. 如何进行住房抵押贷款的定价？
> 4. 住房抵押贷款支持证券（MBS）是如何运作的？
> 5. 如何进行住房抵押贷款支持证券（MBS）的定价？

第13章　权益型房地产证券的定价

从第10章的介绍已经知道，房地产投资的资金来源可以分为权益融资和债务融资两大类型。债务融资形式包含房地产抵押贷款，以及由房地产抵押贷款衍生的各种债券，例如最常见的住房抵押贷款支持证券（MBS）等。第12章已经详细地介绍了这些固定收益型房地产证券的定价。本章将以商业房地产为主，介绍房地产持有投资的权益资金来源，包含直接投资和间接投资。之后，将关注点聚焦于间接投资中的房地产投资信托（REITs）形式，简单介绍这种房地产衍生证券的定价。

考虑到我国房地产资本市场实际发展水平的局限性（我国尚未有成熟的权益型房地产衍生证券出现，例如REITs），为了使大家能够更加全面地了解房地产权益投资形式和REITs定价原理，本章将主要以美国和其他发达国家为背景进行介绍。

13.1　商业房地产的权益融资来源

对于商业房地产，投资者可以通过直接投资或者购买衍生证券的形式持有房地产。在直接投资中，机构或个人投资者通过购买房地产来拥有房地产权益。房地产资产的额度都相当大。在美国，几栋中央商务区（CBD）的写字楼或酒店，就会动辄上亿，甚至几十亿美元。在我国，情况也类似。这意味着只有那些拥有大量资金的个人或机构，才有能力直接持有商业房地产。因此，往往是一些拥有大量财产的个人或者机构投资者直接购买和持有房地产权益（例如购买写字楼和酒店）。在间接投资中，投资者们购买的是代表权益的证券。目前较为流行的可供投资者进行间接投资的房地产证券是房地产投资信托（Real Estate Investment Trusts，REITs）的股票。这里首先简要介绍商业房地产的主要机构投资者。

在美国和欧洲国家中，商业房地产的主要机构投资者是人寿保险公司和退休基金（养老基金）。首先，这些机构都拥有大量的资金，有能力进行直接的房地产投资；另外，这些机构都希望拥有能够给它们带来长期和持续的现金流的资产，这与它们需要支付的现金流是比较匹配的。

（1）人寿保险公司

在美国，至今为止，债权形式的房地产投资（如抵押贷款）仍占人寿保险公司持有的房地产资产的大部分，房地产权益所占的比重相比之下较小。在1990年代，全部人寿保险公司持有的房地产权益大致在500亿～1000亿美元的量级，大约占其资产的3%。而它们所持有的房地产抵押贷款（及其衍生证券）在3000亿～5000亿美元的量级，大约占其资产的20%。

（2）养老基金（退休基金）

在美国和主要的欧盟国家，养老基金的增长一直都很显著。以美国为例，

1970年，养老基金仅仅拥有1350亿美元的资产，到1999年，资产暴增到2.5万亿美元。养老基金越来越看重对房地产权益的投资。在1980年，养老基金持有的房地产权益金额很小，几乎可以忽略，但是后来它们在房地产上的权益在一直增长。到了20世纪80年代后期，越来越多的投资顾问在为养老基金管理房地产投资，而到1990年，养老基金持有的房地产权益已经稳步上升到占其资产的约5%，到2000年左右，这一比例又有显著的上升。

养老基金的计划由两部分组成：缴纳方案和受益方案。简而言之，前者规定了雇员在工作期间每月需要缴纳的特定金额。每个雇员养老金账户中的金额会逐渐累积。这些账户由养老基金的基金管理者实施投资管理，获得一定的收益。受益方案规定了在雇员退休之后，每个月基金支付给他的金额。

由于设立养老基金的目的是保障广大雇员退休后的生活费用来源，所以政府对养老基金的安全性提出了较严格的要求。为了保障基金的安全性，养老基金的投资往往比较谨慎，偏好那些能够带来稳定现金流的资产投资，同时养老基金还非常注意投资组合分散化，从而降低非系统风险。商业房地产资产正好符合其要求——商业房地产能够为投资者带来持续稳定的现金流，同时，房地产的收益往往与股票市场之间的相关性很小，从而成为投资分散化的很好选择。另外，房地产资产有很强的抵御通货膨胀的能力——在通货膨胀时期（高利率时期），房地产的价值不会下降，反而往往会上升，这将使基金在一定程度上对利率的大幅下滑形成免疫力。

13.2 REITs 简介

13.2.1 REITs的概念、特征和分类

1．REITs的概念

REITs是房地产投资信托基金（Real Estate Investment Trusts）的简称，指专门从事房地产买卖、管理等经营活动的投资信托公司。此类公司将从房地产销售和租赁等经营活动中获得的收益（通常是90%以上的应税收入）以派息形式分配给股东。如果从通俗的角度去理解，REITs可以被看作是房地产的股票（可以公开在股票市场上发行，也可以采用私募的方式），是房地产市场与股票市场相结合的产物。

在实际操作中，不同的国家在不同的时期对REITs有不同的定义。最早的REITs于1960年出现在美国，其定义为："由多个受托人作为管理者，并持有可转换的收益股份所组成的非公司组织（an unincorporated association with multiple trustees as managers and having transferable shares of beneficial interest）。"该定义将REITs界定为专门持有房地产、抵押贷款相关的资产或同时持有两种资产的封闭型基金，其目的在于为投资者提供投资房地产的机会，并同时使投资者享受与投资信托股东同样的利益。

在亚洲，韩国的国家REITs协会（National Association of REITs）将REITs定义为拥有并运营可以产生收入的房地产项目的公司，这些房地产项目一般包括住宅、商铺、写字楼、工业地产等。除此之外，有些REITs也从事房地产融资的活动。

还有一些其他国家，如澳大利亚、荷兰以及比利时等，将房地产投资信托基金称为上市物业信托基金（Listed Property Trusts，LPTs）。

2．REITs设立的法律条件

一般的公司如果拥有房地产资产，其利润要在缴纳了公司所得税后，再分配给股东，然后股东还要缴纳各自的个人所得税。这种"双重征税"的模式会降低房地产投资者的收益水平。在许多国家，REITs享受很优惠的税收政策。例如在美国，REITs被免除了公司所得税，其利润直接被分配给股东，股东只需要缴纳个人所得税。这样的税收优惠政策大大增强了REITs对于投资者的吸引力。

为了保证纳税优惠地位，美国在REITs建立之初对其经营和投资作出了很大的限制。依照法律规定，创建REITs时必须满足以下条件：

（1）每年须至少将其应纳税收入的90%分配给股东；

（2）至少有100个股东，其中前5大股东持股不能超过50%（5/50法则）；

（3）必须是房地产的投资者，而不能作为经纪人；

（4）至少90%的总收入必须来源于租金和利息收入、财产出售、所持有的其他信托股份以及其他房地产资源所得；

（5）至少75%的总收入必须来源于房地产租金和抵押利息收入、房地产出售、所持有的其他信托股份和其他房地产资源所得；

（6）总资产的75%是房地产资产或房地产抵押、现金和政府债券。

从中可以看出，一家投资于房地产的公司要想变成一家REITs公司也必须在所有权结构、可持有资产的类型、公司管理结构、财务政策等方面受到一定的限制。同时，由于REITs将纳税收入的90%支付给股东，导致促进公司增长的内部资本减少，因此对公司的未来成长会有一定的限制。

3．REITs的特征

REITs作为一种房地产股票，具有以下一些特征：

（1）REITs为投资者，特别是广大中小投资者，提供了投资于房地产的一个很好的渠道。除了能够规避公司所得税，从而提高投资者直接获得的收益水平之外，还能够让许多中小投资者涉足房地产投资。REITs主要以发行股票的形式来筹集资金，将投资于房地产所需的资金化整为零，投资者可以根据自己的资金能力选择一定的投资数量。此外，REITs对于购买数额没有硬性的下限规定，从这点来说要优于其他普通股票形式。另外，与REITs配套的法律也充分维护投资者的权益。例如，相关法律规定，REITs至少75%收入来源于房地产；REITs净收益的90%以上都必须以分红的形式返还给投资者，这样投资者可以获得更多的现金流。

（2）REITs加强了房地产的流动性。由于房地产作为不动产，属于非货币性资产，流动性差，投资者很难在短时间内将其兑换成现金，因此直接投资房地产要承担较大的变现风险，即当投资者由于偿债或其他原因要将房地产兑现时，由于房地产市场的不完备会使投资者遭受损失。相比之下，REITs以股票的形式来筹集资金，具有股票流动性强的特点，能够随时在股票市场上变现，便于投资者控制投资数额和投资范围。

（3）REITs可以有效规避风险。REITs较高的流动性也使得其波动性减小，这一点可以利用第11章所介绍的β系数的值来衡量。从美国市场来看，1987～1996年的10年中，REITs的β系数是0.59，即REITs的波动性是S&P500[①]指数的0.59，充分反映其波动性小，抗风险能力很强。此外，REITs能抵御通货膨胀的不利影响，通货膨胀率的提高会使REITs拥有的物业增值，租金水平上升，促使投资者收入的增长。

（4）REITs是一个能动性更强的房地产投资和资产管理公司（或基金）。许多投资者，特别是中小投资者，并不掌握专业的房地产投资和资产管理技术。REITs通过整合众多投资者的投资，成立专业的房地产投资和资产管理公司（或基金），聘请专业的资产管理和基金管理经理，他们具有专业的投资和资产管理技术，专职为REITs工作，这显然提高了专业分工的程度，从而提高管理的效率和投资绩效。同时，REITs能够在房地产投资市场中享受规模效应（Economy of Scale）和市场垄断优势（Market Dominance）。一般的房地产投资者受到资金规模的限制，往往只能拥有少数的商业物业，而REITs在公开市场上的融资使其能够大规模地购买和持有商业物业，这无疑能够节约交易成本，并在地区甚至区域房地产市场中享受一定的垄断优势，能够左右市场上的房地产价格。由于以公司（或基金）形式运作，公司每年获得的利润可以作为留存收益（Plowback），而不是全部派发给股东，这有利于能动性地扩大资产规模，而且还可以随时调整"资产包"（Asset Pool）中的资产，搜寻好的市场套利（Arbitrage）机会，频繁地实施购置（Acquisition）、出售（Disposal）和开发（Development）活动。

4. REITs的分类

从不同的角度，可以对REITs作不同的分类。

（1）按物业类型分类

按其经营的物业类型不同可以分成商业、工业或者住宅等类型的房地产投资信托。

（2）按投资策略分类

按照采用的投资策略不同，REITs一般分成三类：

1）权益型（Equity REITs）。也称为收益型REITs，属于直接投资并拥有房地产，靠经营房地产项目来获得收入。根据各自经营战略的差异，权益型REITs的投资组合有着很大不同，但主要经营购物中心、公寓、办公楼、仓库等收益型房地产项目。投资者的收益来源于租金收入和房地产项目的增值收益。目前正在运

---

① 标准普尔500股价指数。

行的REITs主要以权益型为主。

2）抵押型（Mortgage REITs）。这类型的REITs主要扮演金融中介的角色，将所募集资金用于向房地产项目持有人及经营者提供各种房地产抵押贷款。其主要收入来自按揭组合所赚取的利益，如发放抵押贷款所收取的手续费和抵押贷款利息，以及通过发放参与抵押贷款所获抵押房地产的部分租金和增值收益。

3）混合型（Hybrid REITs）。混合型REITs是伴随着抵押型REITs和权益型REITs的产生而发展起来的。混合型REITs既可以投资于房地产资产，也可以投资于房地产抵押贷款，是权益型和抵押型REITs的混合体。因此，这类房地产投资信托基金会投资于一系列的资产，包括实体物业、按揭或其他有关的金融工具类别。

（3）按组织形态分类

REITs按组织形态的不同可以分成两类：

1）契约型REITs。这一类REITs主要是以信托契约为基础形成的代理投资行为，REITs基金本身不具有法人资格。

2）公司型REITs。这一类REITs是需要根据现行的法律要求，设立一个具有独立法人资格的投资公司进行管理。在美国，REITs主要是以公司型REITs存在，设有董事会和股东大会。

13.2.2 REITs的发展历史和现状

1. 全球REITs发行概况

REITs最早在1960年诞生于美国，目前世界上已有约40个国家和地区建立了REITs制度。从当前的市场规模和整体成熟度来看，美国遥遥领先于其他主要国家和地区。亚洲地区日本和新加坡的市场都于21世纪初起步，欧洲国家中英国、德国的起步时间则在2007年前后，所以说大部分国家和地区REITs市场的发展时间都不长。中国也在2020年建立了面向基础设施类资产的REITs制度。不同国家和地区REITs市场成熟度所处的阶段如表13-1所示。

各国/地区 REITs 市场成熟度所处的阶段　　　　　表 13-1

REITs 制度成熟的阶段	新生阶段	成长阶段	较成熟阶段	成熟阶段
国家和地区名称	巴林、巴西、哥斯达黎加、保加利亚、希腊、匈牙利、印度、以色列、肯尼亚、巴基斯坦、菲律宾、沙特阿拉伯、中国台湾、泰国、越南、阿曼、葡萄牙、智利、中国、斯里兰卡	芬兰、爱尔兰、意大利、马来西亚、墨西哥、南非、韩国、西班牙、土耳其、阿拉伯联合酋长国	澳大利亚、比利时、加拿大、法国、德国、中国香港、日本、荷兰、新西兰、新加坡、英国	美国

2019年末全球公募REITs市值约2万亿美元，其中美国的市值规模约1.3万亿美元，占全球公募REITs总市值的65%。日本和澳大利亚公募REITs市值均超千亿美元，占比分别为7%和5%。英国、新加坡、法国和加拿大公募REITs市值规模则介于500亿～1000亿美元。REITs市值在各地区的分布如表13-2所示。

REITs市值在各地区的分布（2020年11月30日）[①]　　表13-2

地区名称	北美	亚洲	欧洲	澳洲	其他
市值规模（亿美元）	13147	2618	2003	1039	402
占比（%）	69	14	10	5	2

此外，REITs市值已经是部分国家股市的重要组成部分，例如2019年末新加坡REITs市值占股市总市值的16%，澳大利亚和美国的占比分别为7%和4%左右，日本、法国、加拿大、英国等国家的占比为3%左右。

2. 美国的REITs市场

作为房地产投资信托的发源地，美国国会在1960年通过《房地产投资信托法》。该法案的用意是要为小投资者提供机会，让他们可以投资于可产生收入的大型房地产项目。在1961年，由于美国的税法补充条款赋予房地产投资信托和封闭式共同基金一样的税收政策，为小型投资者提供了一种通过低成本、低风险以及最低投资额度限制的金融工具来投资房地产的机会，第一家REITs进入市场开始交易。到20世纪60年代末期，作为一个投资工具的REITs被美国市场广泛接受。从制定之初到现在，美国REITs的发展历经了以下几个时期。

（1）20世纪60年代：REITs吸引了众多投资者的注意力

到20世纪60年代末，美国的REITs迅速发展，其数量和资产额得到了快速增长。其中，房地产投资信托的资产额增长了四倍多，从10亿美元增加到47亿美元；而同期新发行的房地产投资信托基金的数目也从大约61家增加到161家。一方面主要是资本市场变得适合REITs的发行与运作；另一方面也是由于房地产开发公司与建设公司出现资金的短缺问题。此阶段中的REITs形式主要以抵押型和权益型为主，同时也出现了混合型REITs。

（2）20世纪70年代：REITs的艰难时期

到了20世纪70年代，REITs在美国受到了重创，主要表现在：由于抵押型REITs的供应过剩，以及利率的增加导致大量抵押违约和建筑商的破产。此外，低劣的投资决策、高比例的财务杠杆、作为发起人的银行和其下属REITs机构之间的利益冲突以及许多法律规定的硬性条件都极大地降低了REITs应有的对市场价格不断下降而进行调整的灵活性。从1973年末到1975年末，REITs资产减少了40%，全部REITs普通股的市值减少了68%，回报绩效指数大幅度下降了60%。美国国会意识到REITs公司在这段时期所面临的困难，通过了1976年税务改革法案（TRA76），对适用于REITs公司的纳税条款，进行了一系列重大调整，如放松收入来源规定等。REITs行业开始复苏。

（3）20世纪80年代：不断变化的市场环境

在20世纪80年代，为了与房地产有限合伙公司（MLP）等投资工具进行竞

[①] 数据来源：彭博资讯，中金公司研究部。

争，REITs推出了FREITs，消除房地产投资信托相对MLP的一个不足；除了引入FREITs之外，还采用其他的方式以适应不断变化的市场环境。1986年的《税务改革法》（TRA86）对房地产投资信托基金在美国的发展有两方面的重要性。首先，该法有效地消除了大多数房地产有限合伙公司（RELP）和业主有限合伙公司（MLP）所享受的税收优惠，降低了房地产投资成为税务减免工具的可能性。其次，该法容许房地产投资信托基金拥有、运营及管理其物业投资。然而，尽管有了这些改变，房地产投资信托基金的市场并没有很快蓬勃发展起来。

（4）20世纪90年代："又一次的增长和转变"

20世纪90年代初由于经济逆转，加上存贷机构危机事件，美国物业市场的价格下跌30%～50%。此时，融资的来源（不论是以信贷方式还是以向资本市场集资的形式取得的资金）极为有限及珍贵，迫使市场纷纷投向房地产投资信托基金作为获取资金的一个最可行及最有效的方法。这段时间，权益型REITs的数量大幅增加，REITs的规模也不断扩大，并出现了伞形合伙REITs（UPREITs），吸引了大量的投资资本。

（5）21世纪的REITs

过去20年中税法的不断变化，对REITs行业的成长有着巨大的影响。2001年新税收条例中允许REITs主动开展房地产交易活动，提高了REITs的经营效率以及市场竞争力。随着REITs在特定物业类型市场专业化的增长以及结构组织的不断变化，都大大增强了REITs对机构投资者的吸引力。REITs以其较高的透明度和较低的负债水平，成为小型投资者的良好投资工具。事实上，现代REITs已经变得越来越像追求战略优势和长期利益的现代经营公司。从1971～2021年，美国REITs数量与市值都发生了巨大的变化（图13-1），截至2020年年末，全美共有223个REITs在纽约证券交易所、美国证券交易所或纳斯达克全国市场系统上市，其总市值达到12492亿美元，其中权益型房地产投资信托基金（EQUITY）的市值为11842亿美元，占比94.8%，并涉及几乎所有房地产物业类型（图13-2）。

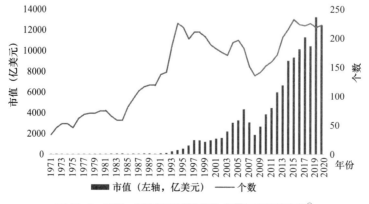

图 13-1　1971～2020年美国REITs数量与市值的变化①

---

① 数据来源：NAREIT 网站

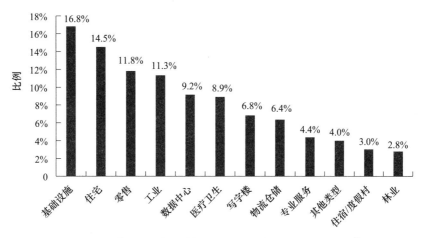

图 13-2　截至2021年4月美国REITs涉及房地产物业类型比例①

13.2.3　REITs的组织结构

REITs按组织结构的不同可以分成两类。第一类是契约型REITs，这一类REITs主要是以信托契约为基础形成的代理投资行为，即基金形式，REITs基金本身不具有法人资格；第二类是公司型REITs，这一类REITs是需要根据现行的法律要求，设立一个具有独立法人资格的投资公司进行REITs管理。表13-3具体比较了这两种组织结构间的差别。

契约型与公司型信托比较　　　　　　　　　表 13-3

区别	契约型（安排或者计划）信托基金形式	公司型公司形式
资金属性	信托财产	构成公司的财产
资金的使用	按信托契约规定	按公司的章程使用
税收	不是法人，不需缴纳所得税	需要缴纳公司所得税
与投资人的关系	信托契约关系	股东与公司的关系
与受托人的关系	以受托人存在为前提	本身即受托人身份
利益分配	分配信托利益	分配股利
管理经理	股份有限公司，信托，协会	股份有限公司，信托，协会

在美国，REITs主要是以公司型REITs存在，设有董事会和股东大会。图 13-3 给出了以美国为例的公司型REITs组织结构简图。

---

① 数据来源：NAREIT 网站

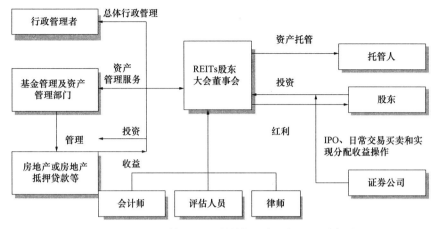

图 13-3　美国REITs的结构形式图（公司形式）

新加坡的REITs可以以公司形式建立，也可以以信托形式建立。目前，新加坡的REITs都是以信托结构建立的，信托形式的结构如图13-4所示。

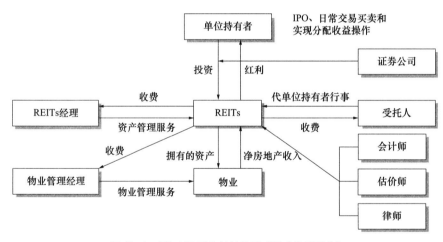

图 13-4　新加坡REITs的结构形式图（信托形式）

13.3　REITs 的定价思路

13.3.1　股票定价的基本思路

从定价的角度看，REITs就是投资于商业房地产的股票，其定价的基本思路与股票相同。因此，这里首先介绍股票定价的基本思路。

在股票市场中，投资者购买某一上市公司的股票，期望得到两个东西，其一是现金红利（Cash Dividend），其二是资本利得（Capital Gain，Capital Appreciation）。

最简单的股票定价模型是红利贴现模型（Dividend Discount Model，DDM）。考虑A先生购买了一股甲公司的股票，他计划持有一年，则当前（第0年）的股票

价值为第一年末的红利D_1加上预期出售价格P_1的折现值,如式(13-1)所示:

$$V_0=\frac{D_1+P_1}{1+i} \tag{13-1}$$

式中　i——投资者所期望的该股票的收益率(利用CAPM模型,结合该支股票的投资风险,估计其收益率);

　　　V_0——每股股票的市值;

　　　D_1——以每股为单位的红利。

那么如何预测P_1呢?假设A先生在一年之后将股票出售给了B小姐,B小姐也计划持有一年。B小姐愿意出的价格计算公式如式(13-2)所示:

$$P_1=\frac{D_2+P_2}{1+i} \tag{13-2}$$

因此,可以得到式(13-3):

$$V_0=\frac{D_1}{1+i}+\frac{D_2+P_2}{(1+i)^2} \tag{13-3}$$

假设B小姐在一年之后又将股票卖给了C先生,C先生过了一年又卖给了D小姐,则持有期为H年的情况为式(13-4):

$$V_0=\frac{D_1}{1+i}+\frac{D_2}{(1+i)^2}+\cdots+\frac{D_H+P_H}{(1+i)^H} \tag{13-4}$$

对于可以认为是永续存在的企业,则有式(13-5):

$$V_0=\frac{D_1}{1+i}+\frac{D_2}{(1+i)^2}+\frac{D_3}{(1+i)^3}+\cdots \tag{13-5}$$

这样大家就能够理解,虽然上面的公式里面没有出现转售价值,但实际上转售价值已经被隐含在后续的红利现金流量中了。

为了使红利贴现模型更为实用,引入一个重要的假设,即红利以稳定的速度g增长,这时的模型被称为"固定增长的红利贴现模型",见式(13-6)、式(13-7)。

$$V_0=\frac{D_0(1+g)}{1+i}+\frac{D_0(1+g)^2}{(1+i)^2}+\frac{D_0(1+g)^3}{(1+i)^3}+\cdots \tag{13-6}$$

$$V_0=\frac{D_0(1+g)}{i-g}=\frac{D_1}{i-g} \tag{13-7}$$

上面的模型也被称为戈登增长模型(Gordon Growth Model,GGM)。这实际上与收益法中介绍的直接资本化法(8.4节)是类似的。分母上的$i-g$就是资本化率。

13.3.2　REITs定价的基本思路

通过上一节的介绍,股票的市值是投资者对该股票未来能够实现的红利预期值在当前的折现值。因此,人们购买股票的实质,是购买股票未来能够为其带来的红利现金流。

由于REITs作为一个公开发行股票的公司，可以不用将每股盈利（Earning Per Share，EPS）全部分配给股东，还可以留存一部分在公司进行业务再发展，被称之为留存收益（Plowback），例如购置更多的商业房地产来扩大当前资产包的规模。因此每股红利（DIV）可以小于EPS。

在股票市场上，有一个简单的"戈登增长模型"（Gordon Growth Model，GGM）的估价模型。其核心类似于收益法（第8章）中介绍的在未来现金流是永续且以同一速度增长时的估价公式，见式（13-8）和式（13-9）（为了简化起见，本章的分析不考虑各种税收）：

$$E = \frac{EPS_1}{r - g_E} = \frac{DIV_1}{r - g} \tag{13-8}$$

$$DIV_1 = EPS_1 - Plowback^{①} \tag{13-9}$$

g_E为现有资产每股盈利（EPS）的预期长期增长率，只考虑当前资产（Same Store）的收益。g为每股红利（DIV）的长期增长率，包括了留存收益（Plowback）的作用。

式（13-7）中的分母即是资本化率（Capitalization Rate，cap），即第一期的现金流量与股价的比值。在收益率相同的情况下，现金流量的预期增长率越高，资本化率会相应的越低。

REITs如果发现了好的投资机会，就会留存较多的收益，将其投资于这些投资机会。在这里，好的投资机会是指$NPV>0$的投资机会。即按照目前投资者所拥有的资产包的收益水平进行折现，新的投资机会的净现值大于0，这样的投资能够增加投资者的财富（提高总收益水平）。因此，REITs的价值可以表示为式（13-10）：

REITs的价值＝当前资产的价值（扣除债务）＋增长机会的净现值

$$= \frac{EPS_1}{r - g_E} + NPV(增长机会) \tag{13-10}$$

$$= \frac{DIV_1}{r - g}$$

REITs红利未来的增长对于其股票价值非常重要。经验表明，一个百分点的g的变化，约能导致10%的REITs股价变化。归纳而言，REITs红利的增长率g存在三种增长方式：

（1）原有资本带来的增长（Same Store Growth）。例如，REITs拥有的写字楼或酒店物业由于更好的经营和成本的节约，净经营收入每年能够稳定增长5%。这样的增长是比较容易预测和量化的，一般来说并不会令投资者产生较大兴趣。

（2）留存收益（Plowback）所进行的扩大再投资带来的增长。REITs能够通

---

① "1"的下角标表示是第一期。

过留存一定的收益,继续购买市场上表现好的商业房地产,例如再购买几栋写字楼或购物中心,纳入REITs的资产组合。

(3)其他更多的 $NPV>0$ 的增长机会。这些机会更为不确定,更难预测,波动性也更大。例如,除了持有商业房地产之外,还进行风险更大、但收益更高的房地产开发投资,或者进行频繁的低买高卖来获取差额收益,以及在房地产市场和股票市场之间进行套利投资等。

具有增长机会的REITs能够为REITs的股价带来很大的增长。这里以一个小例子来说明这种情况。

[例13-1] 设REITs A是一个"稳定型"的REITs,主要依靠持有的商业房地产所带来的净经营收入现金流。它所拥有的物业每年净经营收入为1亿元,不发生变化,永续持有,没有贷款,预期收益 $r=10\%$。这时,$g=0$。则REITs A的价值为:

$$E_A = \frac{1亿元}{0.10-0.0} = \frac{1亿元}{0.10} = 10亿元$$

REITs B是一个"增长型"的REITs,也拥有一个能够产生稳定现金流量的物业,每年的净经营收入为0.5亿元,永续持有,没有贷款,预期收益 $r=10\%$。同时,REITs B还有一块土地,一年后建成的项目价值30亿元,成本为24亿元。由于开发项目风险较高,所以投资者预期的收益率为20%。因此,REITs B的价值是:

$$E_B = NPV(现有物业) + NPV(增长机会)$$
$$= \frac{0.5}{0.10-0.0} + \frac{6}{1+0.20}$$
$$= 5+5$$
$$= 10亿元$$

这时,REITs A和B的市盈率(股价与每股收益的比值)和资本化率(cap)分别为:

$$E/EPS_A = \frac{10}{1} = 10, \quad cap_A = \frac{1}{10} = 10\%$$

$$E/EPS_B = \frac{10}{0.5} = 20, \quad cap_B = \frac{1}{20} = 5\%$$

REITs B的市盈率高于REITs A,资本化率小于REITs A,这反映了REITs B具有更好的投资机会,市场上的投资者已经把这种预期反映在了股价中。

13.3.3 REITs和私人市场在房地产定价上的差异性

REITs兼顾房地产和股票的性质,其收益由房地产市场的基本面(Real Estate Fundamentals)和股票市场的定价规则(Equity Market Valuations)一同决定。具体而言,房地产市场的供给和需求决定了商业房地产的使用情况和租金增长,即

REITs所持有的商业房地产的现金流量;股票市场对风险进行评估,决定折现率水平,从而实现对现金流量的定价。也就是说,是将股票市场的定价规则(风险和收益率的关系)来对房地产市场中的现金流量进行定价。

正因为如此,一个特定的房地产资产(例如一个CBD的写字楼),在房地产市场(私人市场)上交易的价格,与作为REITs的一部分,在股票市场(公开市场)上的价格,可能会存在不同。REITs所持有的房地产项目在房地产市场上的基础资产价值(即假设这些房地产项目在房地产市场上交易,其交易价值)减去其所负债务后,除以REITs的流通股股数,被称为"净资产价值"(Net Asset Value, NAV),如式(13-11)所示:

$$净资产价值 = \frac{REITs基础资产价值 - REITs的债务}{REITs流通股股数} \quad (13-11)$$

实际上,REITs的股价和净资产价值都是基于相同的现金流量。但是通过股票市场和通过房地产市场来看这些现金流量,其形成的价值就可能是不同的。

这种差异来源于两个层面。首先,REITs不仅依赖于静止的房地产资产,而且依赖于具有增长机会的公司。它可以通过留存收益来扩大资产规模并实现更多的盈利,也可以通过购置和出售物业以及开发活动来争取$NPV>0$的投资机会,从而产生增量现金流,抬升股价。这些能动性的经营活动都是静止的房地产资产所无法实现的。

其次,即使是同样一个商业房地产,在REITs中的价值和在私人房地产市场中的价值,也存在差异。那么,造成这种微观层面价值差异的原因是什么呢?同样也有两个可能。其一是现金流量上的差异。同样的商业房地产,放在REITs中和放在私人房地产市场中,能够创造的现金流量不同。这源于创造收入能力上的差距,例如REITs能够通过更为专业的管理,在市场上的规模效应和垄断优势,谋求更高的现金流量。其二是折现率存在差别。折现率反映了投资者对未来现金流量的风险的判断。REITs与私人房地产市场中的许多差异使得投资者对其风险的评估产生不同。例如,股票市场的市场有效性明显要高于房地产市场,市场有效性越高,信息的传递越充分和高效,相应的风险也越小。同时,REITs的流动性(Liquidity)明显高于房地产市场,投资者更容易将REITs的股票变现,而想立刻卖出去房地产却没有那么容易,这会使投资者对于REITs要求比较低的流动性风险溢价。市场制度上的差异也会带来对风险评估的不同,REITs具有公司层面免税的优惠,同时对公司管理的约束也比较多(例如75%的投资必须投在房地产相关领域,75%的收入必须是房地产收益,90%的应税收入必须分派等)。这些因素都形成了对风险的定价差异。

思考题

1. 商业房地产的权益融资渠道有哪些？
2. 什么是固定收益型房地产证券（REITs）？
3. 固定收益型房地产证券（REITs）的主要类型有哪些？
4. 举例说明契约型REITs的组织结构形式。
5. 举例说明公司型REITs的组织结构形式。
6. 分析我国现阶段开展REITs业务的可行性。

参考文献

［1］冯琳. 环境经济学基础理论研究［D］. 南京：南京大学，2003.

［2］王凯. 商业物业的策划与营销［D］. 武汉：武汉大学，2003.

［3］姚文琪. 深圳市土地利用规划与轨道交通规划结合的策略研究［D］. 广州：华南理工大学，2003.

［4］肖殿荒，何穗. 微观经济学［M］. 北京：中国经济出版社，2005.

［5］高炳华，房地产估价［M］. 武汉：华中科技大学出版社，2006.

［6］刘洪玉，吴璟. 中国城市居住物业自动估价模型的设计与应用研究［C］. 2007年"估价专业的地方化与全球化"国际估价论坛，2007.

［7］刘洪玉，郑思齐. 城市与房地产经济学［M］. 北京：中国建筑工业出版社，2007.

［8］王明国. 当代房地产金融创新：资产证券化及其在房地产领域的应用研究［M］. 北京：经济管理出版社，2007.

［9］郑思齐，曹洋，刘洪玉. 城市价值在住房价格中的显性化及其政策含义——对中国35个城市住宅价格的实证研究［J］. 城市发展研究，2008（01）：133-136.

［10］张宇，刘洪玉. 美国住房金融体系及其经验借鉴——兼谈美国次贷危机［J］. 国际金融研究. 2008（04）：4-12.

［11］吴玲. 房地产估价方法组合应用研究［D］. 天津：天津大学，2008.

［12］夏南凯，王耀武. 城市开发导论（第二版）［M］. 上海：同济大学出版社，2008.

［13］薛淑萍，李建国. 房地产开发与经营［M］. 北京：电子工业出版社，2008.

［14］李佳. 我国居民潜在消费能力的度量及其与房地产价格的相关性研究［D］. 长春：吉林大学，2009.

［15］苏毅. 房地产估价方法的完善与改进［D］. 西安：长安大学，2010.

［16］苗长川，张宗民. 房地产估价［M］. 北京：北京交通大学出版社，2010.

［17］霍文文. 金融市场学教程（第2版）［M］. 上海：复旦大学出版社，2010.

［18］那欣兰. 旅游景区经营权价格评估探索［D］. 甘肃：西北师范大学，2011.

［19］冯春雷. 对路线价估价法的再认识［J］. 中国资产评估，2011（06）：32-35.

［20］王国龙，刘天飞. 财经通用知识［M］. 北京：中国轻工业出版社，2011.

［21］［美］特伦斯·M·克劳瑞特，［美］G·斯泰西·西蒙斯. 房地产金融：原理与实践（第5版）［M］. 王晓霞，汪涵，谷雨译. 北京：中国人民大学出版社，2012.

［22］［美］曼昆. 经济学原理（第七版）［M］. 梁小民，梁砾译. 北京：北京大学出版社，2015.

[23] 邵志华. 房地产估价理论与实务（第2版）[M]. 武汉：武汉理工大学出版社，2016.

[24] 李相然，陈慧. 工程经济学（第二版）[M]. 北京：中国电力出版社，2016.

[25] 柴强. 房地产估价理论与方法[M]. 北京：中国建筑工业出版社，2017.

[26] [美] 滋维·博迪. 投资学（第10版）[M]. 汪昌云 张永骥等 译. 北京：机械工业出版社，2017.

[27] 刘洪玉. 房地产开发经营与管理[M]. 北京：中国建筑工业出版社，2017.

[28] 麻省理工学院（MIT）房地产中心David Geltner教授. 课程讲义.